«A table les enfants»

Josette Craplet-Meunier

Camille Craplet
médecin nutritionniste
professeur à l'Institut national agronomique

« A table les enfants »

DE 0 À 16 ANS, DES REPAS SAINS, BONS ET FACILES

HACHETTE

Photos Richard Frieman.

AVANT-PROPOS

Pendant des millénaires, le problème de l'enfant qui venait au monde était de survivre... face aux conditions d'environnement difficiles et face aux conditions alimentaires parfois tragiques : disettes par mauvaises récoltes, famines pendant les périodes de guerre ou même tout simplement épuisement hivernal des aliments récoltés à l'automne. Le problème n° 1 était de « manger ».

Ce problème existe encore hélas aujourd'hui dans certaines régions du globe, dans les pays dits « en voie de développement » où une natalité excessive et des ressources agricoles insuffisantes ou mal réparties ne permettent pas à chaque enfant de recevoir le minimum d'aliments pour vivre en bonne santé... ou simplement vivre.

Dans tous les pays de civilisation atlantique, par contre, l'abondance alimentaire a complètement transformé la vie de chacun et le problème n° 1 aujourd'hui est de moins manger ou plus exactement de manger « mieux » c'est-à-dire en choisissant les aliments pour assurer à la fois le plaisir sensoriel de manger, la croissance normale et la bonne santé présente et future.

Y a-t-il donc depuis cent ans tant de modifications alimentaires ? Alors que la science de la nutrition se développe, est-il plus difficile de bien nourrir son enfant ? L'abondance entraîne-t-elle des difficultés si grandes ? Oui, car devant la multitude des aliments offerts, si bien présentés dans des emballages attractifs et colorés... si agréables à consommer car « riches » c'est-à-dire gras et sucrés... il est difficile de faire le « bon choix ». Aliments bruts, conservés, surgelés, préparés, plats variés, desserts nombreux... se trouvent partout dans tous les petits et grands magasins d'alimentation... ; des publicités alléchantes en noir, en couleurs ou lumineuses ornent tous les murs et carrefours de nos villes... ; la radio et la télévision incitent sans cesse à manger plus. Il est souvent difficile de résister à tant de sollicitations.

On risque de trop consommer... Le surpoids concerne beaucoup d'enfants. Il peut perturber leur avenir en les pénalisant sur le plan esthétique et en favorisant certaines maladies ; le diabète, l'hypercholestérolémie, l'hypertension de l'adulte sont souvent cause d'un état pléthorique qui s'est installé tranquillement au fil des années... par la multiplication de mauvaises habitudes très difficiles ensuite à perdre.

Les parents ont un rôle difficile à jouer : servir à leurs enfants les aliments nécessaires à leur croissance, ni trop, ni trop peu ; lutter pour qu'ils résistent aux multiples tentations si souvent rencontrées ; les instruire sur le plan alimentaire, comme ils les instruisent sur les autres plans. Mais, pour apprendre un peu aux autres, il faut savoir beaucoup ; aussi pour bien jouer ce rôle, les parents doivent savoir les règles essentielles de la diététique, bien connaître les aliments, mais tout cela de façon simple, pratique afin que l'établissement des menus, la préparation des repas et la vie alimentaire quotidienne deviennent des occupations agréables et gratifiantes. Bien nourrir son enfant est facile... une alimentation variée évite toujours les manques et les carences et il suffit d'éviter les petits excès tous les jours répétés qui font, un jour les gros dégats.

Bébé vient de naître. Il pèse 3 kg. Il pèsera 10 kg à un an et 60 kg à 18 ans. Pour faire face à cette croissance explosive et construire son corps de façon harmonieuse, il a besoin d'énergie et de « matériaux » qu'il trouvera dans les aliments.

Depuis le biberon de lait qu'il va bientôt réclamer à grands cris jusqu'au gros sandwich qu'il dévorera sur le stade après le match, en passant par la première purée savourée avec étonnement ou le gâteau de Grand-mère qu'il demandera en riant, assis à table avec les autres... que de faims à calmer, que de goûts à apprendre, que de bonnes habitudes à donner !

Bébé a faim et soif. Il doit grandir. Pour mener à bien sa croissance, pour être attentif en classe, dynamique aux jeux, il a besoin d'être nourri : il a besoin aussi d'être heureux. Certains aliments lui sont indispensables, d'autres à éviter. Il faut le savoir pour ne pas commettre d'erreur, ni par insuffisance ni par excès. Il faut connaître ses besoins qui ne sont pas ceux d'un adulte simplement diminués. Il faut satisfaire son appétit. Donnons-lui tout le nécessaire pour qu'à travers ses années d'enfance, il devienne un adolescent solide et heureux.

TOUT CE QU'IL FAUT SAVOIR SUR LES PRINCIPES NUTRITIFS ET LES ALIMENTS

« Non Philippe, un jus d'orange le matin ne peut pas remplacer un bol de lait. »
« Pourquoi ? »

Il a bien fallu expliquer à Philippe que l'orange n'apporte que du sucre et ne suffit pas, pour un enfant de 12 ans qui grandit beaucoup et qui, de plus, doit réparer une jambe cassée. Il a bien fallu dire que le lait, par contre, contient tout... tous les principes nutritifs nécessaires pour vivre et pour grandir. J'ai dû parler protides, lipides et calcium. Philippe m'a demandé bien plus de renseignements que je n'avais l'intention de lui en donner. Il était curieux et voulait tout savoir.

Aussi, lecteur, lectrice peut être aussi curieux que lui, c'est par des notions théoriques que je vais commencer ce livre. Il ne serait pas logique de parler menus et repas sans savoir, auparavant, de quoi les aliments sont faits.

Si vous le savez déjà, allez tout de suite plus loin... allez vérifier que votre enfant est à son poids normal, choisir votre menu du jour ou préparer le poisson rouge...

Il faut de tout pour faire un homme.

LES PRINCIPES NUTRITIFS : A QUOI SERVENT-ILS ?

• À procurer de l'énergie pour marcher, courir, sauter...
• À construire en permanence chaque cellule du corps pour grandir, former des muscles et des os.

Les aliments résultent d'un assemblage de principes nutritifs à distinguer en deux groupes :
• Ceux qui apportent de l'énergie : protides, lipides glucides. L'énergie se mesure en kilocalories et en kilojoules.
• Ceux qui n'en apportent pas mais qui, comme les précédents fournissent les matériaux de construction du corps et assurent son bon fonctionnement : l'eau, les sels minéraux, les vitamines, les fibres alimentaires. Les besoins s'expriment en grammes, milligrammes ou microgrammes.

Aucun aliment, sauf le lait, n'apporte la totalité des principes nutritifs (l'œuf par exemple n'aporte pas de glucides, la pomme au contraire apporte seulement des glucides). C'est la raison pour laquelle **une bonne alimentation doit comprendre un ensemble d'aliments variés.**

La règle d'or d'une bonne alimentation :

UN PEU DE TOUT, RIEN EN EXCÈS

De même que pour construire une maison, il faut à la fois des briques, des tuiles, des poutres et des vitres, de même votre enfant a besoin pour construire son corps de tous les principes nutritifs ci-dessus indiqués. Il aura besoin à deux ans de 150 grammes de glucides et de quelques micro-grammes de vitamines seulement... mais sans vitamines rien ne va plus : Donnez de tout à votre enfant.

PREMIER BESOIN : L'EAU

L'**eau** est partout. Notre corps en contient 60 % et tous les aliments naturels en apportent (seuls les aliments industriels peuvent être déshydratés dans un but de conservation comme les laits en poudre ou pour faciliter leur utilisation comme les cafés lyophilisés). Heureusement, car tout manque d'eau met la vie en danger, surtout chez l'enfant qui se déshydrate plus rapidement que l'adulte, d'où la nécessité de lui apporter toujours suffisamment d'eau par les boissons et celle de reconstituer correctement tous les aliments déshydratés qui entrent dans son alimentation.

UN GROUPE D'AMIS

Méthionine, lysine, tryptophane et compagnie... Ils sont une vingtaine. Ce ne sont pas des guerriers grecs de l'Antiquité comme leur nom pourrait le faire croire... mais des acides aminés indispensables, éléments constitutifs des protéines dont notre corps a un impératif besoin. Si l'un d'eux manque, les autres ne servent à rien. C'est la raison pour laquelle l'alimentation doit être variée afin de les apporter tous. Le blé par exemple manque de lysine, le maïs de tryptophane, le lait, la viande le poisson et les légumineuses de cystine et de méthionine. Le mélange de tous les aliments apporte l'ensemble des acides aminés. Le groupe d'amis est au complet et assure la croissance parfaite de l'enfant.

Combien d'eau ? un millilitre par Calorie consommée et davantage encore chez le nourrisson. Cette eau est apportée presque totalement au tout-petit par le lait ; mais n'hésitez pas à lui donner en plus, un peu d'eau pure dans le courant de la journée, surtout par temps chaud ou si, pour une raison quelconque, il ne boit pas la totalité de ses biberons.

Dès que l'enfant reçoit une alimentation diversifiée, l'eau lui est apportée pour moitié par les aliments eux-mêmes et pour moitié par la boisson, comme chez l'adulte : un enfant de 6 ans boira 5 verres d'eau dans la journée et un enfant de 14 ans un litre et demi environ.

Ne refusez jamais de l'eau à votre enfant. En voyage ou en promenande, emportez toujours de l'eau à lui donner. L'eau est le premier besoin de l'homme.

Les eaux minérales : pas toujours bonnes pour les enfants. On fait souvent plus confiance aux eaux minérales qu'à l'eau du robinet. Cependant, pour les enfants comme pour les adultes, les eaux minérales ne sont pas toujours des eaux « potables » selon la définition légale. La plupart, trop riches en sels minéraux, sont destinées au traitement de certaines maladies. Seules quelques unes d'entre elles, très peu minéralisées, conviennent comme eaux de boisson. Pour les petits choisissez une eau plate peu minéralisée : Evian ou Volvic. Plus tard ils pourront boire l'eau du robinet sauf si elle n'est pas bonne au goût et entraîne de ce fait une consommation réduite. L'eau minérale peut présenter aussi un autre inconvénient : une grande richesse en sodium, qui habitue inutilement l'enfant au goût salé. (Vichy, Badoit notamment). Voir page 54 les boissons.

Combien d'eau dans les aliments ?
• 85 % dans le lait, les fromages frais, la plupart des fruits et légumes
• 70 % dans la viande, le poisson, la pomme de terre
• 30 % dans le pain, la charcuterie, la confiture
• 10 % dans la farine et les pâtes
• 5 % au plus dans les poudres de lait et tous les aliments déshydratés
• 0 % dans le sucre et l'huile

La différence entre le nombre 100 et le pourcentage d'eau dans un aliment constitue la matière sèche (indication mentionnée parfois sur les étiquettes des produits alimentaires et utile pour les comprendre.)
L'eau n'apporte pas d'énergie.

Une notion importante : l'organisme manque d'eau avant que la sensation de soif n'apparaisse. Donc si votre enfant vous demande à boire, donnez-lui immédiatement un verre d'eau... il en a besoin.

LES PROTIDES : POUR CONSTRUIRE ET RÉPARER LES CELLULES

Les **protides** sont le substrat de la vie. Ils sont composés d'un ensemble d'acides aminés (ou amino-acides) qui ne peuvent être créés par l'organisme humain et doivent donc se trouver dans l'alimentation. On distingue les acides aminés « banaux » qui se transforment les uns dans les autres et dont il existe seulement un besoin global couvert facilement par les aliments d'origine végétale (pain, pâtes, riz, céréales, légumes secs) et les acides aminés indispensables dont il existe un besoin particulier pour chacun d'eux et qui se trouvent surtout dans les aliments d'origine animale (lait et produits laitiers, viande, poisson, œufs).

La quantité de protides est variable selon les aliments :

• lait	3,5 %
• produits laitiers frais	de 3,5 à 7 %
• œufs	12 %
• viande, poisson	20 %
• fromages	de 20 à 30 %

UNE HISTOIRE EN 3 EPISODES

1er épisode

Racontez à vos enfants comment Bébé fabrique son énergie et grandit.

« Bébé est tout petit. il a faim et soif. Il boit du lait, aliment n°1 qui contient tout ou presque tout et lui suffira, pour le moment.

Bébé est une petite machine qui a besoin d'énergie pour fonctionner : respirer, s'agiter, téter. Cette énergie, il va la fabriquer.

Bébé a bu du lait. Dans son estomac, le lait se sépare en ses différents principes nutritifs : eau, protides, lipides, glucides, minéraux et vitamines.

Ces principes nutritifs continuent leur chemin... arrivent dans l'intestin et là sont de nouveau séparés en molécules encore plus petites, appelées nutriments :

- *les protides se cassent en acides aminés*
- *les lipides se cassent en acides gras*
- *les glucides se cassent en glucose*
- *les minéraux restent des minéraux*
- *les vitamines restent des vitamines.*

Tous ces nutriments vont passer peu à peu dans les petits vaisseaux sanguins qui irriguent la surface de l'intestin et le sang les transportera dans toutes les cellules du corps de Bébé. Il les transportera partout, jusqu'au bout de ses doigts, jusqu'au bout de ses pieds, jusqu'au bout de son nez...

Dans toutes les cellules, les nutriments sont là, prêts à brûler.

Que leur manque-t-il pour leur permettre de brûler ?

De l'oxygène.

Attendons l'oxygène. Il arrivera au prochain épisode page 24.

- légumes secs 20 %
- fruits secs oléagineux 20 %
- céréales 10 %
- légumes et fruits de 0 à 2 %

Les protides jouent un rôle pratique important car ils apportent les éléments de construction et de renouvellement des cellules de l'organisme. Ils ont aussi un rôle énergétique : un gramme de protides fournit 4 kilocalories ou 17 kilojoules.

LES LIPIDES : FOURNISSEURS D'ÉNERGIE... OU DE RÉSERVES

Les **lipides** ou Matières grasses résultent de l'union d'une molécule de glycérine avec trois molécules d'acides gras. Il existe une vingtaine d'acides gras d'où la grande variété de lipides résultant de leurs multiples combinaisons, ce qui entraîne un usage différent pour chacun d'eux (voir page 47).

Il faut distinguer surtout :
- les acides gras saturés du beurre et des graisses des viandes
- les acides gras insaturés dont certains sont dits essentiels avec par exemple l'acide linoléique, nutriment très important car il participe notamment à la structure de la membrane cellulaire. L'organisme ne pouvant pas le synthétiser, il doit obligatoirement être apporté par les aliments :
  - le petit enfant le trouve dans le lait de femme
  - ensuite, les huiles de tournesol, maïs, pépin de raisin et soja couvrent facilement les besoins.

Les lipides sont apportés par :
- les matières grasses à l'état pur ou presque pur :
  - huiles 100%
  - beurre et margarines 85%
- les aliments gras dont :
  - charcuteries 50%
  - viandes grasses 30%
  - fromages 30%

Les légumes et les fruits sont dépourvus de matières grasses (sauf les fruits oléagineux). Le

CALORIES CHERIES...

La mère de famille n'a pas de chance. Elle était habituée aux kilocalories, voilà que cette unité ancienne doit disparaître et être remplacée par les kilojoules.
Sachez simplement que :
1 kilocalorie = 4,18 kilojoules.
Pour passer des kilocalories aux kilojoules il faut donc multiplier par 4,18 (ou par 4 pour simplifier).
C'est la raison pour laquelle vous voyez sur un pot de yoghourt :
valeur énergétique : 251 kJ (60 kcal)
et dans un texte :
besoins journaliers : 8 360 kJ (2 000 kcal)
Dans nos plans d'alimentation, nous continuerons à utiliser les kilocalories pour vous permettre de mieux comprendre. La Calorie a la vie dure !

sucre n'en contient pas du tout. Les produits laitiers écrémés n'en contiennent plus ... évidemment.

Les lipides jouent un rôle énergétique : un gramme de lipides fournit 9 kilocalories ou 37 kilojoules.

Dès le début de la vie, il se forme des réserves graisseuses qui constituent la principale réserve énergétique de l'organisme, indispensable pour vivre entre les repas et en cas de non-alimentation durant plusieurs jours (maladie fébrile). Ces réserves graisseuses représentent 10 à 15 % du poids du corps chez un enfant normal et sont formées à partir des lipides alimentaires et plus encore des glucides alimentaires. Leur excès, consécutif à une consommation excessive d'aliments gras et sucrés, constitue le surpoids, puis l'obésité, facteur de risque important pour l'enfant et qui peut perturber tout son avenir. Le nombre croissant d'enfants trop gros oblige à considérer le problème alimentaire avec beaucoup de sérieux.

Il faut bien insister durant la première année, sur l'importance de certains acides gras saturés, nécessaires pour assurer le bon développement du système nerveux et sur celle des acides gras essentiels, qui ont amené à la préparation de laits « maternisés » contenant ces acides gras à un taux suffisant (voir composition des laits de femme et de vache page 120).

LES GLUCIDES : CARBURANT IMMÉDIAT ET CARBURANT RETARD

Les **glucides** ou sucres sont le principe nutritif le plus connu, le plus répandu ; c'est aussi celui qui assure le plus grand apport d'énergie dans l'alimentation. Ils sont constitués de trois unités élémentaires, les oses : glucose (ou dextrose), fructose (ou lévulose) et galactose.

Que de sucres partout ! Ces oses s'associent pour former trois groupes de différents sucres.

• L'association de deux unités élémentaires donne :

le saccharose (sucre du sucrier) = glucose + fructose,

le lactose (sucre du lait) = glucose + galactose,

le maltose (qui apparaît au cours de la digestion de l'amidon) = glucose + glucose

On les appelle glucides rapides (ou sucres sucrés) : ils sont digérés et absorbés rapidement et le glucose en résultant arrive dans le sang peu de temps après leur ingestion.

• L'association de nombreuses unités de glucose (sous forme enchevêtrée) donne l'amidon (celui des céréales, de la pomme de terre et de nombreux végétaux). Ces unités de glucose sont reliées entre elles par des liaisons qui sont rompues au cours de la digestion ; cette dégradation demande beaucoup de temps d'où leur appellation de glucides lents (ou sucres non sucrés).

• L'association d'unités de glucose reliées entre elles par des liaisons qui ne peuvent être rompues donne les celluloses ou fibres alimentaires qui, elles, ne sont pas digérées et ne font que passer dans l'intestin... sans apporter aucune énergie.

Des sucres différents à bien reconnaître...

Il existe donc :

• **Des glucides rapides**, dont l'action énergétique est rapide mais brève (ils arrivent dans le sang 30 minutes après consommation mais 90 minutes plus tard il n'y en a plus). **Ce sont les troupes de choc qui sont là pour apporter l'aide immédiate**

• **Des glucides lents** dont la digestion lente donne des unités de glucose qui arrivent dans le sang par petites quantités à la fois mais durant trois à cinq heures. Leur action énergétique est retardée mais durable. **Ce sont les troupes d'arrière qui apportent une aide sans cesse renouvelée.**

Du sucre pour le coup d'envoi du ballon

Les glucides rapides se trouvent dans :

• le sucre	100%
• les bonbons, confiseries	95%

• le miel	75%
• la confiture	70%
• tous les produits laitiers du commerce, enrichis en sucre	de 10 à 40%
• les boissons sucrées	de 10 à 20%
• les fruits	de 6 à 20%
• le lait	5%

Du pain pour gagner le match

Les glucides lents se trouvent dans :

• les céréales (blé, riz, maïs...)	de 60 à 75%
• les produits céréaliers (pâtes...)	75%
• le pain	55%
• les légumineuses (lentilles, haricots)	50%
• la pomme de terre	20%

Un gramme de glucides apporte 4 kilocalories ou 17 kilojoules.

... Et à utiliser en conséquence

La façon de se nourrir doit tenir compte de cette différence : les glucides lents (pain, pâtes, riz, pommes de terre...) doivent faire partie de tous les repas (y compris le petit déjeuner de l'enfant) pour apporter une énergie durable. Les glucides rapides (sucres et produits sucrés) sont à utiliser en petite quantité aux repas ou en dehors des repas pour donner une énergie immédiate, mais ce serait une erreur d'en consommer trop.

Protides, lipides, glucides apportent au corps humain l'énergie dont il a besoin pour vivre (assurer la respiration, la circulation, toutes les fonctions ainsi que remuer, marcher, travailler). *Cette énergie doit être apportée par l'ensemble des trois principes nutritifs dans une certaine proportion :*

• 12% de l'énergie doit être apportée par les protides (lait et produits laitiers, viande, œuf, poisson ainsi que céréales, légumes secs)

• 28% par les lipides (matières grasses ajoutées et graisse des aliments : lait, œuf, viande, poisson, végétaux oléagineux)

• 10% par les glucides rapides (sucre et sucreries, boissons sucrées)

• 50% par les glucides lents (pain, pâtes, riz, pomme de terre...) ce que nous appelons « énergie équilibrée ».

Vous savez déjà tout cela... C'est écrit partout. Mais peut-être ne savez vous pas à quoi ces pourcentages correspondent vraiment dans l'assiette.

Regardez tout de suite pages 117 les plans d'alimentation selon les âges et vous comprendrez mieux que l'alimentation équilibrée à donner à vos enfants comprend peu de sucre et peu de graisse ajoutée.

Limitez sucre et graisse... ces deux excès qui commencent souvent dès l'enfance peuvent être responsables plus tard de nombreux états pathologiques...

LES SELS MINÉRAUX : RÉGULATEURS DE L'ORGANISME

Les **sels minéraux** sont partout, dans les os, dans le sang, dans les muscles, en plus ou moins grande quantité (5 g de fer, 1 000 g de calcium) mais ils représentent, eux aussi, des nutriments indispensables dont le corps a besoin pour se construire et fonctionner. On les trouve toujours en quantité suffisante dans une alimentation variée. Ils ne manquent que lors de régime restrictif ou dans certaines circonstances pathologiques.

Le Sodium domine dans l'eau du corps, réalisant avec elle une mer intérieure. C'est lui que l'on injecte sous forme de sérum physiologique (eau salée) lorsque l'enfant souffre de déshydratation, en cas de diarrhée importante par exemple. Le sodium est rare dans les aliments naturels : (sauf dans le lait) mais il est abondant dans tous les aliments humanisés car dès que l'homme fabrique un aliment il ajoute du sel (chlorure de sodium) pour améliorer son goût et faciliter sa conservation : le pain, les conserves, les charcuteries et salaisons en contiennent beaucoup. Le sodium, dont l'excès alimentaire peut présenter des inconvénients à l'âge adulte, doit être limité dès l'enfance : évitez de trop saler les aliments de votre enfant pour ne pas lui donner un goût salé excessif et ne l'habituez pas à remettre du sel partout.

Le Potassium domine à l'intérieur de nos cellules. Il est abondant dans tous les aliments. En cas de vomissements ou de diarrhée, il peut diminuer dangereusement, d'où fatigue et même troubles cardiaques. Dans ce cas, donnez à votre petit malade du jus de pamplemousse, qui apporte à la fois l'eau et le potassium perdus.

Le Calcium sert à construire les os, non seulement pendant l'enfance mais durant toute la vie car l'os est en perpétuelle destruction-reconstruction. Le calcium intervient aussi dans le fonctionnement de la machine humaine. On en a donc toujours besoin. Il se trouve surtout dans le lait. N'oubliez pas le lait et les produits laitiers dans vos menus. Il se trouve aussi en moindres quantités dans certaines eaux de boissons (à Paris par exemple) et dans les légumes. Encore une fois, une alimentation variée protège à la fois contre les carences d'apport et celles d'absorption (car le calcium des différents aliments ne s'absorbe pas toujours de la même façon). Donnez du lait, de l'eau, des légumes à vos enfants, ils ne manqueront pas de calcium dont les besoins peuvent être estimés entre 500 et 1 000 mg par jour.

Le Magnésium assure le correct équilibre de l'excitabilité neuro-musculaire : sa carence entraîne tétanie et spasmophilie. Il se trouve dans de nombreux aliments, dont le chocolat. Donnez à vos enfants du chocolat au goûter... c'est une gourmandise utile. Le magnésium manque seulement lors de régimes restrictifs.

Le Fluor intervient dans la solidité de l'émail dentaire, gage de résistance à la carie. Il se trouve dans les eaux des sols volcaniques. On peut en apporter à l'enfant par des comprimés, de l'eau fluorée ou le gel appliqué chez le dentiste ; mais son excès est toxique d'où de grandes discussions quant à l'utilité de fluorer l'eau de canalisation. Ce procédé est interdit en France où vient d'être autorisée en revanche la fluorisation du sel, ce qui ne fait pas l'unanimité des nutritionnistes et des pédiatres !

Le Fer utile à la synthèse des globules rouges peut manquer pendant le deuxième semestre de la vie (de 6 à 12 mois) après la période d'alimentation lactée presqu'exclusive car le lait n'en contient pas. Le fer se trouve dans viande, poissons, œufs d'où la nécessité de diversifier l'alimentation du nourrisson.

Les besoins sont de 10 mg par jour de la naissance à 10 ans puis montent a 15 mg ensuite. Ils restent à ce taux chez la fille durant toute sa vie (en raison des pertes sanguines mensuelles) par contre chez le garçon ils retombent au taux de 10 mg après 18 ans.

Le Phosphore est utile pour l'os et le fonctionnement de toutes les cellules. Il n'y a jamais de carence car il se trouve en grande quantité dans le lait et en petite quantité dans tous les aliments.

Peut-on manquer de sels minéraux ?

- Oui si l'alimentation est monotone (avec excès des aliments à « calories vides » tels les sucreries et les matières grasses) ou très restrictive (régimes amaigrissants anti-physiologiques).
- Oui si les besoins sont accrus... un enfant qui grandit beaucoup, un enfant qui a été malade peut avoir besoin d'un supplément minéral que prescrira le médecin.

Peut-on absorber trop de sels minéraux ?

L'excès est rare et les maladies qui en découlent peu fréquentes.

En ce qui concerne les enfants, pensons :

- au calcium indispensable... d'où le conseil de leur donner chaque jour un demi-litre de lait (ou équivalent lait, voir page 29). Mais attention... le lait est un aliment et non pas une boisson anodine : ne laissez pas vos enfants boire de grands verres de lait tout au long de la journée (voyez l'histoire de Fabienne page 79)
- au sodium, dont l'organisme a besoin mais qu'il reçoit toujours en quantité suffisante ; il peut être en excès par la consommation importante de

charcuteries, fromages, eaux sodées et la manie de « ressaler ». Habituez vos enfants à manger peu salé.

Et le problème des nitrates ?

Voyez page 128 l'alimentation des tout-petits.

« Une seule vous manque et tout est perturbé »...

LES VITAMINES

TOUTES LES VITAMINES

Celles qui baignent dans l'huile (les liposolubles) A, D, E, K. Elles disparaissent du lait quand on enlève la matière grasse et risquent de manquer lors de régime très restrictif.

Celles qui nagent dans l'eau (les hydrosolubles) toutes les autres : C et vitamines du groupe B à protéger par les méthodes de cuisson appropriées.

Les vitamines à doses infiniment petites sont indispensables à la vie ; le manque de l'une seule d'entre elles peut avoir des conséquences graves sur la croissance et le bon fonctionnement de tout l'organisme.

Les carences vraies, ou avitaminoses, qui se traduisent par le rachitisme, le scorbut, le béri-béri, n'existent plus en France. Les subcarences ou hypovitaminoses peuvent survenir dans certaines circonstances socio-économiques ; on les évite facilement en améliorant l'alimentation, ou en administrant un médicament polyvitaminé.

Il faut obligatoirement apporter de la vitamine C aux enfants durant la première année (le jus d'orange suffit en général) et de la vitamine D durant la première année et les mois d'hiver des six années suivantes. En effet, la vitamine D se forme dans la peau sous l'influence du soleil qui peut manquer aux petits enfants durant l'hiver où le soleil est peu intense et les enfants bien protégés par leurs vêtements. Ensuite, avec une alimentation suffisante et variée et une correcte exposition au soleil, il n'y a plus de risques d'avitaminoses chez un individu en bonne santé.

La vitamine A est nécessaire à la croissance et à la santé de la peau et des muqueuses (notamment celle de l'œil). Sa carence se traduit par une maladie oculaire, la xérophtalmie. La vitamine A se trouve dans le lait, le beurre, le jaune d'œuf et sous forme de carotène ou provitamine A dans les légumes et fruits colorés (carottes, haricots verts, pêches, abricots). Les besoins peuvent être estimés pendant toute la vie à 4 000 Unités Internationales ou 1 200 μg de rétinol-équivalent pour tenir compte de l'utilisation différente de la vraie vitamine A (rétinol) et de la provitamine A (carotène). Ces besoins sont toujours couverts par une alimentation suffisante et variée.

La vitamine B_1 ou thiamine est utile pour le métabolisme des glucides. Sa carence est responsable du béri-béri. Elle se trouve surtout dans les enveloppes des céréales, le blé, le pain.

La vitamine B_2 ou riboflavine intervient dans de nombreuses réactions d'oxydo-réduction. Sa carence entraîne des troubles des muqueuses : bouche, langue, lèvres. Elle se trouve dans la viande, le poisson, les œufs, le lait et les légumes.

La vitamine B_6 ou pyridoxine intervient dans le métabolisme des protides. Sa carence est exceptionnelle. Elle se trouve dans la viande, les céréales.

La vitamine PP intervient dans le métabolisme énergétique. Sa carence est responsable d'une maladie de la peau : la pellagre. Elle se trouve dans la viande, le poisson, les céréales.

La vitamine B_{12} est nécessaire à la multiplication des cellules à reproduction rapide notamment celles de l'estomac. Sa carence entraîne l'anémie de Biermer, dite pernicieuse. Elle se trouve dans les aliments d'origine animale et dans les moisissures.

La vitamine C ou acide ascorbique intervient dans les phénomènes d'oxydo-réduction. Sa carence provoque le scorbut. Elle se trouve dans les fruits notamment les agrumes mais aussi dans les légumes : choux et pomme de terre. Le besoin passe progressivement de 10 mg à la naissance à 50 mg à partir de l'âge de 4 ans, pour atteindre 80 à 100 mg à 10 ans et pour toute la vie. Pendant la première année, il faut obligatoirement apporter cette vitamine par du jus d'orange donné chaque jour ; ensuite l'apport est assuré sans problème par une alimentation variée.

Par jour : un fruit et une crudité

VITAMINE C ASSURÉE

L'intérêt des fruits crus est l'apport de vitamine C dont les besoins quotidiens sont de :

- 50 mg jusqu'à 10 ans
- 80 à 100 mg ensuite

La vitamine C étant soluble dans l'eau... son excès est éliminé au fur et à mesure, il n'y a pas de risque de surdosage dans l'organisme.

Teneur en mg pour 100 g d'aliment :

• agrumes : orange, pamplemousse	50
• fraises, kiwis	60
• pomme, poire	5 à 25
• tomate	20
• cresson	80
• chou	100
• pomme de terre	20

Fruits, crudités et pommes de terre assurent la couverture des besoins en vitamine C.

La vitamine D (qui n'est pas une vraie vitamine mais une hormone) intervient dans le métabolisme du calcium et du phosphore et protège du rachitisme. Il y a 3 sources de vitamine D : une source principale : l'irradiation solaire (la peau fabrique alors la vitamine D) ; une source très accessoire : l'alimentation car cette vitamine est rare dans les aliments (sauf dans les huiles de foie de poisson d'où l'huile de foie de morue généreusement distribuée jadis aux enfants !) et une source annexe qui est médicamenteuse et utilisée aujourd'hui systématiquement pour tous les enfants jusqu'à l'âge de 6 ans.

UNE HISTOIRE EN 3 ÉPISODES

Deuxième épisode

Bébé est tout petit. Mais, depuis le premier instant de sa vie, il respire. Dès qu'il a été séparé de sa maman qui, jusqu'à sa naissance respirait pour lui... il a respiré lui-même, tout seul.

Il respire et l'oxygène de l'air arrive régulièrement à ses poumons.

Le sang, qui circule dans tout son corps, arrive au poumon, prend l'oxygène et le transporte aussitôt dans toutes ses cellules.

Et voilà, l'oxygène est arrivé...

Dans toutes les cellules, il y a donc maintenant à la fois le carburant : les nutriments, et le comburant : l'oxygène.

Comme dans la voiture de Papa... où le carburant est l'essence et le comburant l'oxygène.

Comme dans la voiture de Papa, entre les deux, il se forme une étincelle... Poum ! un peu d'énergie est libérée.

Bébé sait fabriquer son énergie... tout comme la voiture de Papa sait fabriquer la sienne. Bébé est une petite machine déjà bien savante.

La voiture de papa va pouvoir rouler. Bébé va pouvoir remuer, bientôt il pourra marcher et courir...

... et tout cela parce que, en mangeant et en respirant, il va en permanence approvisionner toutes les cellules de son corps en nutriments et en oxygène...

Poum ! poum ! poum ! Bébé fabrique son énergie.

Il doit aussi grandir : prochain épisode page 68.

À ce propos, attirons l'attention sur le fait suivant : si la vitamine D est utile à une certaine dose (1 200 U.I. par jour durant la première année et durant les 6 mois d'hiver pendant les 6 années suivantes), il ne faut pas non plus multiplier les apports de vitamine D. Cela peut arriver chez des enfants à qui l'on fait, par précaution, une injection massive de vitamine D qui peut être répétée, quelques mois plus tard, par une autre équipe médicale voulant, elle aussi, le protéger d'une carence... on peut aboutir ainsi à une hypervitaminose D qui est une vraie maladie. Le carnet de l'enfant doit donc être bien tenu – avec mention de ces injections – et bien entendu, présenté à chaque visite médicale.

La vitamine E est un anti-oxydant qui assure la solidité des membranes cellulaires ; sa carence très rare provoque quatre maladies rarissimes : cette vitamine est très répandue et se trouve à peu près partout. On n'a donc pas à se soucier d'en apporter en supplément dans des conditions normales d'alimentation.

LES FIBRES : INDIGESTIBLES MAIS PRÉCIEUSES

Les **fibres alimentaires** résultent d'un assemblage particulier d'unités de glucose, elles sont non digestibles et n'apportent aucune énergie. Il s'agit donc d'un principe nutritif qui ne joue ni rôle énergétique ni rôle plastique mais cependant très utile car il apporte le lest, le ballast qui facilite le transit intestinal et évite la constipation. Les fibres sont indispensables à tout âge de la vie, y compris chez l'enfant pour lui éviter, également, le problème de constipation. Habituez-le à consommer suffisamment d'aliments qui en sont riches : légumes, céréales (donc pain) et fruits.

L'enfant doit manger du pain, toutefois si le son (donc le pain au son et le pain complet) apporte beaucoup de fibres alimentaires, il n'est pas conseillé pour les enfants car il contient des phytates qui nuisent à l'absorption du calcium alimentaire.

Du pain, du lait, un fruit, un œuf
de temps en temps
... cela permet de vivre
Un peu plus de variété, c'est mieux !

LES ALIMENTS : BIEN LES CONNAÎTRE POUR BIEN LES CHOISIR

Ils sont très nombreux aujourd'hui et le consommateur souvent est perdu... la mère de famille aussi. Les aliments bruts n'ont guère changé mais les aliments préparés se multiplient, certains avec des avantages, d'autres avec des inconvénients que le nutritionniste doit dénoncer.

Nous classerons les aliments en 10 groupes + UN, ce dernier n'est pas comme les autres caractérisé par une certaine composition mais comprend au contraire des aliments de tous les groupes précédents : il s'agit des surgelés d'une grande importance aujourd'hui.

Qui se ressemble, s'assemble

Les 10 groupes... de toujours

- Laits et produits laitiers
- Viande, poisson, œufs et produits dérivés
- Céréales et produits céréaliers
- Aliments-amidon non céréaliers : pomme de terre...
- Légumes

• Fruits
• Sucre et aliments sucrés
• Matières grasses
• Aliments préparés et divers
• Boissons

Celui qui vient du froid :

• le surgelé.

Aliment numéro un : le lait

LAITS ET PRODUITS LAITIERS

Le lait est un aliment presque complet, apportant à la fois de l'eau, des protides, lipides, glucides et du calcium. Il ne lui manque que deux principes nutritifs (le fer et la vitamine D) ; la vitamine C qu'il contient peut être détruite par l'oxydation.

Le lait sous forme nature ou sous forme de produits laitiers (yaourts, fromages frais ou affinés) doit être consommé tout au long de la vie.

Le lait est le premier aliment de l'enfant et il doit être le seul pendant quatre mois. Le lait maternel, évidemment, est le meilleur pour le bébé. Si l'allaitement naturel n'est pas possible il faut alors employer des laits « diététiques » 1er âge puis 2e âge (voir alimentation de la 1re année) ; on passe ensuite au lait de vache dont on trouve dans le commerce plusieurs sortes selon les traitements de chauffage et d'écrémage qu'ils ont subis.

Rouge, bleue, verte : choisissez bien vos capsules

L'énumération qui suit n'est pas inutile : de nombreuses personnes confondent encore les deux traitements industriels que subit le lait : chauffage pour meilleure conservation et écrémage pour allègement.

Selon le chauffage subi ou non, on trouve plusieurs laits :

• *Le lait « cru »* (tel qu'il est produit par la vache), vendu dans les fermes et dans quelques magasins des villes. N'ayant subi aucun traitement thermique pour assurer sa conservation, il est fragile, on doit le garder au froid et le consommer rapidement. C'est un lait qui conserve toute sa matière grasse : de 3,5 à 5 grammes pour 100 grammes de lait.

• *Le lait pasteurisé* a été chauffé (à 72° pendant 20 secondes) pour détruire les microbes pathogènes et permettre sa conservation au frais pendant plusieurs jours. Il peut être entier, demi-écrémé ou écrémé, selon les traitements d'écrémage subis.

• *Le lait stérilisé* a été chauffé (à 150° pendant une seconde) pour détruire la totalité des microbes. Placé en emballage stérile, il devient un produit de longue conservation (plusieurs mois) qui, acheté en grande quantité et stocké à la température ambiante, se conserve tant qu'il n'est pas ouvert. Il peut être entier, demi-écrémé ou écrémé selon les traitements d'écrémage subis.

Selon l'écrémage subi ou non, on distingue également plusieurs laits :

• *Le lait* tel qu'il est produit par la vache, contient de 3,5 à 5 grammes de matière grasse pour 100 grammes. C'est un lait très gras.

• *Le lait entier* (emballage ou capsule rouge) a été normalisé par l'industrie laitière pour avoir un taux constant de 3,5 g de matière grasse pour 100 grammes ; c'est un lait riche qui peut ne pas convenir aux personnes (dont certains enfants) devant limiter la matière grasse de leur alimentation. (Il peut être pasteurisé ou stérilisé).

COMBIEN DE LAIT PAR JOUR ?

À partir de l'âge de un an : un demi litre de lait ou de son Équivalent/Lait c'est-à-dire :

- un demi litre de lait
- ou 4 yaourts
- ou 120 g de camembert
- ou 100 g de gruyère

ou mieux un assortiment varié :

- un bol de lait
- un yaourt
- une part de fromage (30 g de camembert soit un huitième)
- 25 g de gruyère (en morceau ou râpé dans les aliments)

La vitamine A se trouve dans la graisse du lait. Peut-on donner quand même du lait demi-écrémé à un enfant ?

Effectivement le lait demi-écrémé contient deux fois moins de vitamine A que le lait entier... et le lait écrémé n'en contient plus.

Mais la vitamine A existe aussi dans le beurre, le jaune d'œuf, les fromages et sous forme de carotène dans de nombreux végétaux et fruits dont carottes, abricots, pêches... À partir de l'âge de deux ans, moment où l'enfant reçoit une alimentation variée, aucune carence n'est à craindre et on peut lui donner du lait demi-écrémé s'il est conseillé pour lui de diminuer la matière grasse.

• *Le lait demi-écrémé* (emballage ou capsule bleue) contient seulement 1,5 g de matière grasse. Il est moins gras, moins bon au goût mais présente un intérêt de santé. Nous le conseillons dans la plupart des cas, dès l'âge de 2 ans. (Il peut être pasteurisé ou stérilisé.)

• *Le lait écrémé* (emballage ou capsule verte) ne contient plus du tout de matière grasse et doit être réservé aux personnes devant diminuer ou supprimer la matière grasse de leur alimentation. (Il peut être pasteurisé ou stérilisé).

Les poudres de lait sont fabriquées à partir de lait entier ou de lait écrémé et répondent aux mêmes critères d'utilisation.

Les fromages frais et les yoghourts préparés à partir des différents laits : entier, demi-écrémé ou écrémé, apportent de ce fait des quantités très variables de matière grasse (lipides sur l'étiquette).

• 0 gramme dans un pot de yoghourt maigre
• 1,5 grammes dans un pot de yoghourt nature normal
• 4,5 grammes dans un pot de yoghourt au lait entier
• 0 gramme dans 100 g de fromage frais maigre
• 4 grammes dans 100 g de fromage frais à 20 % de M.G.
• 8 grammes dans 100 g de fromage frais à 40 % de M.G.
• de 3 à 11 g dans les « Suisses » selon que l'on choisit le petit suisse de 30 g à 30 % de M.G. ou le gros suisse de 60 g à 60 % de M.G.

Pour savoir ce que vous donnez à vos enfants... choisissez un yoghourt « honnête » qui annonce sur l'étiquette, en grammes par pot, les quantités de protides, lipides et glucides apportés.

Ces précisions au sujet de la matière grasse des fromages frais sont-elles nécessaires ? Faut-il s'en occuper sans cesse pour nos enfants ?

Certes, huit enfants sur dix n'ont pas de problème nutritionnel. Ils peuvent manger n'importe quoi sans prendre de surpoids et sans être incommodés. Mais les deux autres ne sont pas dans le même cas et c'est en pensant à ces deux-là que je donne ces précisions. D'autant plus qu'aujourd'hui elles ne figurent plus sur les étiquettes en langage clair, c'est-à-dire « quantité de lipides en grammes par pot ». Or, calculer cette quantité à partir des rares indications données est difficile : je l'ai fait pour vous. Mamans, exigez que ces indications soient portées sur tous les produits laitiers. Exigez une étiquette informative, comme avant, car si votre enfant consomme plusieurs yoghourts par jour, il n'est pas indifférent qu'il absorbe à chaque fois 1 g ou 4 g de matière grasse.

Les fromages frais et les yoghourts aux fruits préparés eux aussi à partir des trois laits (entier, demi-écrémé et écrémé) présentent les mêmes variations au point de vue matière grasse. Ils apportent en plus une quantité importante de glucides (15 g par pot en moyenne) car les fruits ajoutés sont très sucrés ; cette notion est importante à considérer, surtout pour les enfants attirés autant par l'emballage coloré que par le produit lui-même, certains enfants ne consomment que des produits laitiers enrichis en fruits donc en sucre et absorbent de cette façon bien plus de sucre qu'ils n'ont besoin.

La date limite de consommation des produits laitiers frais est-elle impérative ?

Il est évident qu'un yoghourt encore bon le 22 mars n'est pas altéré et toxique le 23. Mais... la législation française est très protectrice : si on la néglige, où va-t-on ? De toute façon, ne donnez jamais un produit périmé à votre tout petit. Il vaut mieux gâcher trois francs que de s'inquiéter quelques minutes pour sa santé.

Un casse-tête : le pourcentage en graisse des fromages

Les fromages traditionnels et les autres

• Les fromages « de jadis » camembert, gruyère, roquefort, saint nectaire... etc. fabriqués à partir de lait entier sont gras (45 à 55 % de matière grasse sur matière sèche indique l'étiquette soit 20 à 30 g de matière grasse pour 100 grammes de fromage).

• Certains fromages sont enrichis en crème donc plus gras encore (60 % sur l'étiquette).

• Par contre, des fromages récents et de plus

en plus nombreux sont préparés avec un lait allégé ; leur étiquette indique 20 % de matière grasse, voire 10 ou 5 %...). Ces fromages sont moins bon au goût mais ont l'avantage de convenir à un régime restrictif en matière grasse. Si votre enfant a un gros appétit et se trouve à la limite du poids supérieur pour son âge... ne le privez pas de fromage mais donnez-lui de préférence ceux-ci dont il existe de nombreuses marques aux noms souvent éloquents.

Autre intérêt de ces fromages : ils se « mangent » alors que les fromages frais et les yoghourts allégés se « boivent » ce qui est tout différent sur le plan du plaisir gustatif. Les uns et les autres ont leur place dans un régime équilibré restrictif.

POUR NE PLUS VOUS CASSER LA TÊTE...

Un fromage n'est pas un aliment sec. Il contient toujours de l'eau. Ce qui n'est pas de l'eau s'appelle la matière sèche.

- Il y a 55 % d'eau dans le camembert, donc 45 % de matière sèche.
- Il y a 35 % d'eau dans le gruyère donc 65 % de matière sèche.
- Il y a 80 % d'eau dans les fromages frais donc seulement 20 % de matière sèche.

Or, la législation des produits laitiers exige que le pourcentage de matière grasse des fromages soit exprimée sur le poids de matière sèche et non sur le poids total.

C'est tout... Vous avez compris. Mais voyez plus loin... l'étiquette-piège.

Sans mentir... si votre fromage

Sans mentir, ce fromage est bon.. Est-il seulement à 10 % de matière grasse ? NON car ce fromage n'est pas un fromage...

Regardez l'étiquette. Il s'appelle Lait fermenté. Or la législation des laits n'est pas celle des fromages car le pourcentage de matière grasse des laits s'exprime par rapport au poids total du produit. Ce qui change tout...

Ainsi pour ce lait fermenté : 10 grammes de matière grasse sur 100 g de produit cela fait bien 10 % de matière grasse.

Si ce même produit s'appelle fromage frais : 10 grammes de matière grasse sur 20 g de matière sèche cela fait 50 % de matière grasse...

Ainsi, produit laitier, *« selon que vous serez lait fermenté ou fromage frais, vous serez à 10 % ou 50 % de matière grasse. »*

Si votre enfant est en surpoids, ne lui donnez pas ce produit. Le pot de 250 grammes qui se mange très facilement... – c'est crémeux et très bon – lui apporterait 25 g de matière grasse...

« Ne tombez pas dans l'ÉTIQUETTE-PIÈGE. Mais rassurez-vous, ce produit laitier est le seul qui joue sur les mots...

Les desserts laitiers

Du lait gélifié à la crème-dessert à glacer... le commerce propose une grande variété de produits. Leur avantage est d'apporter du lait, d'être tout prêts à la consommation, ce qui rend service à la mère de famille qui travaille. Mais là encore, il faut savoir lire l'étiquette car certains sont très riches en matière grasse et en sucre, ce qui ne convient pas à tous les enfants. Lorsque l'étiquette ne donne pas ces renseignements en langage clair, la simple consommation du produit suffit souvent à indiquer sa richesse...

Les desserts laitiers préparés maison avec lait, sucre, œufs et semoule permettent de nourrir économiquement les enfants et de leur apporter sous cette forme le lait que parfois ils ne prennent pas assez au petit déjeuner. Très à la mode jadis, ils méritent de revenir sur la table familiale. Nous donnerons quelques recettes faciles et rapides à réaliser.

VIANDE, POISSON, OEUFS ET PRODUITS DÉRIVÉS

Ce sont, comme le lait, des aliments d'origine animale apportant des protides de bonne qualité, c'est-à-dire riches en acides aminés indispensables. L'œuf, en particulier avec un très bon équilibre entre les divers acides aminés est considéré comme la protéine de référence. Ces produits doivent faire partie du menu quotidien, en quantité progressivement croissante chez l'enfant et leur préparation doit suivre ses goûts.

Le porc : parfois moins gras que le bœuf

La viande contient 60 à 70 % d'eau, 20 % de protides, de 10 à 20 % de lipides, pas du tout de glucides (sauf la viande de cheval). Il y a des morceaux maigres et des morceaux gras dans chaque espèce animale et il ne faut pas avoir d'idée a priori quant à certaines viandes. Ainsi la côte de porc dans le filet est moins grasse que l'entrecôte persillée de bœuf ; la tranche de gigot est une viande très maigre (à condition de ne pas l'arroser avec le jus gras qui s'est formé durant la cuisson au four) ; le lapin est également une viande très maigre, de même que le poulet si l'on ne consomme ni la peau ni le jus de cuisson.

Il faut de toute façon toujours prendre la précaution d'enlever le gras apparent qui se trouve sur les morceaux de viande, aussi bien à la préparation culinaire que lors de la consommation.

Viandes rouges et viandes blanches ont la même « qualité nutritionnelle ». Le sang visible sur la viande rouge n'apporte ni plus d'énergie, ni plus de vitamines.

Choisissez la viande selon vos goûts. Si votre enfant n'aime pas le bifteck, donnez lui une escalope ou un morceau de poulet, c'est sans importance. De même le foie de veau, si réputé n'a pas de valeur nutritionnelle supérieure à celle du foie de génisse, de broutard ou d'agneau. Il est plus cher, d'un goût différent, plus délicat mais pas meilleur pour la santé. De toute façon, le foie n'est pas indispensable ; si un enfant ne l'aime pas, ne l'obligez pas à en consommer, le bifteck haché fait aussi bien l'affaire.

La viande est un produit fragile qui s'altère rapidement et doit être conservé au froid ; la viande hachée s'altère plus vite encore du fait du hachage qui, en la séparant en minuscules parties, permet aux microbes (qui se trouvent partout) de se multiplier très rapidement. Aussi faut-il faire hacher la viande par le boucher, devant soi, au moment de l'achat et la consommer sans attendre. Si on l'achète congelée il faut la transporter bien protégée et la remettre au froid jusqu'au moment de la consommation : précautions indispensables pour éviter tout risque d'intoxication, souvent grave chez un tout petit.

La viande hachée souvent, se consomme crue. Cela n'a pas d'inconvénient sur le plan nutritionnel. Mais si cette viande est parasitée, le consommateur peut être contaminé. Le Tenia se contracte en mangeant, crue ou insuffisamment cuite, de la viande de bovin parasitée. Les amateurs de viande saignante prennent donc un risque, toutefois assez peu fréquent.

Pourquoi la viande hachée de cheval s'altère-t-elle plus vite que celle de bœuf ?

Parce qu'elle contient un peu de glycogène.

Ce milieu glucidique favorise la multiplication des microbes qui se trouvent à la surface de la viande qui a été manipulée et coupée et qui se trouvent aussi dans le hachoir le plus propre.

Alternance et cohabitation

Viande et poisson sont-ils interchangeables ?
Sur le plan nutritionnel, viande et poissons se remplacent ou plus exactement se complètent... Servez les, l'un et l'autre dans le courant de la semaine mais sans vous imposer d'alternance absolue. Si le jour du marché vous rencontrez un gros et beau poisson pas cher, mettez-le dans le sac, faites le cuire en totalité et servez-le trois jours de suite... au beurre et citron, puis en béchamel, puis en vinaigrette ; peu importe d'en manger trois jours de suite, il ne sera jamais tout à fait le même. Si vous êtes en vacances au bord de la mer, faites des folies de poisson. Si au contraire vous séjournez en montagne pour un mois, sans poisson, peu importe de ne pas en consommer pendant ce temps... la viande, la volaille et les œufs suffiront.

Pourquoi plus exactement se complètent-ils ?
Les acides aminés du poisson et de la viande ne sont pas tout à fait les mêmes... les minéraux et les vitamines non plus et plus l'alimentation est variée, plus on a de la chance d'y trouver tous les éléments nécessaires à la santé.

POISSON ET VIANDE SONT-ILS INDISPENSABLES ?

Que penser des régimes végétariens ?
Pour apporter à l'organisme l'ensemble des acides aminés dont il a besoin, la consommation des produits animaux (viande, poisson, œufs, lait) est conseillée.

Le régime végétarien exclut viande et poisson mais s'il apporte de façon quotidienne et en quantité suffisante lait, fromage et œufs, il convient aussi et n'entraîne pas de carence protidique.

Blancs, roses, bleus... tout l'arc en ciel des poissons

Le poisson comme la viande contient 70 % d'eau, 20 % de protides environ, de 5 à 20 % de lipides et pas du tout de glucides. Les poissons blancs sont les plus maigres, les roses et les bleus (roussette, saumon, maquereau, hareng, truite, daurade), un peu plus gras ; mais ce sont en général les poissons blancs (colin, cabillaud, sole, merlan, limande) qui sont les plus consommés par les enfants. Le poisson est un excellent aliment. Servez le plusieurs fois par semaine et tous le consommeront avec plaisir s'il est bien préparé et bien présenté. Le poisson jadis plein d'arêtes et d'écailles était difficile à cuisiner. Tous les poissonniers maintenant le vendent en filets ou en tranches et la cuisine du poisson est devenu très facile, très rapide et ne dégage plus d'odeur désagréable. N'oubliez pas non plus le poisson surgelé d'excellente qualité, souvent moins cher que le poisson frais et qui se prépare facilement et rapidement, sans même avoir besoin de le décongeler.

La sauce béchamelle et la sauce tomate permettent, dans bien des cas, de tromper un peu l'enfant difficile qui résiste au poisson et les croquettes de poisson (avec œuf et fromage) bien dorées à la poêle sont toujours très tentantes... Mais votre enfant n'aimera le poisson que si vous lui en présentez de façon régulière. La mère de famille qui dit « on n'aime pas le poisson chez moi, je n'en fais jamais » n'a aucune chance de pouvoir le faire apprécier un jour. De même qu'un enfant doit apprendre à marcher et à lire, de même il doit apprendre à aimer le poisson et il faut le lui faire goûter plusieurs fois sous des formes différentes pour qu'un jour il y prenne goût. Les nombreuses recettes que nous donnerons dans ce livre doivent permettre d'atteindre ce résultat.

Tout comme la viande, le poisson est un produit très fragile à conserver au froid et qui ne doit pas trop attendre. Le poisson surgelé doit être consommé rapidement après sa sortie du congélateur.

AU CONGÉLATEUR : PAS DE TROP GROS MORCEAUX.

Comme on doit cuire rapidement une viande ou un poisson congelés et ne pas recongeler les restes, mettez au congélateur des morceaux à la taille des besoins individuels ou de la famille et non pas des gros morceaux dont la partie non cuisinée y serait ensuite replacée. La rupture de la chaîne du froid peut entraîner des intoxications plus ou moins graves mais toujours indésirables, surtout chez un enfant.

L'œuf dur : aussi gras que les autres

L'œuf est parfois consommé avec réticence et c'est dommage, car il apporte des protéines de bonne qualité. Les personnes ne supportant pas l'œuf sont rares et la fameuse crise de foie due à l'œuf, plus rare encore... Sa consommation doit simplement être limitée ou supprimée dans le cas d'un excès de cholestérol ce qui arrive même chez les enfants.

Un œuf de 50 g contient

- 6 g de protides 3 g dans le blanc et 3 g dans le jaune
- 6 g de matière grasse uniquement dans le jaune
- pas du tout de glucides.

L'œuf se prépare de nombreuses façons et la composition du plat réalisé ne varie que par les ingrédients ajoutés notamment la matière grasse nécessaire à la préparation. Il n'y a pas intérêt à le manger dur plutôt qu'à la coque car il apporte, dans les deux cas, toujours les 6 g de matière grasse contenues dans le jaune... notion qui échappe à certains consommateurs. Le seul avantage de l'œuf dur est d'être facilement transportable et de pouvoir être emporté dans la poche ou dans le sac de l'écolier... pour pallier à un repas de midi insuffisant.

L'œuf permet la réalisation de plats complets (omelette aux pommes de terre, soufflés de légumes, entremets) et il améliore de nombreux plats. C'est un aliment économique à ne pas négliger. Il a l'avantage de se conserver sans précautions spéciales. On doit toujours avoir au réfrigérateur des œufs qui peuvent, à l'occasion remplacer viande ou poisson oubliés ou « douteux » et permettent de compléter rapidement le menu – légumes destiné à un enfant.

L'enfant sans appétit pour le petit déjeuner classique peut manger un œuf le matin, s'il le désire, surtout si, à la cantine pour le repas de midi, il ne trouve pas là non plus tout à fait ce qui lui plaît ou lui convient.

Les produits dérivés sont essentiellement les charcuteries qui sont de la viande et de la graisse. Une viande grasse contient 20 % de lipides, une charcuterie en contient de 40 à 60 %, la facilité du pâté et des rillettes à s'étaler sur le pain le fait comprendre facilement. Il faut avoir conscience de cette importante quantité de matière grasse dans la charcuterie pour savoir éventuellement limiter la quantité consommée et ne pas en servir trop fréquemment.

Les conserves de viande et de poisson ont une composition et une valeur nutritive très variable, selon les ajouts d'huile ou de sauce.

De la viande le soir ? Non, nous n'en mangeons jamais.

Réflexion couramment faite... mais pas tout à fait justifiée car, si cette famille ne mange pas de viande le soir, par contre elle consomme tous les soirs pâtés ou rillettes... Pâtés et rillettes, c'est quoi ? de la viande très grasse et ce n'est certainement pas à conseiller tous les soirs, ni pour les adultes ni surtout pour les enfants qui prennent ainsi une bien mauvaise habitude.

Le pain : suffisant pour survivre.

CÉRÉALES ET PRODUITS CÉRÉALIERS

Les céréales sont des graminées qui donnent des grains riches en amidon avec une quantité moyenne de protides ; ce sont le blé, le riz, le maïs et accessoirement l'orge, l'avoine, le seigle. Chaque céréale se cuisine suivant diverses méthodes et donne plusieurs produits céréaliers ; on peut caractériser une civilisation par la céréale dominante : le blé en Europe, le riz en Asie, le maïs en Amérique du Sud.

Les céréales et produits céréaliers sont à utiliser en bonne quantité car ce sont eux qui doivent apporter la plus grande partie de l'énergie (30 à 50 % de l'énergie totale). On verra dans les différents plans d'alimentation selon les âges, l'importance du pain, des pâtes et du riz dans nos menus.

Le pain est un des premiers aliments fabriqués par l'homme, un aliment important à ne pas oublier car en apportant à la fois des glucides (55 %) et des protides (7 %) il peut suffire pour survivre. Il apporte aussi les vitamines du groupe B et des fibres alimentaires qui assurent un bon transit intestinal.

Le pain doit être consommé aux trois repas et au goûter des enfants.

Combien de pain par jour ?

- une petite tartine à un an
- 120 grammes à 6 ans (la moitié de la baguette)
- de 300 à 400 grammes à 14 ans (plus d'une baguette).

Le pain est bon et utile. Ne l'oublions pas. Le meilleur des goûters ? Du pain et quelque chose avec : beurre, confiture, chocolat ou fromage...

Quel pain pour un enfant ?

Le pain blanc ordinaire, la baguette ou le pain de campagne coupé en tranches... À bien noter : le pain complet et tous les produits céréaliers complets (riz notamment) contiennent les enveloppes des céréales donc du son. Or le son contient des phytates qui peuvent perturber l'absorption intestinale du calcium. Le pain complet n'est donc pas recommandé pour l'enfant.

Pour mon enfant, au petit déjeuner, faut-il lui donner du pain ou des biscottes ?

Donnez lui ce qu'il préfère. C'est lui qui mange, c'est lui qui doit choisir. Voyez les diverses possibilités dans les plans d'alimentation page 148.

Les biscottes ou tout produit leur ressemblant sont obtenus par double cuisson d'une pâte faite avec farine, sucre, matière grasse et eau. C'est en quelque sorte du pain séché qui a, par rapport au pain frais deux qualités essentielles : une meilleure digestibilité et une conservation facile et de longue durée. Du point de vue nutritif, biscotte ou pain se ressemblent : une biscotte de 8 grammes équivaut à 12 g de pain. Ce n'est pas un aliment « de régime » au sens restrictif.

Les préparations boulangères ou Viennoiseries. Les croissants, pains au lait, pains au chocolat... constitués de farine, sucre et matière grasse sont en fait du pain tartiné de beurre et de confiture ; ils peuvent remplacer le pain au petit déjeuner et au goûter (voir plans d'alimentation). Limitez les car, très appétissants, ils risquent d'être consommés en trop grande quantité par des enfants à gros appétit ou simplement gourmands.

Les farines. Avant le pain, le petit enfant consomme des farines pour épaissir le lait.
Les céréales prêtes à l'emploi (pétales de maïs, riz soufflé..) faciles à digérer, s'ajoutent au lait ou au yoghourt pour le petit déjeuner ou le goûter (20 g de pain correspondent à 10 g de céréales).
Les pâtes alimentaires à 75 % de glucides sont économiques et faciles à préparer... ce qui entraîne souvent une consommation très importante, trop importante parfois aux dépens des légumes.
Le riz apporte lui aussi 75 % de glucides et permet la réalisation de nombreux plats économiques, faciles à préparer et qui plaisent.
Les semoules (de blé ou de maïs) en épaississant le lait permettent la préparation d'entremets et de desserts.

Pâtes alimentaires et riz accommodés avec peu de beurre et du fromage râpé réalisent des plats complets parfaitement équilibrés. Il suffit de leur ajouter une salade, un yaourt et un fruit pour obtenir le repas idéal. (Voir menus calculés page 179.)

Vive la pomme de terre.

LES AUTRES ALIMENTS RICHES EN AMIDON

(dits féculents)

La pomme de terre apporte 20 % de glucides, pas du tout de matières grasses et peu de protides (2 %). Elle représente l'accompagnement idéal de nombreux plats de viande, poisson, œufs et permet aussi avec du lait la préparation de plats complets.

Le gratin Dauphinois si facile à préparer, qui cuit tout seul et passe du four à table, constitue le type même du plat complet équilibré, apprécié de tous les enfants et qui peut revenir souvent sur la table (recette page 279). Comme il est équilibré vous pourrez en donner deux cuillerées au petit, quatre au plus grand et deux assiettées à votre adolescent, cela convient toujours. Quelle facilité ! Ajoutez à ce plat une tranche de jambon, quelques feuilles de salade et un fruit et vous aurez servi à vos enfants un excellent repas. Vive la pomme de terre en gratin dauphinois. Par contre les frites (20 % de matière grasse) et les chips (40 %) doivent êtres des plats occasionnels et non pas quotidiens.

Pommes de terre, pâtes ou riz doivent paraître une fois par jour sur la table familiale. Il faut « réhabiliter » la pomme de terre et nous donnerons de nombreuses recettes dans ce sens.

La pomme de terre nature ne se congèle pas (pas encore en tout cas) mais se conserve très bien sans précautions spéciales. Gardez-en chez vous plusieurs sortes, pour choisir selon le plat à préparer (voir recettes).

ET VIVE PARMENTIER... n'oubliez pas son Hachis, plat complet équilibré, lui aussi.

Le tapioca n'apporte pratiquement que des glucides (85 %, car c'est un aliment sec). Il est utile pour épaissir les potages et les entremets et permet des préparations très rapides.
Les légumineuses : haricots blancs, lentilles, pois cassés sont « les légumes secs » apportant beaucoup de glucides (60 %) et une quantité importante de protides (20 %) donc beaucoup d'énergie. Moins à la mode que jadis, ils méritent d'être redécouverts car ils sont nourrissants, économiques et accompagnent très bien la viande de porc en apportant fantaisie aux repas.
Les châtaignes et marrons en purées ou en décor autour d'un rôti, changent les habitudes et donnent de l'appétit à ceux qui n'en ont pas...

Des « garnitures » chaque jour nouvelles.

LES LÉGUMES

Surtout ne les oubliez pas. Contenant beaucoup d'eau, peu de glucides, pratiquement ni matière grasse, ni protides, ils apportent peu d'énergie ce qui est intéressant pour beaucoup d'entre nous, adultes et enfants trop nourris... Ils apportent aussi des sels minéraux, des vitamines et des fibres alimentaires assurant un bon transit intestinal.

LÉGUMES FRAIS, CONSERVES OU SURGELÉS. QUE CHOISIR ?

L'un ou l'autre... ou mieux l'un et l'autre...

Le légume frais, cueilli juste à sa maturité, aussitôt consommé, apporte le maximum de ses principes nutritifs, de vitamines notamment et le maximum aussi de son goût. Les conserveries, installées sur les lieux de production des légumes, assurent une « mise en boîte » rapide afin de conserver aux légumes le maximum de ses qualités nutritionnelles. Les surgelés, de même, sont préparés avec des produits de grande qualité dans les meilleurs délais.

Ainsi conserves et surgelés préservent au maximum les qualités nutritionnelles des légumes. Il y a plus de vitamines dans ces préparations que dans un légume frais mal récolté (après maturité) ou conservé durant plusieurs jours. Le prétexte « vitamines » ne doit pas être un empêchement ou un frein à leur utilisation.

On choisit en fonction de ses possibilités :

- Si vous avez un jardin, un marché à proximité... et du temps pour éplucher... choisissez le légume frais.
- Si vous n'avez ni l'un ni l'autre, si vous êtres pressée ou « très » moderne, emplissez votre congélateur de légumes surgelés. Mais de grâce, n'oubliez pas les crudités et les salades... il en faut aussi.

Dans tous les cas, mamans, emmenez quelquefois vos enfants « faire le marché » afin qu'ils apprennent à connaître un poireau et un chou... Emmenez-les aussi cueillir des fraises chez le producteur, pour qu'ils ne croient pas qu'elles poussent dans les arbres, comme les cerises ou les pommes.

Ils apportent aussi une grande variété dans l'alimentation, évitant la monotonie car le même bifteck est différent selon qu'il est servi avec des haricots verts ou des carottes, le poulet-choufleur ne ressemble pas au poulet-jardinière de légumes. Accompagné de béchamel et de gruyère râpé, le légume devient un plat complet économique et attrayant : la sauce permet de faire manger un légume aux enfants.

Les légumes cuits doivent paraitre une fois par jour sur la table familiale. Mamans, servez – et même s'ils ne sont pas très appréciés au début... c'est un multipliant les présentations que vous parviendrez à les faire aimer un jour.

Les crudités salades sont très à la mode pour commencer le repas. Il en faut pour la fraicheur, le croquant et les vitamines... Mais ne consommez pas tout cru car notre système digestif n'est pas construit pour supporter trop de cellulose crue et peut protester par des ballonnements, des gaz et même des diarrhées importantes chez le petit enfant.

Si votre enfant a peu d'appétit... ne le laissez pas se gaver de crudités peu nourrissantes au dépens du plat complet (viande et féculent) dont il a besoin. Si tel est le cas, donnez lui en premier lieu le plat complet, les salades crudités ensuite s'il a encore envie de manger. L'inconvénient des légumes frais est de nécessiter un achat fréquent et un épluchage long pour certains. Les conserves et surgelés viennent au secours des mères de famille pressées. Parfaits sur le plan de l'hygiène et de la valeur nutritive, ne les négligez pas...

LES FRUITS ILS PEUVENT AUSSI FAIRE GROSSIR...

De l'eau, du sucre, du parfum, des vitamines A et C... Le fruit est le meilleur des desserts. Les fruits contiennent des glucides en quantité variable : fraise 6 %, poire, pomme, orange 12 %, cerise raisin 18 %, banane 20 %. Un fruit à chaque repas (soit en moyenne 300 g par jour) correspond à 40 g de sucre environ. Notion utile à savoir car si une pomme est préférable au paquet de bonbon, il ne faut pas pour autant gaver un enfant de fruits ni laisser un enfant en léger surpoids consommer à volonté des bananes. Les jus de fruits préparés avec les fruits frais contiennent le sucre du fruit. Les fruits cuits contiennent aussi le sucre du fruit mais la cuisson en évaporant l'eau concentre ce sucre, si bien que, dans deux cuillerées à soupe de compote, il y a parfois l'équivalent d'une pomme entière. Bon à savoir aussi.

Les fruits sont à consommer d'un bout à l'autre de la vie : le nourrisson a besoin de la cuillerée de jus d'orange pour l'apport de vitamine C (qu'il ne trouve pas dans le lait), l'enfant de un ou deux fruits quotidiens, en l'état ou en jus.

Les fruits riches en fibres alimentaires et en pectine (notamment la pomme) régularisent aussi le transit intestinal.

Les fruits secs se consomment en l'état pendant le sport pour apporter de l'énergie rapide. Cuits, ils constituent un bon dessert d'hiver (voir recettes).

A mettre toujours dans le compotier : pommes, oranges et bananes, fruits de toute l'année. Achetez les autres fruits à leur saison, au moment où ils sont les meilleurs et les moins coûteux.

Mon fils a 8 ans. Il ne prend aucun petit déjeuner. Il part à l'école avec une pomme. Est-ce bien ?

Non. C'est insuffisant. Ce n'est pas la pomme qui lui permettra de tenir tout la matinée. Il a besoin de glucides lents. Donnez-lui aussi quelques gâteaux secs à son goût... au chocolat, aux raisins, aux noisettes, il y a un si grand choix ! Quelques gâteaux, la pomme après, ce sera mieux.

Les bonbons, parfois, c'est très bon.
Il en faut, toujours, très peu.

UNE TENTATION PERMANENTE LE SUCRE ET LES ALIMENTS SUCRÉS

Ce sont des produits très consommés actuellement : alors que les sucres consommés purs (sucre du sucrier, bonbons, confiseries, boissons sucrées ne devraient apporter que 10 % de l'énergie totale. Or, ils en apportent bien souvent le double d'où trois gros inconvénients : déséquilibre de la ration aux dépens des glucides lents et des protides, cause de surpoids, facteurs favorisant la carie dentaire.

Le sucre est bon... La confiserie, « la cuisine du sucre », présente une grande variété de produits, tous très recherchés. Ces produits sucrés se conservent bien et toujours disponibles sous un petit format constituent une tentation permanente, à laquelle ne résistent pas toujours, ni les adultes, ni les enfants. Le sucre sous forme de produits de confiserie, chocolaterie, pâtisserie fraîche, gâteaux secs, viennoiseries et également sous forme de boissons sucrées est trop consommé aujourd'hui et toutes les mères de famille doivent « veiller au sucre » et réduire cet excès.

L'apport de glucides varie selon les produits mais il est toujours très important :

• sucre	100 %.
• bonbons confiseries	95 %.
• miel	75 %
• confitures	70 %
• chocolat	60 %
• boissons sucrées	12 %

Ne parlons pas sans cesse énergie et Calories. La nutrition quotidienne ne consiste pas en un fastidieux calcul tous les jours à répéter. Mais attention... un litre de boisson sucrée (soda, jus de fruits, boisson au fruits) apporte en moyenne 120 g de sucre soit l'équivalent de 20 morceaux soit encore 480 kilocalories (alors qu'un enfant de 14 ans a besoin de 2 400 kilocalories dans sa journée...) Cette énergie uniquement sous forme glucidique déséquilibre l'alimentation dans son ensemble. Si cet enfant fait bon usage de ce qu'il mange, cette énergie supplémentaire va obligatoirement être stockée sous forme de graisse... il va prendre trop de poids, il risque plus tard d'être obèse. La diminution du sucre et des produits sucrés chez la plupart des individus et pour un grand nombre d'enfants est un mot d'ordre à respecter.

Le sucre en l'état doit servir pour sucrer le lait, les produits laitiers (2 morceaux ou 2 cuillerées à café et non pas le sucre en poudre versé directement du paquet et qui déborde...) Il entre aussi dans la composition des entremets et pâtisserie mais on peut très souvent diminuer la quantité préconisée dans certaines recettes.
Le sucre ne doit pas être consommé pur : croquer des morceaux de sucre n'a pas de sens ; si l'enfant a faim il doit prendre du pain avec de la confiture ou du chocolat mais ne pas croquer du sucre qui lui apporte une énergie concentrée dangereuse et lui abîme les dents.

BÉBÉ – BOBO – BONBONS – NON.

Ne donnez pas l'habitude du bonbon-consolation

Bébé a mal. Bébé est malheureux : calinez le, consolez le, jouez avec lui quelques minutes mais ne lui mettez pas le bonbon dans la bouche...

Le bonbon doit être considéré avec sérieux en raison de ses nombreux inconvénients :

- Il donne à l'enfant le goût du grignotage et du sucre : ce sera dangereux plus tard pour 10 % des enfants qui auront tendance au surpoids ou au diabète...
- Il « coupe l'appétit » et empêche souvent la consommation des aliments utiles au repas suivant
- Il porte la responsabilité de nombreuses caries dentaires.

Pas de bonbons pour consoler !

Pas de pochette surprise pour avoir la paix !

Pas non plus le chocolat-consolation... mais du chocolat pour le goûter avec du pain. OUI.

Les bonbons, confiseries, chocolateries doivent constituer une fantaisie alimentaire, une exception et non pas être mis sans cesse à la disposition des enfants. C'est une mère de famille qui parle... et qui ne s'est jamais sentie coupable de ne pas avoir de bonbonnière à la maison et de n'avoir jamais cédé à la demande formulée ou muette de la pochette surprise achetée en même temps que le pain...

Attention aux emballages géants

Les produits laitiers frais ou en conserve contiennent souvent beaucoup de sucre et doivent être consommés avec mesure. Si nous insistons sur ce point, c'est que beaucoup d'enfants ouvrent le pot de yoghourt aux fruits de 500 grammes (pour 4 personnes) et le consomment au goûter, absorbant ainsi près de 100 grammes de sucre... ou bien consomment à eux seuls la boite familiale de gâteau de riz. Les produits alimentaires de grand format présentent peut être un intérêt économique mais entraînent souvent une consommation excessive.

De même pour le jus de fruits ou la boisson sucrée, la petite bouteille ou la petite boite de jadis (20 – 30 cl) convenait parfaitement pour faire plaisir à un enfant, de temps en temps. Mais quant il ouvre la bouteille de 75 cl, il la finit... On trouve couramment maintenant des bouteilles de un litre et demi et même deux litres qui, une fois ouvertes, ont de grandes chances d'être bues rapidement. Maman, veillez et luttez contre ces excès.

L'enfant sportif, le jour de son entraînement ou de son match, a droit à plus de sucre qu'à l'ordinaire, sucre qui sera dépensé sous forme d'énergie immédiate : ne le privez pas de la tablette énergétique pour sportif, du chocolat ou de la boisson sucrée qu'il consommera avec plaisir au cours de l'effort.

Chez le nutritionniste

François, 10 ans, a 8 kg de trop.. C'est beaucoup. Ses camarades de classe commencent à se moquer de lui et il est malheureux. Il doit maigrir ou tout au moins... ne plus grossir et comme il est en pleine croissance, s'il grandit sans grossir, cela rétablira l'équilibre.

« Que manges-tu ? Que bois-tu ? »
Il répond avec beaucoup de bonne volonté et un

beau sourire, reconnaît boire chaque jour un litre environ de boisson sucrée,.. n'importe laquelle.

« Un litre de boisson sucrée c'est 120 g de sucre. Regarde tout le sucre que tu consommes, sans le savoir. »

Et le médecin place devant lui une assiette contenant 20 morceaux de sucre. Il est étonné, François, et plus encore sa maman qui avait sans le lui dire remplacé les deux morceaux de sucre de son petit déjeuner par deux pastilles d'édulcorant.. À quoi bon supprimer deux sucres et en laisser prendre vingt à coté.

LES MATIÈRES GRASSES : PAS SEULEMENT DANS LE BEURRIER

Les matières grasses sont le principe nutritif le plus énergétique : un gramme de lipides apporte 9 kilocalories ou 37 kilojoules. C'est aussi le plus apprécié car en donnant de l'onctuosité à de nombreux aliments, elles en facilitent l'absorption. D'où souvent, une consommation très importante, à la fois des matières grasses utilisées pour les préparations culinaires et les assaisonnements, et aussi des aliments gras représentés surtout par les charcuteries et les fromages.

Les matières grasses ne devraient apporter que 30 % de l'énergie totale des rations. Actuellement ce pourcentage atteint 42 % pour l'ensemble de la population et parfois 45 % pour certains individus (adultes et enfants) ce qui est trop élevé et présente de nombreux inconvénients, pour le poids comme pour la santé (risques de maladies cardio-vasculaires).

Le mot d'ordre actuel est « limitons la matière grasse ». Il s'adresse à toutes les catégories d'individus, enfants y compris et toujours pour les mêmes raisons, à savoir que les habitudes se prennent dès l'enfance ; si un enfant met trop de beurre sur sa tartine, il continuera à le faire ensuite ; s'il prend l'habitude des rillettes et du pâté tous les jours, il risque fort d'en consommer à longueur de vie. Il faut donc, pour les matières grasses comme pour le sucre, savoir compter, et savoir aussi que la matière grasse ne se trouve pas seulement dans le beurrier ou dans la bouteille d'huile.

Le moins gras des corps gras... la crème

La crème est une matière grasse diluée. La crème épaisse contient 60 % d'eau et 30 % de lipides, la crème allégée 70 % d'eau et 20 % de lipides apportant donc 270 ou 180 kilocalories pour 100 grammes. Mais la crème a l'avantage, justement à cause de sa dilution, de pouvoir être utilisée en petite quantité et de donner l'illusion d'un ajout important de matière grasse. Une cuillerée à soupe de crème épaisse pèse 13 grammes, n'apporte que 4 grammes de lipides et permet d'assaisonner très correctement poisson ou légumes pour 3 personnes (alors que 5 grammes de beurre – une petite noix – correspondant au même apport de matière grasse disparaitraient sur le filet de poisson ou dans les haricots verts). Nous préconisons l'utilisation de la crème – la cuillerée à soupe et non pas le pot, bien entendu – et les enfants apprécient en général cet assaisonnement pour le poisson et les légumes.

Un peu de crème sur les haricots verts, voilà qui change tout.

Le beurre contient 15 % d'eau et 85 % de lipides et apporte 800 kilocalories pour 100 grammes ; sur la tartine, dans la purée, avec les pommes de terre en robe des champs, pour la pâtisserie il reste la matière grasse de choix. Le beurre doit être consommé cru. Il ne faut pas le faire chauffer et moins encore brûler car il se transforme alors en produits de dégradation plus ou moins toxiques.

Toutes les graisses sont utiles... à doses réduites

Matière grasse d'origine animale, le beurre est l'objet depuis plusieurs années des attaques de certains médecins et industriels agro-alimentaires, qui conseillent plutôt l'emploi des matières grasses végétales. Nous sommes plus nuancés, mais nous répétons que l'important est de limiter la matière grasse dans son ensemble afin de rester dans les normes souhaitées : 30 % seulement d'énergie sous forme lipidique. Si l'on respecte ce pourcentage, on peut utiliser l'ensemble des matières grasses offertes par la nature, chacune apportant sans doute quelque chose d'essentiel à ne pas négliger.

Nous conseillons :

- la crème, le beurre, les margarines au tournesol et au maïs en ajout, crus ;
- le saindoux et le lard pour certaines préparations culinaires ;
- l'huile d'arachide pour faire chauffer et cuire ;
- l'huile de tournesol, maïs, soja, ou pépin de raisin pour l'assaisonnement des salades et crudités, crue ;
- l'huile d'olive de temps en temps pour son bon goût, crue.

Un gramme de beurre ou de margarine apporte 8 kilocalories.

La matière grasse animale n'est dangereuse que si on en consomme trop :

Un peu de beurre sur les tartines OUI
Un peu de crème sur les légumes OUI

MAIS

Le pot de crème partout NON
Du beurre partout en grande quantité, sur la viande grillée, en permanence au cours des repas avec viande et fromage NON

Ne dites pas « la » mais « les » margarines

Les margarines, créées en 1870 pour remplacer le beurre, coûter moins cher et s'altérer moins vite que lui, étaient à l'origine composées d'un mélange de matières grasses d'origine diverse : animale et végétale, selon les disponibilités du moment et leur coût relatif ; il n'y avait pas d'obligation de composition. Depuis, d'autres margarines ont été créées et on distingue maintenant : les margarines banales dont on vient de parler et les margarines spéciales préparées à partir d'une certaine matière grasse (tournesol ou maïs) et parées selon certains de toutes les vertus car douées de propriétés anticholestérol donc préventives de la maladie athéromateuse.

Ce sont toutefois des matières grasses comme les autres sur le plan énergétique, apportant 8 kcal au gramme (comme le beurre et le saindoux) ce ne sont pas du tout des matières grasses « de régime » au sens restrictif comme certains le pensent.

Leur seule particularité : être préparées à partir des huiles de tournesol ou de maïs qui sont riches en acides gras essentiels et auraient un intérêt dans le métabolisme du cholestérol. Mais la transformation de l'huile en margarine détruit une partie de ces bons acides gras, ce qui est dommage et d'autre part les réactions d'hydrogénation nécessaires pour transformer un corps gras liquide (huile) en un corps gras semi-solide (margarine) sont des procédés chimiques que n'apprécient pas les vrais écologistes. Ces margarines végétales peuvent être utilisées en place de beurre par ceux qui ont un problème sérieux d'hypercholestérolémie (enfants compris) mais il faut le répéter leur pourcentage en matière grasse est équivalent et elles n'offrent pas d'intérêt particulier pour qui surveille son poids.

De la matière grasse à l'état pur (sans eau)

Les huiles ne contiennent pas d'eau :

100 g d'huile = 100 g de lipides = 900 kilocalories.

Une cuillerée à soupe d'huile pèse 10 g et apporte 90 kcal. Mais attention !! les cuillers à salade souvent très grandes contiennent jusqu'à 20 g d'huile... et les salades bien assaisonnées apportent souvent beaucoup plus de matière grasse qu'on ne croit.

Distinguez :

- les huiles de coprah et de palmiste (qui sont solides à la température normale mais fondent par chauffage) très résistantes à une température élevée (Végétaline) à employer pour les fritures.
- l'huile d'arachide qui est assez stable à la chaleur et permet à la fois l'assaisonnement des salades et la cuisson (pour faire revenir une viande ou cuire des légumes à l'étuvée.)

• les huiles de tournesol, maïs, pépin de raisin, soja, riches en acides gras essentiels très fragiles à une température élevée. Nous en conseillons uniquement l'emploi crues, pour assaisonner les crudités et salades et pour ajouter sur un légume ou un poisson chaud en place de beurre ou de crème pour tous ceux qui ont des problèmes d'hyperlipidémies.

Mi-graisse, mi-eau

Les pâtes à tartiner – improprement appelées beurres allégés – sont de nouveaux produits rentrant dans le cadre d'une alimentation allégée en lipides.
• elles sont composées non seulement de matières grasses laitières mais aussi d'huiles végétales (soja ou tournesol) de correcteurs d'acidité, d'émulsifiants, de sel et d'un conservateur.
• l'analyse indique pour 100 g : 41 g de lipides (soit deux fois moins que le beurre et les margarines) 7 g de protides et 1 g de glucides soit un total de 400 kilocalories.
• l'avantage proné par la publicité : pouvoir être tartinées à la sortie du réfrigérateur est réel. Le slogan « la nouvelle cuisine minceur » est, lui, légèrement exagéré puisque ce produit ne doit jamais cuire.

Ces matières grasses qu'on ne voit pas

Nous avons déjà parlé des matières grasses cachées dans les aliments celles des charcuteries et des fromages mais il est bon de revenir sur ce sujet.
• **Les charcuteries** (pâtés rillettes) contiennent de 40 à 60 % de matières grasses, ce qui en fait des aliments très appétents. On les consomme facilement avec grand plaisir, d'où le risque d'en abuser et d'absorber ainsi une grande quantité de matière grasse.
• **Les fromages,** riches aussi en matières grasses (l'étiquette indique 40 à 50 % par rapport à la matière sèche, ce qui représente 20 à 30 % de leur poids) sont très appréciés du consommateur français qui a le choix entre plusieurs centaines de fromages, et en consomme plusieurs parts à chaque repas... par gourmandise,

alors qu'il n'a plus faim. Les enfants ne font pas exception !

• **La mayonnaise** est un « concentré d'huile ». Elle doit rester une sauce exceptionnelle, il ne faut pas en mettre partout et consommer tous les jours des plats « à la mayonnaise » (œuf, avocat ou jardinière de légumes)... même pour finir le tube !

• **Les sauces** apportent souvent beaucoup de matières grasses. Mais on peut préparer chez soi des sauces moins riches, savoureuses et très digestes... Ne vous privez donc pas de consommer des plats « en sauce ».

Mais qu'on devine...

• **Les pâtisseries** contiennent aussi beaucoup de beurre, margarines ou autres graisses spéciales. Le gateau en fin de repas est, lui aussi, perturbateur pour l'équilibre alimentaire... De nombreux enfants en consomment tous les jours, c'est trop.

Les enfants adorent la mayonnaise. Attention, pas trop souvent. Mais voyez page 218 la sauce Mousse, plus légère qui permet un usage plus fréquent.

Du sucre... du gras... du sel.

LES ALIMENTS PRÉPARÉS ET LES ALIMENTS DIVERS

Les aliments préparés par l'industrie agro-alimentaire sont de plus en plus nombreux. On est passé du gâteau sec à la pâtisserie semi-fraîche qui se garde longtemps en emballage spécial ; des conserves de légumes, seules fabriquées au début du siècle aux conserves de viandes, de plats complets, de potages. Les condiments, sauces et assaisonnements en bouteilles, en boîtes et en tubes se multiplient aussi. On peut aujourd'hui se nourrir avec pour tout matériel un ouvre-boîte et une casserole pour réchauffer.

À ces produits anciens sont venus s'ajouter les aliments déshydratés et les tout-nouveaux aliments lyophilisés. Ils comprennent :

• **les poudres de lait** (entier ou écrémé), les plus anciens de cette gamme qui permettent de reconstituer à tout moment la quantité de lait désiré pour boire ou pour ajouter à un potage, une purée, un gratin ;

• **les potages déshydratés,** de plus en plus nombreux et variés, donnent par simple réhydratation et réchauffage et pour un prix très bas, une assiette de potage (moins de 1 F l'assiette). La grande variété des potages entraîne une grande variation de leur composition. Choisissez-les bien en regardant l'étiquette : certains n'apportent que 2 g de matière grasse par assiette, d'autres 12 grammes (crème d'asperge) ceci est utile à savoir ;

• **Les flocons de légumes déshydratés** donnent en quelques minutes les purées correspondantes. Après les seules pommes de terre, on trouve maintenant en mélange avec elles, carottes, céleri ou chou-fleur ; d'où une grande variété possible de purées. Il faut bien respecter le mode d'emploi en ajoutant toute l'eau conseillée pour bien reconstituer le produit. Ayez toujours chez vous quelques paquets-secours de ces purées vites faites et peu coûteuses ;

• **Les plats préparés à base de pâtes ou riz** et différenciés par les ajouts de viande et de légumes, permettent par simple ajout d'eau chaude d'obtenir un vrai plat en quelques minutes. Ce vrai plat complet peut être bienvenu dans des conditions de vie difficile : camping, repas en refuge de montagne ou dîner du soldat en campagne ils présentent un moindre intérêt pour le quotidien ;

• **Les plats préparés surgelés** se développent rapidement eux aussi et prennent le pas sur les plats en conserve. Leur préparation est plus longue qu'avec les plats précédents car ils doivent être décongelés et suffisamment réchauffés ;

• **Les aliments diététiques diversifiés de l'enfance** ou baby-foods, couramment appelés « petits-pots » seront étudiés dans le plan d'alimentation de la première année ;

LES POTAGES DÉSHYDRATÉS CONTIENNENT SOUVENT BEAUCOUP DE SEL

Pour pallier cet inconvénient, diluez la poudre du paquet dans plus d'eau que prévu et épaississez l'ensemble en ajoutant vermicelle ou pâtes à potage : faites cuire les pâtes directement dans le potage reconstitué ou mieux, faites-les cuire à part dans un peu d'eau non salée et ajoutez-les ensuite au potage ce qui évitera à celui-ci de trop bouillir et de perdre son velouté.

Ces aliments rendent de grands services à la ménagère pressée ou à celle qui, n'aimant pas cuisiner veut tout de même servir un vrai plat. Il faut savoir que, pour être appréciés du consommateur, ils doivent être bons au goût, donc en général suffisamment gras ou sucrés, et leur consommation fréquente peut faire absorber un excès de graisse ou de sucre. Il peut y avoir aussi un excès de sel car le sel améliore tous les goûts (même les goûts sucrés) et on en ajoute partout, y compris dans les pâtisseries. Ces excès dûs à la consommation d'aliments tout prêts du commerce concernent aussi les enfants.

Heureusement, la plupart d'entre eux maintenant, indiquent sur l'emballage les caractéristiques nutritionnelles par 100 grammes ou par portion, ce qui est une excellente information. Ces indications sont données pour les plats préparés surgelés, pour les potages en sachets et en boîtes, pour les plats cuisinés déshydratés et, à condition de lire l'étiquette on connaît exactement la quantité en grammes de protides, lipides et glucides absorbée. Nous avions dès 1979, dans notre Dictionnaire des aliments et de la nutrition, insisté sur l'intérêt de l'étiquette informative claire et compréhensible pour tous afin que chacun puisse choisir en fonction de ses besoins et nous souhaitons que cette étiquette devienne obligatoire, pour les produits laitiers frais en particulier... À une époque où la préoccupation Santé est capitale pour les adultes aussi bien que pour les enfants, il faut exiger cette information.

BOIRE DE L'EAU, PAS DU SUCRE

Les boissons

Outre l'eau des aliments liquides (lait) ou très aqueux (légumes et fruits) il faut apporter à notre organisme l'eau des boissons. Pour l'enfant, une seule boisson indispensable : l'eau. Donnez-lui de l'eau plusieurs fois par jour : le nourrisson boira quelques petites gorgées d'une eau très pure, peu minéralisée (Evian, Volvic). L'enfant de six ans boira plusieurs verres par jour, l'adolescent un litre et demi par jour. L'eau du robinet est une eau potable qu'on peut consommer sans inquiétude si elle est agréable à boire mais parfois son goût javellisé freine la consommation, ce qui est regrettable. Achetez alors une eau de source dont il existe de nombreuses marques ou une eau plate très peu minéralisée.

Les eaux minérales pétillantes sont-elles autorisées pour les enfants ?
Ce n'est pas tant le « pétillant » qui compte que les sels minéraux apportés. S'il faut boire beaucoup d'eau, il ne faut pas, ce faisant, absorber trop de chlorure de sodium (Na sur l'étiquette). Choisissez celles qui en contiennent le moins. À titre indicatif, parmi les eaux pétillantes, Perrier contient 14 mg de sodium par litre, Badoit 130, Vichy 1 300 ou 1 800 mg). Un verre de n'importe quelle eau pétillante, de temps en temps est autorisé... mais pas une bouteille tous les jours. L'excès de sodium, nous l'avons déjà dit peut retentir sur la tension artérielle et même des enfants parfois sont confrontés à ce problème. Evian et Volvic contiennent 5 et 8 mg de sodium, une très faible quantité totale de minéraux et conviennent aux tout-petits.

Un apéritif sans risque :
un verre de Perrier où nage une rondelle de citron
... pour les enfants et les parents !

Les boissons sucrées apportent de l'eau mais aussi du sucre (120 g par litre en moyenne). Elles ne doivent pas constituer la « seule » boisson de l'enfant. Le jus de fruits frais, la boisson aux fruits ou le soda peuvent être consommés en petite quantité (un verre par jour) mais non pas bus au litre. Une enquête belge récente révélait que 60 % des enfants consomment trop de boissons sucrées, avec une moyenne de 360 ml par jour apportant 40 g de sucre (certains consommant 2 litres par jour avec un apport de 200 g de sucre !)

Sur la table au repas, il faut en permanence la carafe d'eau et non pas la bouteille de boisson sucrée aux fruits ou celle de « sirop » que l'on ajoute au verre d'eau. Leur apport en sucre est important, inutile, voire dangereux.

Les boissons alcooliques ne sont pas pour les enfants. Elles comprennent non seulement le vin et l'alcool des apéritifs et digestifs, mais aussi le cidre, la bière. L'enfant ne doit pas prendre l'habitude d'en consommer. Le petit verre de cidre ou le « panaché » (bière et limonade) resteront exceptionnels... tout comme la goutte de champagne un jour de fête. Veillez à ce problème. L'alcoolisme des adultes sévit toujours, avec ses graves conséquences familiales et sociales et un enfant ne doit pas prendre l'habitude de boire au repas et de façon régulière, vin, bière ou cidre.

L'EAU, la meilleure des boissons. Il en faut aux plantes et aux fleurs. Il en faut à vos enfants.

Entendu sur un chemin de montagne... après une heure de marche depuis le haut du télésiège, par un enfant de 6 ans environ un matin de grande chaleur *« Maman j'ai soif » – « Tu boiras au refuge ».* (il était encore fort loin...)

Eh bien non... On n'emmène pas un enfant pour une marche déjà longue sans avoir le bidon d'eau fraîche dans son sac à dos. Heureusement j'avais le mien... et je lui ai donné à boire...

Le 11e groupe d'aliments :

CELUI QUI VIENT DU FROID... ET FAIT DU BRUIT : LE SURGELÉ

Les produits surgelés font partie des aliments ayant une définition légale et doivent répondre à trois impératifs :

• être préparés à partir de produits de premier choix ;

• subir une réfrigération précoce et ultra-rapide jusqu'à une température très basse, pour que les

produits gardent leur texture et que le cœur de l'aliment soit amené au plus vite à – 18 °C ;
• être soumis au froid continu : il ne doit jamais y avoir rupture de la chaîne du froid, ce froid étant impératif pour conserver toutes ses qualités au produit et éviter une éventuelle reprise d'activité des micro-organismes et des enzymes.

Lorsque ces conditions sont réalisées, ce qui est toujours le cas pour les surgelés industriels, les produits obtenus sont parfaits au point de vue qualité hygiénique et valeur nutritionnelle. L'utilisateur doit alors les conserver et les préparer en respectant, lui aussi, certaines règles.

Comment les conserver ? Les étoiles du froid ménager.

• Dans le réfrigérateur classique : une porte, pas d'étoile, le compartiment à glace à – 3 °C convient pour conserver les surgelés pendant deux jours maximum ;
• dans le réfrigérateur une porte, une étoile, ce compartiment à – 6 °C permet leur conservation durant 5 jours ;
• dans le réfrigérateur deux étoiles, la température dans ce compartiment est à – 12 °C et la conservation est possible durant 15 jours ;
• c'est seulement dans le réfrigérateur-congélateur deux portes et trois étoiles que le compartiment congélateur atteint – 18 °C et permet la conservation des surgelés pendant plusieurs mois.

Ces caractéristiques sont importantes à prendre en considération car le non-respect de la durée de conservation des surgelés peut entraîner une altération des produits, dangereuse pour le consommateur surtout s'il s'agit d'un enfant.
À noter : tous les paquets de surgelés donnent les conseils de conservation.

De nombreuses familles possèdent aujourd'hui les vrais appareils 3 Étoiles et bénéficient ainsi en permanence des avantages offerts par les surgelés.

Comment les acheter ?

• Vous possédez un congélateur. Achetez en grande quantité, dans le magasin spécialisé le plus proche de votre domicile, les surgelés qui vous conviennent. Transportez-les rapidement, en sac isotherme. Indiquez la date d'achat sur les emballages rangez-les au plus vite à leur place.

• Vous n'avez pas de congélateur. Achetez au jour le jour. Consommez les produits sitôt achetés ou conservez-les dans le compartiment à glace, 48 heures maximum.

ATTENTION. Plus le paquet de surgelé est petit, plus il décongèle vite. Ne le promenez pas dans votre sac à provision, sans protection, pendant des heures... car il peut en décongelant lentement, atteindre une température permettant la multiplication des micro-organismes qui avaient été neutralisés par le froid. Attention au tout petit paquet de filet de poisson que vous achetez pour votre enfant...

Comment les préparer ?

Deux possibilités :

I. On cuisine l'aliment encore congelé :

• les légumes verts sont plongés, congelés dans l'eau bouillante ;

• les viandes et les poissons encore congelés sont placés dans la poële, au four ou plongés dans l'eau bouillante.

II. On pratique une décongélation lente au réfrigérateur durant plusieurs heures, selon l'importance du morceau à décongeler.

Il faut éviter de décongeler à la chaleur (ou à la température ambiante chaude) pour qu'il n'y ait pas, à un certain degré de décongélation, reprise de l'activité des micro-organismes et des enzymes qui pourraient altérer le produit. Les fours à micro-onde avec un programme décongélation rapide apportent un grand progrès pour cela.

Toutes indications utiles sont portées sur l'étiquette des produits... Là encore, regardez bien les étiquettes.

Quels sont les avantages des surgelés ?

... Facilité. Rapidité.

• Avoir toujours sous la main, dans son congélateur domestique une gamme variée d'aliments et ne pas avoir besoin de courir chaque jour chez le marchand de légumes ou le boucher.

• Disposez d'aliments bruts déjà préparés : légumes lavés épluchés, coupés, poissons en filets, viande en morceaux parés ou déjà hachée et d'une grande variété d'aliments cuisinés.

• Pour les légumes déjà blanchis, réduction du temps de cuisson. Il est bien agréable de pouvoir prendre une poignée de champignons pour mettre autour d'un rôti, ou une dizaine de crevettes pour garnir une tomate... De même les purées de légumes variés : carottes, céleri-rave, brocolis, artichaut présentées en mini-portions (tablettes de 6 grammes) permettent de donner aux enfants le goût de ces légumes. À côté de la purée de pommes de terre maison on ajoute quelques petits tas colorés de ces autres purées... c'est beau, c'est bon... on mange tout !

Faut-il passer des aliments traditionnels aux surgelés ?

Absolument pas. Si vous avez le temps de faire vos achats plusieurs fois par semaine. Si vous avez le temps et le goût d'éplucher, de couper, de hacher, continuez comme avant : rien n'égale l'aliment frais. Si vous êtes pressée, de façon continuelle ou occasionnelle, les surgelés peuvent vous aider.

Les légumes surgelés présentent-ils des avantages nutritionnels par rapport aux légumes frais ?

Non si ce légume frais est vraiment frais... oui si le légume frais en question a trop attendu...

Un légume frais rapidement acheté et cuisiné se trouve à sa meilleure valeur nutritive et gustative. Mais si ce légume attend, il se détériore, sa qualité diminue et sa valeur nutritive aussi. Les légumes surgelés étant toujours récoltés à leur meilleure période de maturité et aussitôt préparés, sont à leur valeur nutritive optimum et celle-ci persistera. Aussi légumes frais en bon état et surgelés sont-ils équivalents. Mais un surgelé est préférable à un légume frais... qui ne l'est plus !

Surgelés et vitamines ?

La surgélation n'entraîne pas une perte vitaminique supérieure à la conservation normale du même aliment. De toute façon, c'est la cuisson, plus que la conservation, qui détruit les vitamines d'un aliment et l'on peut dire que, une fois dans l'assiette, le légume a la même teneur vitaminique qu'il soit frais, conservé, en boîte ou surgelé.

Surgelés et qualité gustative ?

La surgélation restitue exactement ce qu'on lui donne. Deux entrecôtes jumelles auront exactement le même goût, l'une grillée fraîche et l'autre grillée après congélation. Deux filet du même poisson se vaudront, l'un consommé frais, l'autre après congélation. La qualité gustative d'un plat cuisiné maison ne diminuera pas non plus.

En ce qui concerne les légumes, il y a modification du goût du fait du blanchiment obligatoire qu'ils doivent subir. Un légume surgelé n'a pas tout à fait le goût du légume frais. Certains apprécient les haricots verts surgelés, d'autres n'en veulent pas. Les légumes pour potage plaisent à certains, beaucoup moins à d'autres. Petits pois, choux fleurs, courgettes et les nouvelles présentations de carottes ou choux en tablettes plaisent à la majorité.

Choisissez vos légumes en fonction de vos goûts.

Aliments surgelés : Regardez bien l'étiquette pour choisir en conséquence

- Les légumes sont simplement blanchis, ce qui ne leur ajoute rien. Les viandes, poissons en l'état sont au naturel également, sans ajout de sel et conviennent à tous.
- Les viandes hachées (hamburgers) peuvent être :
  - viande pure ;
  - mélange viande, protéines d'origine végétale et aliments divers (oignons, tomates) ;
  - à un taux variable de matière grasse : 5, 10 ou 15 %.
- Les plats cuisinés sont plus ou moins riches en matière grasse ajoutée caractéristique toujours mentionnée sur l'étiquette.

Des conseils à toujours répéter

- un produit décongelé doit aussitôt être cuisiné et consommé ;
- un produit partiellement décongelé ne doit pas être de nouveau congelé ;

• un produit décongelé et cuisiné ne doit pas être congelé de nouveau.

Les crèmes glacées ! ! ! et la gourmandise enfantine

Les premiers des aliments surgelés ! Les plus anciens et ceux qui ont le plus d'amateurs encore aujourd'hui. Les congélateurs familiaux sont souvent emplis uniquement de ces produits qui sont consommés à la fin du repas (à la place du fruit, quel dommage !) mais aussi n'importe quand, en supplément, par les enfants le plus souvent.

Ces produits, riches en crème ou/et en sucre n'apportent rien d'utile sur le plan nutritionnel, seulement un excès de matière grasse et de sucre, souvent préjudiciable à la santé. Un bon dessert glacé (lait, œufs, sucre) de temps en temps, OUI. Le batônnet glacé (eau sucrée glacée...) tous les jours, NON.

Mamans n'emplissez pas le congélateur d'« eau sucrée glacée »

Les surgelés sont-ils moins coûteux que les produits frais ?

Dans l'ensemble NON. On retrouve toujours le prix du service rendu tout au long de la chaîne de commercialisation.

Leur avantage ne réside pas dans un prix inférieur mais dans le temps gagné par l'achat et la préparation. Or le temps des femmes, aujourd'hui est précieux !

• **les haricots verts fins** sont peut-être intéressants l'hiver mais pas du tout l'été ;
• **les légumes pour potages** sont un peu moins coûteux que les mêmes légumes frais : mais le goût est différent et surtout l'on obtient toujours le même potage, alors qu'en épluchant soi même une ou deux carottes, un peu ou beaucoup de poireaux ou en ajoutant un légume supplémentaire, le potage maison change à chaque fois de goût et de couleur ; atout important pour qu'il plaise aux enfants ;
• **les viandes** sont sensiblement au même prix que chez le boucher, les steack hachés un peu moins coûteux... surtout ceux qui contiennent des protéines végétales ;

• **les filets de poisson** d'importation (soles) sont moins coûteux, la qualité gustative étant mise à part...

En outre, le fait de sortir du congélateur la seule quantité d'aliment nécessaire évite parfois le gâchis.

Parmi les surgelés y a-t-il des bons et des moins bons ? Lesquels choisir pour mon enfant ?

Il faut bien distinguer :

• **les aliments bruts :** légumes entiers, en morceaux ou en purées les viandes en morceaux ou hachée, les poissons en filets. Ils sont identiques sur le plan nutritionnel aux mêmes aliments frais : sans aucun ajout de matière grasse ni de sel et ils se cuisinent de la même façon. Ces aliments conviennent à tous les âges ;

• **les aliments cuisinés prêts à être consommés,** de plus en plus nombreux et de plus en plus variés. Ils peuvent maintenant constituer la totalité d'un repas : potages, plats garnis, préparations en pâtes, pâtisseries, crèmes glacées. Nous faisons les réserves obligatoires à ce genre de produits. Ils ne sont pas toujours cuisinés à votre goût : ils sont souvent trop parfumés par ajout d'oignons ou d'aromates inhabituels, l'ajout de glutamate (éblouissant du goût) peut aussi déplaire, voire déranger certaines personnes.

Ils ne correspondent pas non plus aux souhaits du nutritionniste : souvent trop gras et ils ne s'en cachent pas puisque certains potages annoncent 10 grammes de matière grasse par assiette ! L'intérêt du potage est d'apporter des légumes et non de la matière grasse. De tels produits cuisinés ne sont pas utiles pour les enfants. Rien ne vaut le potage de maman si facile à préparer.

Bébé a un an. Vous avez besoin de 40 g de poisson : la demi-tranche de cabillaud ou le demi-filet de sole sortis du congélateur lui conviennent.

Pour sa purée de légumes, ajoutez à la classique pomme de terre une poignée de légumes congelés : haricots verts ou mélange jardinière.

Pour les petits : oui aux aliments surgelés bruts, non aux plats cuisinés.

Mais si demain vous allez au marché... achetez pour Bébé le filet de poisson frais et la botte de carottes...

Oui aux surgelés et oui aux produits frais.

Après la conservation chimique par le sel, le sucre ou un antiseptique après la conservation physique par la chaleur (appertisation, c'est-à-dire les conserves), la surgélation, dernier-né des modes de conservation jouit d'un préjugé favorable par l'idée que le froid conserve alors que la chaleur détruit.

Les produits, préparés sur les lieux mêmes de production gardent le maximum de leurs qualités nutritionnelles et hygiéniques. Si la chaîne du froid n'est pas rompue et s'ils sont bien préparés, ces propriétés se maintiennent jusque dans l'assiette du consommateur. Ils sont, à qualité égale, aussi coûteux que le produit frais. Leur avantage : simplifier le travail de la mère de famille pressée. Il faut les choisir selon ses goûts et ses besoins, et réserver aux enfants les seuls produits bruts.

Les surgelés, comme les conserves au début du siècle, apportent une aide précieuse. Mais ils ne doivent pas être l'unique aliment quotidien.

- Les crudités et salades fraîches sont indispensables chaque jour ;
- rien n'est meilleur que le haricot vert frais d'été ;
- le potage maison aux légumes frais, même l'hiver est supérieur à tout autre ;
- le poisson frais est irremplaçable.

Consommez donc à la fois, l'un et l'autre.

DES PREMIERS JOURS À LA FIN DE L'ADOLESCENCE LA CROISSANCE ET LES BESOINS

Une cellule...

Neuf mois plus tard, un nouveau-né de 3 kg... Un an plus tard il pèsera 10 kg... Une croissance explosive !!!

De gros besoins ! De nombreux repas... le nourrisson est toujours à table !

Surveillez sa croissance.

CROISSANCE ET DÉVELOPPEMENT DE L'ENFANT

Ces deux termes englobent l'ensemble des phénomènes faisant passer l'œuf – cellule unique résultant de la fécondation – à l'organisme adulte composé de dix mille milliards de cellules.

• La croissance commence dès la fécondation ; dans les conditions normales d'une femme en bonne santé, non épuisée par des gestations rapprochées, l'alimentation normale équilibrée de la future mère suffit à assurer ses besoins et ceux de l'enfant qu'elle forme. Une erreur encore couramment faite est de « manger pour deux », ce qui risque d'entraîner une prise de poids trop importante avec tous les inconvénients au moment de la naissance et après. Il arrive quelquefois que la femme perde du poids pendant sa grossesse sans que l'enfant en souffre. De toute façon, une femme enceinte doit être surveillée par un gynécologue voire par un nutritionniste afin de ne commettre aucune erreur préjudiciable pour elle ou pour l'enfant.

• À partir de la naissance, le phénomène Croissance-Développement doit être contrôlé par la mère et le médecin qui surveille l'enfant, et cela, pour deux raisons : c'est la construction de l'individu adulte qui commence et c'est le meilleur moyen de vérifier que l'alimentation convient en qualité et en quantité. La courbe de poids peut révéler une alimentation insuffisante ou excessive, ou bien un état particulier de l'enfant qui peut être un « bon » convive faisant profit de ce qu'il mange et il faut alors limiter certains aliments ; ou au contraire un « mauvais » convive faisant du gâchis nutritionnel... et il peut alors manger plus que prévu.

Du sucre pour le cerveau

Il importe de bien distinguer les deux notions : la croissance est l'augmentation d'une dimension (taille, volume, poids) ; le développement est la réalisation progressive de l'état adulte.

• La croissance est très forte pendant la première année puisqu'elle atteint 25 g par jour en moyenne. Les paramètres les plus intéressants à suivre sont la taille, le poids et le périmètre crânien qui doit toujours figurer sur le carnet de santé.

• Le développement durant les quatre premiers mois est important à considérer car le nouveau-né n'est pas un adulte miniature mais un être immature dont les divers appareils vont subir une profonde modification.

UNE HISTOIRE EN 3 ÉPISODES

Troisième épisode.

Bébé a besoin de peu d'énergie puisqu'il est tout le jour dans son berceau. Bébé surtout doit grandir.

Bébé est une petite machine déjà bien savante... bien plus savante que la voiture de papa.

La voiture de papa ne peut pas grandir, bébé le peut. Bébé fait grandir et multiplier ses cellules.

Les nutriments arrivés dans les cellules ne sont pas tous utilisés pour fabriquer de l'énergie. Une partie d'entre-eux est captée par la cellule qui grossit...

À un certain moment, cette grosse cellule se divise en deux, donnant deux cellules plus petites qui, à leur tour, vont capter les nutriments pour grossir, pour grandir, devenir des cellules adultes qui, de nouveau, vont se diviser en deux.

L'entrée des nutriments dans la cellule pour construire de la matière vivante, pour construire de nouvelles cellules, s'appelle la croissance.

Bébé, pendant de nombreuses années, va construire son corps. Donnez-lui tout ce qui est nécessaire pour qu'il puisse à la fois fabriquer son énergie, être actif et dynamique, et construire un corps solide.

– **Si l'on considère le système nerveux,** le nouveau-né possède déjà les mille milliards de cellules nerveuses de son état adulte ; mais ces cellules ne sont pas fonctionnelles et ne le deviendront que progressivement pendant les premiers mois de la vie, par une sorte de cablâge des fibres nerveuses qu'on appelle myélinisation. Le cerveau pèse 300 g à la naissance, 600 g à 6 mois, 900 g à 12 mois pour augmenter seulement ensuite de 100 g par an et atteindre 1 300 g à 5 ans (poids presque définitif). Ce développement exige beaucoup de galactose (sucre) qui provient de la digestion du lactose, dont on comprend mieux la grande richesse dans le lait de femme.
– **Si l'on considère l'appareil digestif,** le nourrisson a un petit estomac avec un faible pouvoir d'acidification ; le pancréas ne secrète pas l'amylase – enzyme capable de digérer les amidons – et l'intestin ne peut digérer que le lactose grâce à la lactase, les autres enzymes nécessaires à la digestion des autres sucres n'étant pas encore secrétées.

Le cordon lacté remplace le cordon ombilical

Les quatre premiers mois de vie sont donc très particuliers : l'enfant venant de naître est immature et incapable d'avoir une autonomie suffisante pour survivre, d'où la nécessité de ne pas rompre brusquement le lien avec la mère : le cordon ombilical doit être remplacé, si possible par le cordon lacté. Le lait maternel lui apportera toutes les substances biologiques pour une bonne croissance mais aussi pour une bonne protection contre bactéries et virus (voir encart). Si l'allaitement maternel n'est pas possible, les aliments lactés diététiques, mieux adaptés au nourrisson que le lait de vache lui apporteront les éléments nécessaires à une croissance normale.

Au cinquième mois, le nourrisson est tout différent du nouveau-né. Le système nerveux est mature, le cerveau a doublé de poids, l'enfant peut se tenir assis, manipuler une cuillère, mastiquer, avaler un aliment non liquide, apprécier le goût, faire connaître ses besoins par des gestes et des petits mots. Le système digestif est devenu fonctionnel pour les aliments autres que le lait, l'estomac a grandi et a maintenant un bon pouvoir d'acidification, les lipases pancréatiques sont capables d'attaquer les graisses autres que celles du lait de femme, les amylases peuvent attaquer les amidons. Le foie et le rein ont beaucoup évolué et peuvent éliminer les excès d'azote et de minéraux. Les immunoglobulines A sont maintenant secrétées par les muqueuses digestive et respiratoire d'où protection contre les protéines étrangères.

À partir du cinquième mois, l'organisme du nourrisson peut donc supporter d'autres aliments que le lait et il a besoin de ces autres aliments : légumes, fruits et bientôt farines, apportés le plus souvent par les « petits pots » tout prêts.

POUR RÉDUIRE LES MALADIES DE LA PREMIÈRE ENFANCE, RIEN NE VAUT LE LAIT MATERNEL

On a constaté que, pendant les trois premiers mois de la vie, la fréquence d'hospitalisation est cinq fois moindre pour le nourrisson au sein que pour le nourrisson à l'allaitement artificiel, mais c'est tout récemment qu'on a eu l'explication. Les muqueuses du nouveau-né sont perméables aux protéines étrangères qu'il ingère par la bouche ou qu'il inhale par les voies respiratoires ; ces protéines provoquent dans l'organisme la formation d'anticorps et des réactions immunologiques de l'intestin, du foie et du rhino-pharynx pouvant entraîner troubles digestifs ou respiratoires.

Le lait de femme contient des cellules protectrices et des immunoglobulines A qui jouent un rôle protecteur vis-à-vis des protéines étrangères y compris bactéries et virus d'où la meilleure résistance du nourrisson au sein. Ultérieurement à partir du cinquième mois, le nourrisson fabrique lui-même ses immunoglobulines A.

Mamans, si vous le pouvez, allaitez votre enfant, même peu de temps. Il en tirera profit.

Si cela n'est pas possible, n'en faites pas un drame.

Le lait maternisé assurera sa croissance dans les meilleures conditions.

Votre sourire et votre amour feront le reste.

Trop gros ?

TAILLE ET POIDS

Deux questions parmi tant d'autres :

Mon bébé est un peu gros. Faut-il s'inquiéter ?

Vérifiez tout d'abord son poids et sa taille par rapport à la normale. Vérifier aussi qu'il n'est pas trop nourri... Respectez les quantités de chaque aliment. Diminuez éventuellement le sucre. N'ajoutez pas de beurre dans les purées et... attendez voilà les conseils que vous donnera le pédiatre. Attendez qu'il marche : souvent, à ce moment, le bébé allonge et ne grossit plus et le léger surpoids (quelques centaines de grammes suffisent à faire un bébé rond) disparaît.

Mon fils, 8 ans, est plus lourd que son cousin du même âge. Mais il est aussi plus grand. Comment savoir s'il répond aux normes ?

Un seul moyen : tracer sa courbe de croissance et voir si elle correspond à une des courbes du graphique n° 2... c'est la raison pour laquelle nous donnons ces courbes. Relevez la totalité des tailles et poids aux différents âges. Portez ces points aux deux endroits correspondants et lisez ce qui suit. Votre médecin généraliste vous aidera à comprendre ce que disent ces courbes. Si votre enfant est trop gros par rapport à sa taille ... suivez alors les conseils alimentaires « Enfant gros ». S'il y a bonne concordance, ne changez rien au régime équilibré toujours conseillé.

Consultez la courbe...

La meilleure réponse : la courbe de croissance.

« Une courbe parle mieux qu'une suite de nombres. »

Dès la naissance, le poids et la taille de l'enfant doivent être régulièrement mesurés et notés pour établir la courbe de croissance, surveiller son état du moment et prévoir son état futur. Les tableaux et graphiques qui illustrent cette partie vous aideront à comprendre et apprécier ce problème.

1. Le tableau n° 1 donne le détail du poids et de la taille des garçons et filles et l'augmentation par année de ces caractéristiques. On ne différencie les sexes qu'à partir de 12 ans, moment où la puberté commence chez la fille alors qu'elle n'existe pas encore chez le garçon. On voit l'importante poussée pubertaire chez la fille entre 12 et 15 ans et un peu plus tard, entre 14 et 17 ans, chez le garçon.

Tableau n° 1 : Poids et taille des garçons et filles et accroissement par année de ces caractéristiques.

	Poids en kg G.	Poids en kg F.	Accroissement annuel en kg G.	Accroissement annuel en kg F.	Taille en cm G.	Taille en cm F.	Accroissement annuel en cm G.	Accroissement annuel en cm F.
Naissance	3,5	3			50			
3 mois	6				60			
1 an	10		7		74		24	
2 ans	12		2		86		12	
3 ans	14		2		94		8	
4 ans	16		2		101		7	
5 ans	18		2		108		7	
6 ans	20		2		114		6	
7 ans	22		2		120		6	
8 ans	24,5		2,5		125		5	
9 ans	27		2,5		130		5	
10 ans	30		3		135		5	
11 ans	33		3		140		5	
12 ans	36	37	3	4	145	147	5	7
13 ans	40	45	4	8	150	155	5	8
14 ans	48	50	8	5	159	158	9	3
15 ans	55	53	7	3	167	159	8	1
16 ans	59	54	4	1	170	159,5	3	0,5
17 ans	61	55	2	1	171	160	1	0,5
18 ans	62	55	1	0	172	160	1	0

2. Les graphiques ci-après donnent l'allure graphique du poids et de la taille chez le garçon et chez la fille. Alors que le tableau 1 indique les moyennes des poids et tailles, le graphique fait apparaître plusieurs courbes correspondant aux différents types d'enfants. En effet, si un enfant est plus grand que la moyenne des enfants de son âge, il est normal qu'il soit aussi plus lourd en poids... mais il faut savoir dans quelles limites. Il faut donc établir les correspondances normales entre taille et poids selon les âges, d'où l'intérêt de savoir lire ces graphiques :

- les courbes M correspondent à la croissance moyenne pour le poids et la taille et sont établies à partir des nombres du tableau n° 1
- les courbes $-1\,\sigma - 2\,\sigma - 3\,\sigma$ – correspondent à des paramètres inférieurs (poids et taille plus petits)
- les courbes $+1\,\sigma + 2\,\sigma + 3\,\sigma$ correspondent à des paramètres supérieurs (poids et taille plus

grands). Pour que la croissance soit bonne il faut que poids et taille se trouvent sur les courbes correspondantes.

Comment faire ? C'est un jeu...

Le graphique est facile à lire :
• la ligne horizontale du bas indique l'âge : de la naissance à 18 ans ;
• la ligne verticale de gauche indique les tailles : de 45 à 190 cm ;
• la ligne verticale de droite indique dans sa partie inférieure les poids de 5 à 85 kg et dans sa partie supérieure de nouveau les tailles qui figurent déjà à gauche (pour faciliter la lecture).

Prenez un crayon

Pour apprécier l'état de votre enfant :
• repérer son âge sur la ligne horizontale du bas
• suivre la ligne verticale qui monte vers les courbes de poids
• tracer une croix à l'endroit qui correspond au poids de l'enfant (visible sur la ligne verticale de droite)
• continuer à monter pour tracer une autre croix à l'endroit qui correspond à la taille (visible sur la ligne verticale de gauche).

Pour que la croissance soit bonne, que poids et taille soient en harmonie, il faut que les croix que vous avez marquées soient sur les courbes correspondantes :
• soit sur les deux courbes M votre enfant est dans la moyenne des enfants de son âge
• soit sur les deux courbes $-1\ \sigma$ ou $-2\ \sigma$, il est de format plus petit ou beaucoup plus petit
• soit sur les deux courbes $+1\ \sigma$ ou $+2\ \sigma$, il est de format plus gros ou beaucoup plus gros.

Comparez avec trois exemples

• Fille de 12 ans : 37 kg, 147 cm. Marquez les croix. Elles se trouvent sur les courbes M : cette fille a les caractéristiques moyennes des filles françaises de son âge.
• Garçon de 10 ans : 35 kg, 140 cm. Marquez les croix. Elles se trouvent sur les courbes $+1\ \sigma$

(suite du texte page 78)

Itinéraires Staturo-pondéraux des Garçons de la naissance à 18 ans en fonction de l'Age chronologique.

NOM ______________________

Prénom ______________________ Sexe : ☐↗

Date de naissance : ______ ______ ______

N° du dossier : ______________________

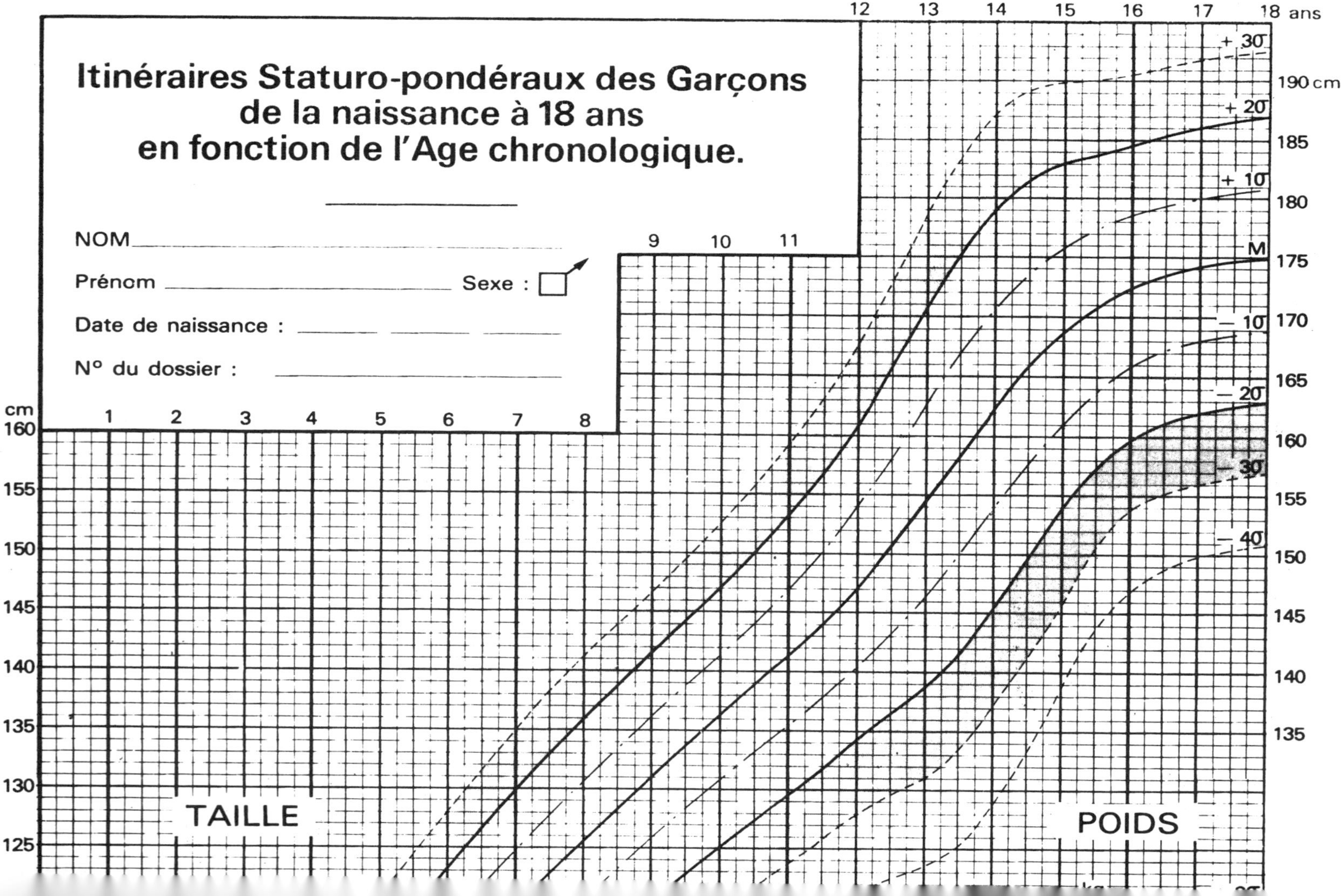

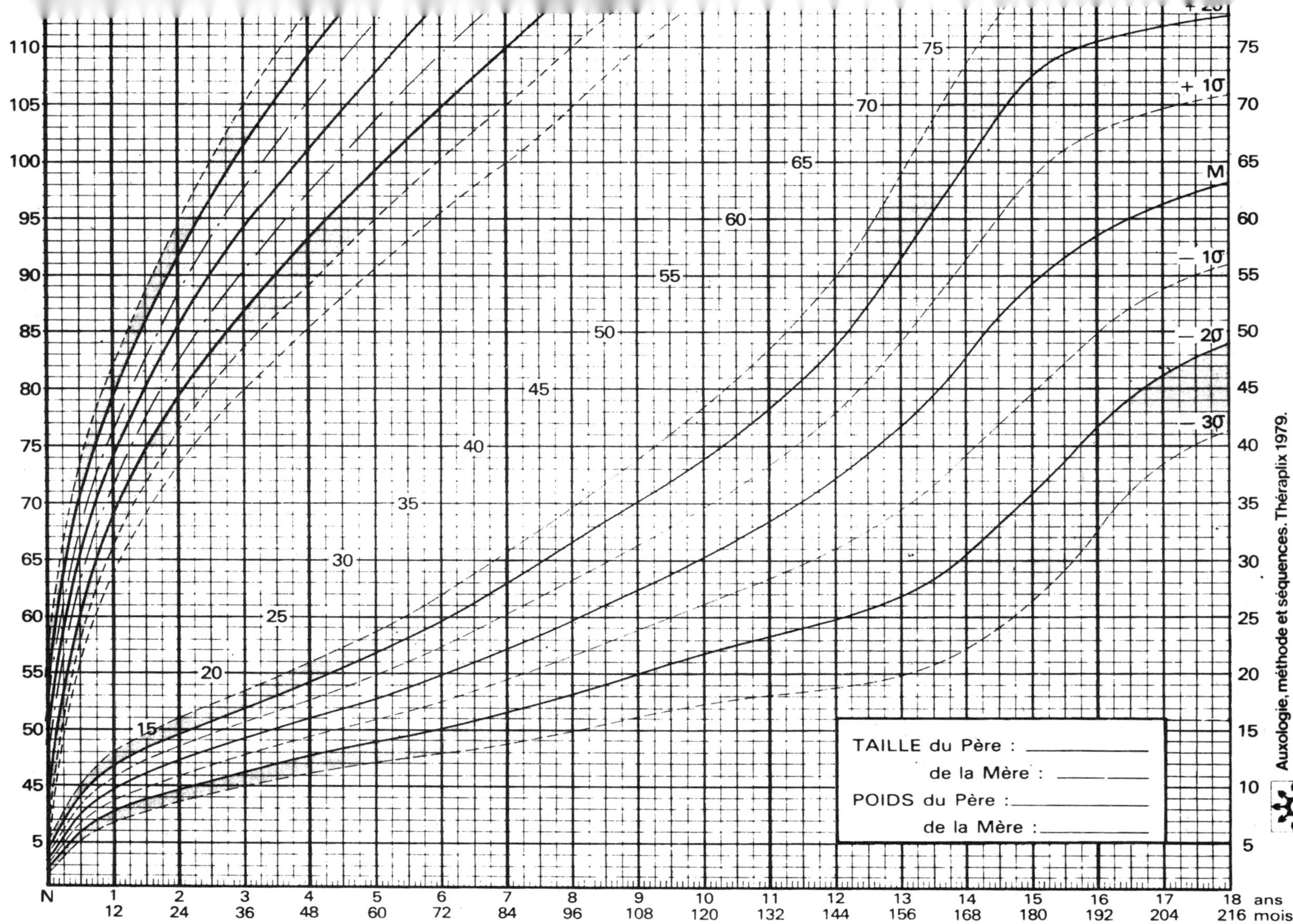

Auxologie, méthode et séquences. Théraplix 1979.

Accroissements et Maturation Squelettiques · 1953 · Paris · Lyon · 1974
Dr M. SEMPÉ, G. PÉDRON et Dr M.-P. ROY C.I.E. · I.N.S.E.R.M.

Itinéraires Staturo-pondéraux des Filles de la naissance à 18 ans en fonction de l'Age chronologique.

NOM ____________________

Prénom ____________________ Sexe : ♀

Date de naissance : ______ ______ ______

N° du dossier : ____________________

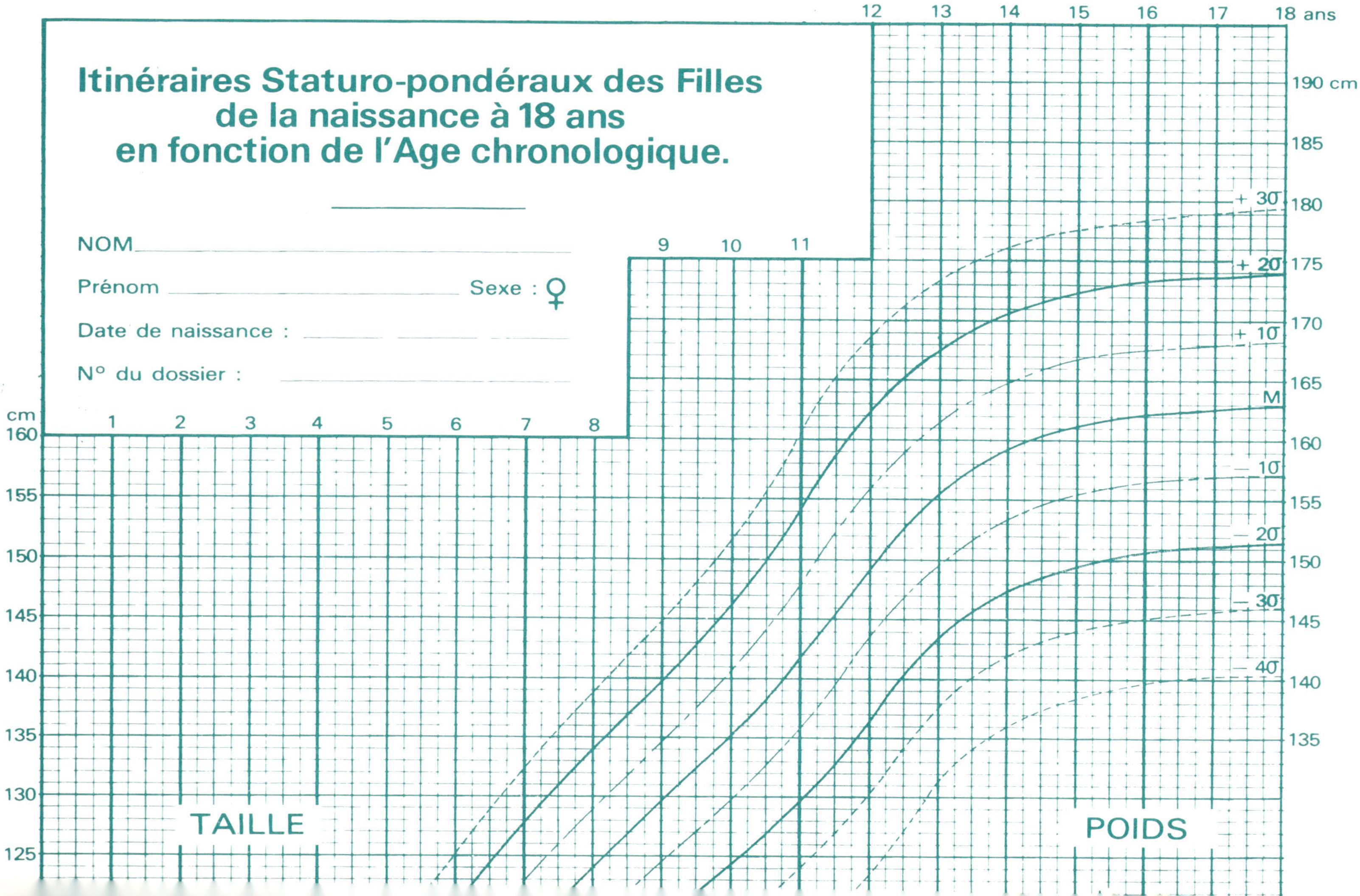

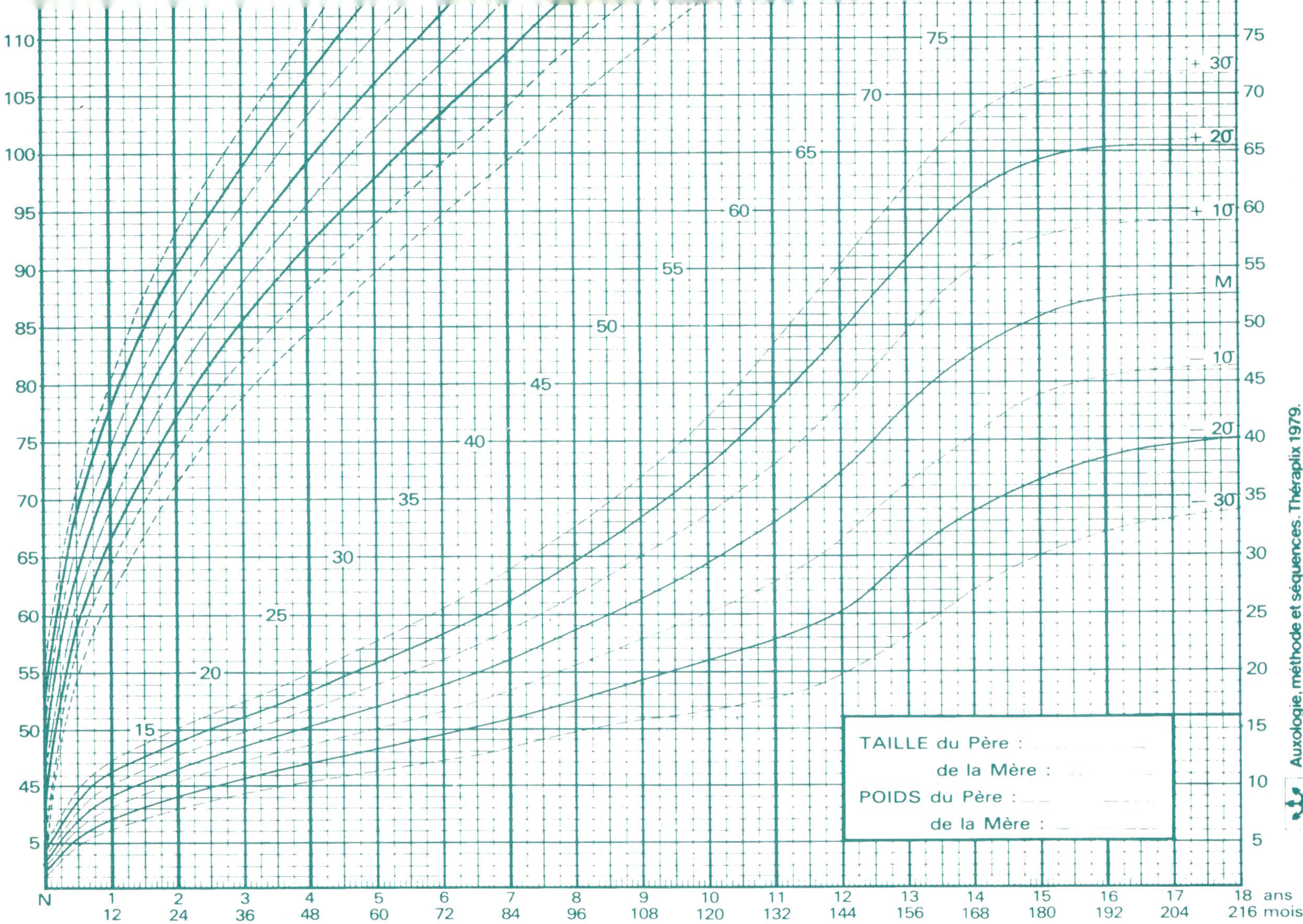

Auxologie, méthode et séquences. Thérapix 1979.

Accroissements et Maturation Squelettiques 1953 Paris · Lyon 1974

Dr M. SEMPÉ, G. PÉDRON et Dr M. P. ROY C.I.E. · I.N.S.E.R.M.

pour le poids et pour la taille : ce garçon est plus gros et plus grand que la moyenne mais poids et taille sont en harmonie, il sera probablement un adolescent grand et fort.

• Garçon de 6 ans ; 25 kg 114 cm. Marquez les croix. Elles se trouvent sur la courbe $+ 2\sigma$ pour le poids et sur la courbe M pour la taille... Attention il est en surpoids (de 5 kg) pour une taille moyenne normale. Il risque de devenir un adolescent obèse et il faut dès maintenant intervenir sur le plan alimentaire.

S'il n'y a pas concordance entre les courbes, si l'enfant est « trop gros par rapport à sa taille » il faut alors surveiller étroitement son alimentation pour que cet écart ne s'aggrave pas.

Le médecin sait lire et apprécier ces courbes, ce qu'il doit faire à chaque visite « de surveillance » de l'enfant, qu'il soit généraliste ou pédiatre mais les parents doivent aussi pouvoir les comprendre et surveiller l'état de leur enfant entre les consultations, afin d'agir rapidement pour redresser une situation anormale.

Un poids qui monte en flèche

Or une situation se redresse d'autant mieux que les modifications apportées sont plus précoces. Pour toucher le problème de façon réaliste, nous donnerons l'exemple d'une fillette qui, à 11 ans, était en surpoids évident, ce qui n'a inquiété personne... et qui, à 13 ans est franchement obèse :

Un exemple !

• à 11 ans : poids 48,400 kg taille 152 cm
le poids se trouve sur la courbe $+ 3\sigma$
la taille se trouve sur la courbe $+ 2\sigma$
il y a donc déjà un poids excédentaire

• à 13 ans : poids 71 kg taille 161 cm
le poids se trouve très au-delà de la courbe $+ 3\sigma$
la taille se trouve sur la courbe $+ 1\sigma$

La différence s'est beaucoup accentuée... en deux ans les dégâts sont faits et vont être difficiles à corriger...

Ces notions « mathématiques » ne sont pas difficiles à comprendre et si nous insistons, c'est pour que les parents ne soient pas indifférents au surpoids de leur enfant et ne se réjouissent pas à tort d'avoir un petit garçon de 2 ou 3 ans... si beau, si rond, si gros, doué d'un si bon appétit et que l'on « gave » avec plaisir...

Les enfants en surpoids sont très nombreux aujourd'hui, nous le constatons chaque jour à nos consultations. Il faut absolument alerter les parents sur ce problème, ce que nous ferons à de nombreuses reprises dans cet ouvrage.

Ils grossissent trop : cherchez la faille

Le lait est un aliment et non pas une boisson anodine ; ne l'oubliez pas.

– Certains enfants n'aiment guère le lait, d'autres l'aiment trop. Telle **Fabienne**, 11 ans, dont nous avons déjà, ailleurs, raconté l'histoire : elle avait pris 8 kg en une année, pour une raison très simple mais qui fut difficile à trouver : on servait à la cantine un verre de lait à chaque enfant – ce qu'ignorait la maman – et, ses cinq camarades de table n'aimant pas le lait, Fabienne buvait tout, consommant ainsi deux repas à la suite : son repas d'aliments variés et un gros repas de lait... Rien de surprenant à sa prise de poids !

Yvonne, 3 ans, jolie petite fille ronde devient une grosse fille bouffie. Pourtant elle mange normalement aux repas. *« Et le matin » ?* demande le médecin posant directement la question à l'enfant

« Mon tafé au lait. »

« Oh oui, précise sa mère, *elle adore le café au lait et en prend un grand bol... c'est peut-être trop »*

Trop, non ; suffisant oui.

Mais il y a quatre grandes sœurs et le médecin, soupçonneux pense que des confiseries peuvent bien traîner par là. Aussi insiste-t-il encore auprès de la fillette :

Manges-tu autre chose que ton café au lait ?

Elle réfléchit un instant ; vive d'esprit et n'ayant aucune raison de dissimuler elle ajoute :

Et aussi, le tafé au lait des grandes sœurs...

Elle n'en dira pas plus, se contentant de répéter cette phrase dont elle paraît très fière.

Alors la maman commence à deviner et dès le lendemain comprend tout. En « maman-lait » – et comme elle a raison – elle sert à chacune de ses filles le même petit déjeuner : un grand bol de café au lait et des tartines beurrées puis va ailleurs. Les grandes filles laissent souvent le bol à moitié plein et filent à l'école. Quand la maman vient desservir un moment plus tard, tous les bols sont vides. Yvonne est passé par là et a tout avalé !

Il faut du lait au petit déjeuner, au goûter éventuellement, sous forme de fromage à midi ... mais pas en guise de boisson à table ou dans le courant de la journée. Pas non plus sous une autre forme, en trop grande quantité.

Maurice est solide, bien bâti et affamé. Il n'y en a jamais assez dans l'assiette et la maman, le voyant trop grossir lutte intelligemment, servant chaque soir un peu de pâtes ou riz et beaucoup de légumes, choisissant les yoghourts et répétant sans cesse avec le sourire les conseils adaptés. Mais Maurice continue à grossir. Il est seul pour le goûter et là encore, il a faim. Alors, avec son argent de poche, il achète chaque jour à l'épicerie le pot familial de riz au lait, qu'il mange en dessert après le goûter sage que lui a préparé sa mère...

Corinne n'est pas une fillette, mais un sucrier.

5 ans. Normes de cet âge : 106 cm et 17 kg

Corinne mesure 108 cm et pèse 29 kg. Pas besoin de tracer la courbe pour deviner l'excédent de poids... Il suffit d'ailleurs de la voir. Pourquoi ? La maman est forte, la grand-mère aussi mais tout ce monde se retrouve à la même table. Les femmes travaillent beaucoup, n'ont pas de temps de cuisiner, les repas sont simplifiés : pâtes, riz ou frites à tous les menus. L'enfant, souvent livrée à elle-même, consomme tout au long de la journée bonbons, crèmes glacées, boissons aux fruits que l'on achète en briques à la douzaine. Un tel régime ne peut que favoriser une obésité peut-être familiale contre laquelle au contraire il faudrait lutter...

C'est Yvette qui commande et qui grossit.

7 ans. Repas de midi à la cantine. Yvette a bon appétit et mange tout. Goûter chez grand mère-gâteau qui dorlote son unique petite fille et lui achète chaque jour plusieurs pâtisseries. Le soir, comme maman travaille de nuit, dîner avec papa peu doué pour la cuisine et qui prépare ce que sa fille demande, tous les soirs un gros plat de pâtes au fromage dont elle se régale et qu'elle accompagne – ça donne soif – d'une bouteille de jus de fruits.

SURPOIDS... CORPULENCE...

Quelle est la part de la nourriture ?
Quelle est la part de l'hérédité ?

Il est bien évident que l'hérédité (la transmission des gènes du père et de la mère) joue un rôle important. De même que certains enfants ont les yeux bleus et d'autres les yeux noirs... (et personne ne peut rien y changer), de même certains enfants auront tendance à prendre du poids et d'autres resteront minces.

On ne peut pas nier le rôle de l'hérédité.

Mais justement... c'est pour cela qu'il faut veiller. Si par son hérédité, un enfant a tendance au surpoids, une alimentation excessive ou déséquilibrée ne doit pas aggraver encore cette tendance et faire de lui un obèse. Il faut alors veiller plus étroitement.

Si un enfant a du mal à apprendre à lire, on ne va pas pour autant le laisser dans son ignorance. On va se battre (en surveillant ses études) pour qu'il soit un enfant comme les autres ou à peu près...

Si un enfant a tendance à grossir... on ne va pas le laisser aller vers ce surpoids si pénalisant. On va se battre (en surveillant son alimentation) pour qu'il soit un enfant comme les autres ou à peu près...

Prédire l'avenir ?

LA CORPULENCE : UNE NOTION NOUVELLE TRÈS IMPORTANTE

Depuis toujours, on a cherché à savoir si, pour un âge donné, le poids d'un enfant était normal par rapport à sa taille, ce que les graphiques 2 et 3 permettent d'apprécier. Récemment, ce problème a pris une grande importance étant donné le nombre croissant d'adultes et d'enfants en surpoids, et l'on s'est alors posé la question de savoir si le surpoids de l'enfant permettait de prévoir le surpoids de l'adulte... Cela paraissait difficile car on connait des obèses qui étaient maigres pendant leur enfance et à l'inverse, des gros enfants qui sont devenus des adultes de poids normal. On a alors créé la notion de corpulence : rapport du poids exprimé en kg sur le carré de la taille exprimée en mètre, et on a tracé pour chaque sexe une courbe de la corpulence en fonction de l'âge. Cette courbe, bien étudiée par Mme Rolland Cachera de l'INSERM, présente trois caractéristiques :

- elle monte de la naissance à un an ;
- elle descend de un an à six ans ;
- elle remonte à partir de 6 ans ce qu'on appelle le « rebond ».

Selon le moment du rebond (avant 5 ans et demi ou après 7 ans) et pour tous les enfants (qu'ils soient normaux ou déjà en surpoids) on peut prévoir leur devenir. Ceci est très important pour le nutritionniste qui doit alors surveiller attentivement tous ceux qui sont menacés de surpoids et conseiller le régime alimentaire permettant de limiter les dégâts.

Cette notion nouvelle est un peu difficile à comprendre mais vu son importance elle doit désormais être prise en considération par le médecin qui voit régulièrement l'enfant (généraliste ou pédiatre) afin de pouvoir intervenir tôt sur l'alimentation si tel est le cas.

Nutrition, croissance et développement sont donc intimement liés. Une alimentation inadaptée a de graves conséquences physiques et psychiques qui peuvent n'apparaître que plus tard, sans possibilité de rattrapage et il est donc très important de surveiller étroitement l'alimentation de l'enfant, de bien comprendre ses besoins et le moyen de les satisfaire.

Parents soyez vigilants... surveillez le poids de votre enfant. C'est son avenir et son bonheur qui sont en jeu...

Les enfants d'aujourd'hui sont plus « grands » que ceux d'hier... Pourquoi ? Est-ce le fait d'une meilleure alimentation ?

L'alimentation est certainement en cause et pour plusieurs raisons :

- l'apport énergétique total est plus important. Il n'y a plus de famines, plus de disettes, plus de restrictions dues à une mauvaise saison ou

à des mauvaises récoltes (il y a 100 ans les paysans, nombreux à cette époque dépendaient des conditions d'agriculture de leur région) ;

• l'apport protidique, surtout est plus élevé. Tous les enfants aujourd'hui mangent de la viande chaque jour. Ils consomment aussi plus de lait car au seul lait de jadis s'ajoutent les fromages frais, les yaourts et les nombreux fromages affinés. Il y a donc à la fois apport de protides supplémentaires et aussi de calcium ;

• plus grande variété dans l'alimentation... le poisson de mer exceptionnel il y a 50 ans (sauf le jour du vendredi saint dans les campagnes sous forme de morue salée) est maintenant partout en permanence, surtout depuis l'ère des surgelés ;

• les fruits sont beaucoup plus consommés... il y a 40 ans en Savoie, nous avons vu les grands-mères achetant une orange pour mettre dans le sabot de Noël de leurs petits enfants... une orange par an c'était bien peu !

• les supplémentations vitaminiques sont données aussi, plus régulièrement. Jadis quand l'huile de foie de morue était la seule source de vitamine D son absorption était un tel cauchemar que bien peu d'enfants étaient soumis à cette épreuve !

Pour toutes ces raisons associées, de nombreux enfants pouvaient être légèrement carencés, ce qui n'entraînait aucun trouble mais pouvait retentir sur la croissance.

LE BESOIN TOTAL : POUR VIVRE, POUR GRANDIR

Le besoin énergétique de l'enfant – comme celui de l'adulte – est la somme du besoin d'entretien et du besoin de production.

Le besoin d'entretien ou « besoin basal » correspond au besoin de la vie, c'est-à-dire aux dépenses obligatoires de l'organisme qui travaille sans cesse ; même au repos, le cœur bat, le poumon respire, le sang circule, le cerveau fonctionne et toutes ces fonctions consomment de l'énergie. Ce besoin est important puisque, chez un individu adulte, on l'estime à 1 500 kilocalories par jour (alors que le besoin total moyen de ce même individu en activité est de 2 500 à 3 000 kilocalories). Il faut donc « manger pour vivre » tout le monde le sait. Ce besoin est constant d'un jour à l'autre mais il augmente progressivement avec le poids de l'organisme, passant de 500 kcal pour le nouveau-né à 1 500 kcal pour l'adulte moyen.

Le besoin de production est lui-même la somme de trois besoins que nous envisagerons par ordre d'importance chez l'enfant :

• le besoin chimique correspond à la création de tissus ; il est donc primordial chez l'enfant qui construit son corps et forme pendant quinze années muscles et os ; c'est le besoin de croissance. Il existe aussi chez la femme enceinte qui forme un enfant et ensuite chez la femme allaitante qui produit du lait. Il s'agit parfois aussi d'un besoin de réparation lorsqu'il faut réparer ou reconstruire un tissu lésé par une fracture, une brûlure, une intervention chirurgicale ou une maladie grave.

De l'énergie pour courir

• Le besoin mécanique correspond aux dépenses entraînées par l'activité physique : mouvements, jeux, sports, travail. Plus l'activité est importante, plus le besoin d'énergie est grand et plus les besoins alimentaires augmentent. Tout le monde le sait : un travailleur de force doit manger plus qu'un employé de bureau, un adulte sportif plus qu'un sédentaire ; de même l'enfant qui pratique un sport intensif un certain jour de la semaine devra, ce jour-là augmenter sa ration alimentaire.

Si votre enfant passe l'après-midi sur le canapé à regarder un match à la télévision... il n'a pas besoin, le soir, de manger plus que d'habitude. Mais s'il est sur le terrain et participe au match, alors, mamans, sortez vite vos casseroles.

• Le besoin thermique sert à lutter contre le froid ou le chaud, ce qui dans les deux cas demande de l'énergie. Il est très peu important de nos jours où nous vivons dans une ambiance chauffée à l'intérieur et avec de bons vêtements protecteurs à l'extérieur. C'est seulement dans le cas de sports de plein air par grand froid (ski ou alpinisme en haute altitude) qu'il est à considérer.

Donnez toujours un supplément énergétique à votre petit skieur qui part sur les pistes glacées : du sucre, du chocolat, une tablette pour sportif ou des fruits secs. Il peut en avoir besoin ou simplement envie. Quand on a très froid aux mains ou aux pieds, une douceur est toujours bienvenue.

Ce besoin de production varie tout au long de la vie et il peut aussi, pour une même période, varier d'un jour à l'autre, en fonction notamment de l'activité physique fournie.

Tous ces besoins ont été mesurés, évalués, chiffrés aux différentes époques de la vie et l'on aboutit aux tableaux simplifiés n° 4 qui, en fonction de quelques âges repères, indiquent le besoin énergétique de l'enfant en question (enfant en bonne santé et ayant une activité physique normale). Ce sont ces tableaux que nous suivrons pour nourrir « théoriquement » l'enfant aux différents âges.

Le besoin protidique est toujours couvert lorsque l'alimentation répond à la norme de 12% d'énergie fournie par les protides, la moitié étant des protéines d'origine animale. (lait, œuf, viande...).

Les besoins minéraux et vitaminiques sont toujours couverts par une alimentation diversifiée et suffisante en quantité (et la prise de vitamines D et C durant la première année, comme nous l'avons vu). Il n'y a pas de carences dans nos pays.

Un peu plus un peu moins...

LE TABLEAU DES BESOINS

Les colonnes envisagent les différents âges avec distinction entre les sexes à partir de 12 ans.

GARÇONS ET FILLES

	0 à 3 mois	1 an	2 ans	3 ans	4 ans	6 ans	8 ans	10 ans
Poids en kg	3 à 6	10	12	14	16	20	25	30
Taille en cm	50 à 60	74	86	94	101	114	125	135
Eau ml/kcal	← un millilitre par kilocalorie consommée →							
kcal/kg	120	110	100	100	100	90	85	80
kcal totales	400 à 700	1100	1200	1400	1600	1800	2100	2300
Protides en g	20	33	36	40	48	54	63	72

	GARÇONS					FILLES				
	12 ans	14 ans	16 ans	18 ans	homme	12 ans	14 ans	16 ans	18 ans	femme
Poids en kg	36	48	59	62	70	37	50	54	55	60
Taille en cm	145	159	170	172	172	147	158	159	160	160
Eau ml/kcal	← un millilitre par kilocalorie consommée →									
kcal/kg	72	60	50	48	35	68	50	45	37	35
kcal totales	2600	2800	3000	3000	2500	2500	2500	2300	2000	2000
Protides en g	78	84	90	90	75	75	75	70	66	60

Les différentes lignes indiquent, selon les âges et successivement :
- le poids et la taille ;
- le besoin d'eau qui est toujours le même : un

millilitre par kilocalorie consommée et qui augmente donc régulièrement en fonction de l'augmentation des besoins ;

- le besoin énergétique en kcal par kg corporel ; très important dans les premiers mois (120) au moment où la croissance relative est la plus importante, il diminue ensuite jusqu'à 35 pour l'adulte ;
- le besoin énergétique total qui, lui, augmente en fonction du poids jusqu'à la fin de la puberté (18 ans chez les garçons et 15 ans chez les filles) puis diminue quand la croissance est terminée et que l'organisme ne se « construit » plus.

Le jeune adulte ne doit pas conserver ses habitudes d'adolescent sous peine de prendre trop de poids ; or de nombreuses jeunes filles de 16 ans continuent à goûter copieusement... comme les plus jeunes enfants de la famille, et s'étonnent de grossir ce qui, par contre, n'étonne pas du tout le médecin nutritionniste !

- le besoin protidique en grammes par jour, donné à la sixième ligne correspond au pourcentage souhaité de 12% d'énergie apportée par les protides ;
- les besoins en minéraux et vitamines sont toujours couverts par l'alimentation équilibrée et l'apport de vitamines D et C au début de la vie, comme nous l'avons indiqué.

Ces divers besoins sont exprimés en kilocalories, grammes de protides, milligrammes de calcium, unités vitaminiques car il faut des nombres pour établir les rations : de même qu'on ne peut pas apprécier le poids ou la taille d'un enfant sans le peser ou le mesurer, de même on ne peut pas nourrir bien un enfant sans connaître ses besoins. Toutefois la mère de famille ne doit pas sans cesse peser ce qu'elle met dans la casserole ni ce qu'elle sert dans l'assiette de chacun. Mais elle doit avoir quelques notions simples et pratiques, acquises en examinant ce tableau.

DES NOMBRES, IL EN FAUT...

Il est important de savoir que votre voiture consomme 12 litres aux cent kilomètres... si elle consomme plus, vous vous inquiétez.

Il est important aussi de savoir que votre enfant a besoin de 1 200 kilocalories... et qu'il ne doit pas non plus dépasser cette norme.

• L'enfant de 2 ans a besoin de 1 200 kilocalories, soit deux fois moins que son frère aîné de 10 ou 12 ans.

• Cet aîné de 10 ou 12 ans a besoin de 2 300 à 2 600 kilocalories, soit autant que son papa, adulte à activité sédentaire.
• Au moment de la grande poussée pubertaire, les besoins sont très importants : 3 000 kcal chez le garçon de 16 ans, plus encore s'il est sportif, d'où le gros appétit de l'adolescent qui dévorerait bien le poulet à lui tout seul !
• Par contre les besoins de la jeune fille diminuent à 16 ans, ce qui va l'obliger à réduire sa consommation pour rester mince comme elle le souhaite.

« On ne s'occupait pas de tout cela, il y a 50 ans... et les enfants poussaient bien quand même... »

Bien sûr et heureusement.

Il y a 50 ans, des enfants mangeaient mal et poussaient bien ; d'autres mangeaient bien et poussaient mal... et d'autres aussi périssaient en route et de ceux-là on ne parlait pas.

Il y a 50 ans... Tarzan dans la jungle a survécu et il est même devenu un beau garçon. Alors ?

Alors... la nutrition a fait des progrès et on doit utiliser ce que l'on a appris.

Devant l'abondance alimentaire actuelle et tous les produits disponibles en permanence...

NAVIGATION À VUE ENTRE LA THÉORIE ET LA PRATIQUE

Le tableau des besoins est établi pour des enfants « moyens » en taille et en poids et qui répondent à des conditions « moyennes » d'utilisation des aliments. Mais seulement 66 % des enfants sont dans les moyennes. Les autres sont un peu plus petits ou un peu plus grands, un peu plus maigres ou un peu plus gros.. et utilisent bien ou mal les aliments. Il faut tenir compte de ces différences, appréciées par la surveillance de la courbe de taille et de poids, ce qui peut amener à modifier légèrement l'alimentation « théorique ».

Ainsi si un enfant a besoin de 2300 kcal mais est en surpoids, il faudra diminuer la totalité de la ration jusqu'à 2 000 kcal.

Si au contraire il a besoin de 2 300 kcal mais reste maigre il faudra augmenter la ration jusqu'à 2 500 kcal.

Ceci amène à considérer la notion de « pouvoir transformateur » bien connue chez les animaux par expérimentation et mesures, connue de façon empirique chez l'homme d'où les expressions « mangeurs inégaux », « n'est pas maigre qui veut » etc.

Là est toute la différence entre un individu et une machine. Deux voitures identiques feront le même trajet à la même vitesse pour une même consommation d'essence... deux enfants du même age et du même poids pourront avoir des besoins alimentaires très différents.

L'individu est unique, c'est ce qui en fait son charme et c'est ce qui oblige aussi à naviguer entre la théorie et la pratique.

il faut faire un choix en prenant les meilleurs, ceux qui ne peuvent nuire à la santé. Je souhaite vous y aider.

« Et puisqu'on parle d'il y a 50 ans, je veux vous dire encore : »

À cette époque et même dans une famille aisée :
• le croissant ou la brioche du petit déjeuner étaient exceptionnels et réservés aux jours de fête...
• la crème glacée était rarissime : une ou deux fois par an la bombe glacée du jour de fête !
• les boissons sucrées étaient fort rares, la seule dont l'auteur se souvienne est la limonade dont elle avait droit à un verre quand par hasard, au cours d'une promenade – quelques fois l'an – on s'arrêtait dans un café pour se rafraîchir.

Faites un peu le compte de ce que la plupart des enfants consomment aujourd'hui !

On ne mange pas des Calories,
mais de la viande ou du pain.

LES PLANS D'ALIMENTATION

Le tableau n° 5 indique la quantité d'énergie nécessaire aux enfants des différents âges. Il ne suffit pas pour établir le menu car on ne mange pas des Calories mais des aliments. Nous avons vu aussi que l'énergie totale ne doit pas être apportée par n'importe quel aliment (1200 kcal correspondent à 300 g de sucre ou 150 g de beurre ou 700 g de viande...) mais au contraire par un ensemble d'aliments apportant une énergie « équilibrée » (12 % venant des protides, 28 % des lipides, 10 % des glucides rapides purs et 50 % des glucides lents). Il faut aussi répartir cette énergie tout au long de la journée.

Mais comme on ne va pas non plus chez l'épicier acheter 15 g de protides ou 40 g de glucides lents, il faut ensuite transformer ces principes nutritifs en aliments, ce qui va aboutir aux Plans d'alimentation que nous donnerons pour quelques âges repères et qui répondent aux trois règles essentielles :

• fournir une certaine quantité totale d'énergie ;
• répartir cette énergie en énergie « équilibrée » selon les trois principes nutritifs ;
• répartir cette énergie tout au long de la journée.

Les Plans d'alimentation sont donc les « Menus-Types » des quatre repas de la journée, avec, pour chacun d'eux les quantités souhaitées des différents aliments : pain, lait, viande, pommes de terre, fruits etc... Le tableau n° 5 donne à la suite 4 plans d'alimentation de 2 à 14 ans, afin de bien montrer la quantité croissante des aliments, phénomène que toutes les mères de famille connaissent bien d'instinct puisque l'assiette d'un petit est toujours moins garnie que celle d'un grand. Mais notez bien que certains aliments augmentent peu, tels les produits laitiers, alors que d'autres : pain, viande, légumes, sont rapidement multipliés par deux ou par trois. Dans un but de simplification, le mot viande veut dire aussi poisson ou œufs, les mots pommes de terre, pâtes et riz sont interchangeables ; le mot matière grasse veut dire beurre, margarine ou huile.

Nous donnons au bas du tableau, en grammes, les quantités de protides, lipides, glucides apportés par l'ensemble des aliments de la journée, et en kilocalories leurs apports respectifs en énergie ; d'où l'apport énergétique total correspondant au besoin idéal.

Ces plans d'alimentation pourraient suffire à établir le menu quotidien puisqu'on peut les suivre indéfiniment en variant chaque jour :
• la « viande » bifteck, veau, porc, poisson, volaille, œuf ;
• les aliments dits féculents : pomme de terre, riz, pâtes ;
• les légumes selon les prix et les saisons ;
• les fromages frais ou affinés (il en existe des centaines) ;
• les fruits, si nombreux.

Mais on peut aussi, à partir du menu type, faire des substitutions et préparer des plats en réunissant plusieurs éléments du menu. Cela s'appelle la Cuisine, voire la Gastronomie, qui ne sera pas absente de nos recettes.

Tableau n° 5 : Surtout, pas d'affolement !

N'ayez pas peur de tous ces nombres. Ils ne sont pas là pour compliquer le problème alimentaire mais au contraire pour le simplifier et vous faire comprendre à quoi répond une « bonne » alimentation.

Notez parmi les aliments qui s'y trouvent :

- la grande quantité de pain, pommes de terre, légumes et fruits ;
- la petite quantité de matière grasse ajoutée ;
- la très petite quantité de sucre ajoutée.

C'est seulement en suivant ces suggestions chiffrées que l'on arrive à l'alimentation « idéale » préconisée par les nutritionnistes :

- si vous ajoutez trop de matière grasse, vous dépassez les 28-30 % d'énergie lipidique souhaitée ;
- si vous consommez trop de sucre pur sous forme de confiseries, pâtisseries, boissons sucrées, vous dépassez les 10 % d'énergie glucidique pure souhaitée.

Les enfants vont si souvent aujourd'hui vers les aliments gras et sucrés qui perturbent leur poids, leur silhouette et leur santé qu'il faut insister sur ces deux excès, responsables de nombreuses maladies.

Pain, pomme de terre, légumes et fruits : aliments sans risques.
Sucre et matière grasse : ATTENTION.

Considérez ce tableau comme un guide... Ne le suivez surtout pas au gramme près... Ne pesez pas, mais appréciez...

Tableau n° 5 : Quatre plans d'alimentation calculés

	Quantité en grammes			
	2 ans	6 ans	10 ans	14 ans
Petit déjeuner				
Lait demi-écrémé	150	200	200	200
Sucre	10	10	10	10
Pain	20	40	50	80
Beurre	10	15	15	20
Confitures			30	30
Déjeuner				
Crudités		80	100	200
+ huile		5	5	10
Viande	40	70	100	100
Pommes-de-terre – Légumes	150	200	200	250
+ M. G.	5	5	5	8
Pain	10	20	40	60
Fromage	20	30	30	30
ou yaourt	un	un	un	un
+ sucre	5	5	5	5
Fruits	50	80	100	150
Goûter				
Pain	20	40	60	80
+ beurre	10			
ou chocolat		20	30	40
ou confitures		40	40	50
Lait demi-écrémé	100	100		
+ sucre	10	10		
ou jus de fruits		150	150	150
Dîner				
Potage de légumes	150	200	200	200
+ M. G.	8	3	3	3
Pâtes ou Riz ou P. de T.		30	40	50
+ M. G.		3	6	8
Œuf (ou jambon, viande, poiss.)		un (ou 30 g)	un (ou 50 g)	2 (ou 60 g)
Fromage frais 25 % M. G.	100	100	150	200
+ sucre	5	5	5	10
Pain	10	20	40	60
Fruit	150	200	200	200
Protides en grammes	38	54	75	81
en kcal	152	216	300	324
Lipides en grammes	42	60	74	88
en kcal	378	540	666	792
Glucides en grammes	165	240	333	444
en kcal	660	950	1 332	1 776
Apport total en kcal	1 190	1 716	2 298	2 892

L'APPLICATION PRATIQUE : LES REPAS

Huit biberons pour commencer... Bébé est tellement pressé de grandir qu'il se nourrit jour et nuit.

Mais comme il doit laisser dormir ses parents, il devient sage et passe souvent, de lui-même, à 7, puis 6 repas... puis 5 et, dès cinq ou six mois, le voilà à 4 repas, comme tout le monde et pour la vie !

JOUONS A SAUTE-MOUTON MAIS NE SAUTONS PAS DE REPAS

Quatre repas par jour... car le goûter, indispensable à l'enfant et à l'adolescent, peut être utile tout au long de sa vie. L'organisme fonctionne jour et nuit et doit être en permanence ravitaillé. S'il ne l'est pas, il emprunte à ses réserves, ce qu'il fait obligatoirement durant la nuit qui correspond à une période de jeûne. Mais les réserves s'épuisent vite et l'on ne peut compter longtemps sur elles. Aussi faut-il, dans le courant de la journée, manger de façon régulière, ne jamais sauter de repas afin d'apporter quatre fois par jour, par les aliments, l'énergie dont notre corps à constamment besoin.

Cette énergie doit être ainsi répartie : 20 % au petit déjeuner, de 30 à 35 % pour chacun des deux repas principaux midi et soir et 15 % environ pour le goûter. Nos plans d'alimentation répondront à ces pourcentages. Il n'y a pas en nutrition pratique d'impératifs absolus et de calculs très précis. Il ne faut pas sans cesse compter et l'on peut selon son appétit, ses goûts, son activité, son rythme de travail et ses possibilités de repas (cela concerne aussi l'écolier et l'étudiant), consommer moins ou plus à l'un des repas si la compensation se fait ensuite.

Mais il faut comprendre l'importance des repas :

• durant la première année il s'agit d'une alimentation particulière, lactée tout d'abord puis peu à peu diversifiée et passant de huit à quatre repas et là il est impératif de bien mesurer l'eau et le lait pour le biberon... Pas d'à peu près !

• A un an, c'est le début de l'alimentation

diversifiée de l'adulte avec cependant encore les habitudes du tout-petit : le lait est toujours bu au biberon pour le petit déjeuner et le goûter, l'enfant ne mange pas de pain (sauf pour s'amuser) mais consomme la farine sous forme de bouillie... l'enfant n'est pas encore autonome, on lui donne encore « son » repas plutôt que lui faire partager celui des grands.

• A deux ans, c'est vraiment l'intégration à la table familiale, et tous les conseils donnés pour les différents repas le concernent, même s'il est encore à la fois un grand bébé (qui continue à utiliser son biberon pour le lait et le potage) et un petit enfant qui, au repas suivant, refuse la purée et demande des légumes en morceaux.

Tous les conseils généraux pour les repas concernent donc l'enfant à partir de deux ans.

LE REPAS C'EST MANGER ET BOIRE.

ATTENTION. La boisson du repas c'est l'eau pure.
Jamais de boissons sucrées pour les enfants
Jamais d'alcool non plus.

SUR LA TABLE : la carafe d'eau du robinet ou la bouteille d'eau de source. Rien d'autre.

DES PETITS DÉJEUNERS... À LA TÊTE DU CLIENT.

Le petit déjeuner doit toujours exister, être un vrai repas, pris à table et non pas une bricole mangée à la sauvette (en allant à la crèche, à l'école ou en se coiffant.)

Le lait constitue l'aliment privilégié de ce repas : lait pur ou parfumé avec chicorée, café ou chocolat.

Le pain ou tout autre produit céréalier (farine, céréales, viennoiseries) est également indispensable ; il apporte des glucides lents qui vont, tout au long de la matinée, libérer de l'énergie et éviter le fameux « coup de pompe » de onze heures où l'enfant, fatigué, n'écoute plus la leçon...

Le beurre ou la confiture « améliorent » le pain. Ils doivent être consommés sans excès. Si le pain est remplacé par un croissant (qui équivaut à du pain beurré) il ne faut pas ajouter de beurre, bien entendu...

• Si l'enfant ne prend pas de petit déjeuner, il risque d'avoir faim dans la matinée et de consommer alors ce qui se met facilement dans la poche et se trouve aujourd'hui dans tous les distributeurs : bonbons, confiseries, chocolateries source d'une énergie très provisoire avec les dangers d'un excès de glucides rapides. Insistez donc pour que ce petit déjeuner existe et n'hésitez pas à faire lever votre enfant un peu plus tôt afin qu'il dispose des dix minutes nécessaires au repas.

Mères de famille, ne soyez pas paniquées... Je vous donne les directives « idéales », difficiles à suivre dans certains cas, je sais... Voici donc d'autres possibilités :

• Si votre enfant a peu d'appétit le matin, vous ne pouvez certes pas le gaver : donnez-lui alors pour la récréation de dix heures un supplément valable : gâteaux secs, tranche de pain d'épice ou banane, faciles à transporter et à manger et qui lui apporteront des glucides lents, anti coup-de-pompe.

• S'il refuse de manger mais accepte de boire, préparez-lui alors un chocolat avec du lait entier et deux morceaux de sucre... petit déjeuner déjà valable, qu'il boira en deux minutes avant de partir à l'école... s'il le trouve juste à la bonne température, ni trop chaud, ni trop froid !... je sais aussi ! Même s'il ne boit que du lait froid, c'est bien aussi. Voyez plus loin les recettes de Mouss'lait nature et à la banane conseillées pour le goûter.

• S'il n'accepte pas le lait, remplacez-le par un produit laitier frais (yaourt, fromage blanc, dessert laitier), du fromage (gruyère, camembert) ou un autre aliment protidique (œuf ou jambon) ; le petit déjeuner à l'anglaise est autorisé en France pour nos enfants. Par exemple :

– un œuf coque ou au plat avec un peu de pain ;
– un « toast » avec de la confiture ;
– un jus d'orange ;

le toast étant simplement une tranche de pain de mie grillée. Ce sera un petit déjeuner sans lait... qu'il prendra sous une autre forme aux autres repas.

Variez les présentations.

Stéphanie, 8 ans, le matin, se faisait prier pour avaler deux bouchées de pain sec... la confiture de sa maman ne lui plaisait pas ! sans doute le pot était-il trop grand. Durant les vacances, on lui servit la confiture en petites barquettes individuelles de 30 grammes... le plaisir de choisir sa confiture, d'ouvrir la barquette et de faire ses tartines... il n'y avait jamais assez de pain !

Le petit déjeuner chaud est-il obligatoire ? Non. On le préconise car le lait se boit plus facilement chaud que froid. Mais si le lait est remplacé par du fromage ou un œuf, un verre de jus de fruit ou tout simplement de l'eau suffira.

Et le croissant mangé en partant à l'école ? Pourquoi pas. Moins bien que lait et pain, mais mieux que rien.

Le petit déjeuner peut-être toujours le même ou varier selon les jours et selon les lieux. Tout est affaire de goût, d'habitude et de besoins... Avant de partir pour une grande promenade dominicale ou pour une demi-journée de ski, un petit déjeuner à l'anglaise, c'est-à-dire avec ajout d'œuf ou fromage, peut être utile. Il ne faut pas être esclave des impératifs ou trop rigoriste : si le dimanche il y a des croissants sur la table, l'enfant de deux ans en réclamera un, comme les autres, et on n'aura pas la cruauté de le couper en deux (comme l'indique le plan d'alimentation de cet âge) ; ce petit supplément occasionnel n'aura aucune importance. Évitez d'interdire au petit ce que vous autorisez aux grands... et laissez à chacun la liberté relative de choisir... mais ne mettez pas sur la table ce qui n'est pas conseillé.

Deux recommandations pour le petit déjeuner. Comme pour les autres repas :

– *veillez au sucre :* les deux morceaux (10 g) ne doivent pas devenir trois ou quatre. De même, la confiture autorisée (30 g correspondent à la petite barquette restaurant ou à une cuillerée à soupe) doit être étalée sur le pain et non pas mangée à la cuillerée, ce qui entraînerait une consommation excessive. Même pour un enfant de poids normal, l'excès de sucre n'est pas bon car il peut entraîner une heure plus tard une baisse du taux de sucre dans le sang, d'où fatigue, voire malaise ;

– *veillez à la matière grasse :* le beurre sert à améliorer le pain et doit être étalé en couche mince : il ne faut pas que l'enfant mette beaucoup de beurre sur peu de pain...

Dès l'âge de deux ans, nous conseillons le lait demi-écrémé qui convient à toute la famille, sauf cas exceptionnel d'un enfant maigre à appétit réduit, auquel il faudra donner du lait entier.

Trois étranges petits déjeuners

Bernard, 3 ans, n'acceptait rien pour le petit déjeuner : ni lait, ni entremets, ni saucisson, ni fromage... Il refusait tout et partait toujours à l'école, à jeun... jusqu'au jour où sa maman eut l'idée de préparer pour lui une pâtée « comme pour le toutou », en écrasant deux biscuits « à la cuiller » dans un reste de crème anglaise qu'il avait consommée avec plaisir au repas de la veille. Du lait, de l'œuf, du sucre et de la farine... c'était un petit déjeuner complet et parfait dont il se régala pendant des mois...

Maurice n'aime pas le beurre et pas non plus le pain sec. Alors il trempe une tartine de camembert dans son chocolat au lait !

Marguerite n'aime pas le lait et le lait ne l'aime pas. Alors elle mange de la soupe aux légumes tous les matins et elle emporte pour la récréation deux petits carrés de chocolat.

Ce n'est pas l'art d'accommoder les restes... mais l'art d'adapter la théorie à la pratique quotidienne et au goût de nos enfants.

MIDI :
MI-JOURNÉE DE TRAVAIL, MAIS SURTOUT PAS MI-REPAS.

Le déjeuner de midi ne devrait pas poser de problème car on le prend à table, à la maison ou à la cantine de l'école. Ce repas doit comprendre des aliments variés avec au moins deux plats : un plat complet (viande, légumes, pommes de terre) et un dessert (produit laitier ou fruit) qui apportent l'ensemble des principes nutritifs nécessaires.

A la maison, la mère de famille peut facilement l'établir en fonction des goûts de l'enfant (voyez page 170 nos exemples de menus) car si l'enfant doit « manger de tout », il faut un minimum de diplomatie et de progression pour l'y habituer. A la cantine de l'école, tout est différent et c'est regrettable ! L'école apprend à lire et à écrire mais pas toujours à manger... Certains jours, les enfants ne mangent presque rien car les menus ne sont pas toujours bien établis : le boudin ou le foie peuvent déplaire au convive et rester dans l'assiette. Ces jours là, il faudra compenser ce demi-jeûne de midi par un goûter plus important avec jambon ou fromage... Il existe une si grande variété d'aliments et tant de façons de les préparer qu'on peut toujours servir un repas qui plaît, même à l'enfant le plus difficile, même à celui qui a peu d'appétit et les collectivités d'enfants devraient adapter les menus à l'âge de leurs convives et servir dans tous les cas de bons repas.

Et pendant les vacances... lorsque l'horaire de vie change. Faut-il respecter tous les repas ?

Voyez page 183 : Menus vacances.

Ne soyez pas esclave non plus du déjeuner de midi, bien pensé, bien préparé et bien chaud...

• Si votre enfant de 10 ans rentre déjeuner seul à la maison, préparez-lui d'avance un repas froid : légumes en salade, viande froide (rosbif, poulet, jambon), un yaourt (ou mieux une part d'entremets à la semoule) et un fruit. Ce repas sera meilleur que celui qu'il aurait (dans certains cas) à la cantine et meilleur aussi que l'éternelle pâtisserie ou viennoiserie qu'il pourrait acheter en route.

• Pendant les vacances, si vous partez en promenade ou à la plage pour toute une journée, n'emportez pas non plus vos casseroles et vos thermos ! Ce jour-là servez un petit déjeuner plus copieux (à l'anglaise) avec œuf ou jambon et fromage et contentez-vous, pour le déjeuner d'un repas pique-nique simplifié, voire un sandwich. Une salade serait évidemment bienvenue, on peut parfois la prévoir lorsqu'on part en voiture. Mais ne vous contentez surtout pas de ce qui se vend sur la plage ou à proximité, à savoir les pâtisseries, les gaufres et autres grignotages. Pour une fois, aucune importance, mais pas durant les trois semaines de vacances.

Le petit repas pique-nique : 400 Calories équilibrées

• Préparez un sandwich frais et agréable à manger :
- 60 grammes de pain (un quart de baguette)
- 50 grammes de jambon (une tranche)
un demi œuf dur
- quelques feuilles de salade et rondelles de tomate

• Ajoutez un fruit (pomme, pêche ou poire) ou un verre de jus de fruits.

Ce petit repas suffit pour l'enfant de 2, 3 et 4 ans. Donnez un quart de sandwich supplémentaire au 6 ans... un demi au 10 ans et un second sandwich à votre 14 ans. Ces indications sont approximatives : si votre 10 ans a joué au ballon, toute la matinée et réclame un deuxième sandwich... donnez-le lui, bien entendu...

PAIN, CHOCOLAT ET FANTAISIE

Le goûter est un repas indispensable. Le meilleur des goûters c'est, du « pain et quelque chose avec... », comme disaient jadis les enfants, c'est-à-dire chocolat, confitures, voire fromage ou jambon pour les enfants qui consomment peu de viande ou de poisson au repas de midi.

Pain et chocolat peuvent être remplacés par un croissant, un pain au chocolat, un pain au lait ou du pain d'épice. Les biscuits « goûters » anciens biscuits de soldat, fourrés chocolat ou vanille, sont très souvent utilisés. Ils ont l'avantage d'être secs et solides donc faciles à emporter jusqu'à l'école, cet avantage peut devenir inconvénient car ce biscuit sec donne soif et peut entraîner l'absorption d'une quantité excessive de boisson sucrée... Selon les âges et le goût, la boisson sera de l'eau, un verre de jus de fruits ou un verre de lait.

Si l'enfant ne mange rien ou peu, il risque d'avoir faim dans la soirée et de consommer les aliments qui lui plaisent mais ne lui conviennent pas pour autant : sucreries, chocolateries. De plus, ces aliments consommés tardivement lui « couperont » l'appétit pour le dîner, l'empêchant de consommer les aliments utiles qui vont s'y trouver.

On peut varier le goûter d'un jour à l'autre. Il faut éviter de multiplier les prises alimentaires en mangeant par exemple un croissant au retour de l'école, puis un peu de pain et beaucoup de chocolat en arrivant à la maison... puis beaucoup de jus de fruits ou de lait. Pour le goûter il y a souvent deux mauvaises habitudes à combattre : ou bien l'enfant ne mange rien au moment voulu et mange ensuite trop tard ; ou bien l'enfant gourmand mange et boit trop (il peut boire un verre de jus de fruits mais pas la bouteille, un verre de lait mais pas un litre, prendre un ou deux yoghourts mais pas vider à lui seul le pot de 500 grammes).

Il arrive aussi que certains enfants ne goûtent pas et attendent le repas du soir sans rien grignoter entre temps. Encore une fois, si l'enfant est de poids normal, s'il n'est pas fatigué, s'il passe sa soirée en jouant ou en travaillant et non pas affalé, épuisé sur un fauteuil... encore une fois, laissez faire. Aucun enfant ne ressemble à un autre.

Il arrive plus souvent que l'enfant n'ait pas faim mais qu'il ait soif. Dans ce cas, essayez de lui faire prendre une petite quantité de lait sous une forme attrayante : chocolat au lait chaud l'hiver, lait froid parfumé l'été. Voici trois recettes convenant à tous les âges... aux 2 ans et même aux 18 ans...

Mouss'lait
Mélanger un verre de lait froid, 2 cuillerées à café de sucre. Mixer. Le mélange mousseux obtenu est délicieux.

Mouss'lait parfumé
Ajouter une cuillerée à café de poudre de chocolat ou poudre de café ou un peu d'extrait de vanille.

Mouss'lait à la banane
Mixer le verre de lait et une demi-banane coupée en rondelles. L'ajout de sucre n'est pas nécessaire.

Pour le goûter encore, faites au mieux... Laissez le choix entre ce qui est recommandé. Ecartez ce qui ne l'est pas...

PAS DE POTAGE « A LA GRIMACE » POUR COMMENCER LE DÎNER

Le dîner pris en famille doit être un moment privilégié de rencontre entre parents et enfants. Autour d'un repas équilibré, copieux mais facile et rapide à préparer pour la mère de famille, chacun doit manger avec appétit et plaisir. Nos menus répondront toujours à ces impératifs et c'est pour aider au maximum la mère de famille qui joue plusieurs rôles (femme qui travaille, parcourt souvent un long trajet matin et soir, se lève tôt pour tout faire mais veut aussi s'occuper de ses enfants) que nous donnerons de nombreux exemples de menus pour tous les goûts, tous les cas et toutes les bourses mais toujours équilibrés et complets.

Faut-il obligatoirement du potage ? Surtout pas. Un potage parfois, des légumes cuits ou crus les autres jours. Servez un potage plaisir et non pas un potage punition. Préparez-le vous-même (voyez nos recettes) pour l'agrémenter au goût de vos convives. Pour les petits, potage et produit laitier (fromage ou entremets) suffisent. Dès l'âge de six ans un plat supplémentaire important est utile et le dîner ressemble en quantité et en qualité au déjeuner de midi. Voyez nos menus...

Menus équilibrés... c'est le refrain du nutritionniste et de la diététicienne. Mais soyez sans inquiétude. Cela ne veut pas dire cuisine compliquée, plats multipliés et menus coûteux. Voyez notamment nos menus calculés « 3 é » * faciles à préparer, qui plairont à tous et seront toujours réalisables. Pommes de terre, pâtes et riz constitueront les plats de base ; enrichis en

* Menus calculés page 179.

protides par lait ou fromage ils deviendront vos plats de bataille...

L'horaire du dîner varie selon l'âge des enfants, l'heure de retour des parents. Considération importante : il faut l'établir en fonction de ce qui suit. Si une émission de télévision « à voir absolument » est diffusée un certain soir, on avancera le dîner afin de manger en famille et non pas avec cet invité trop fréquent : le petit écran, qui prend la parole et la garde, empêchant toute communication parents-enfants au moment du dîner.

REPAS TÉLÉVISION... REPAS PRISE DE POIDS

Attention au 5e repas qui, lui, ne devrait pas exister : le repas télévision, si souvent constaté lors des interrogatoires alimentaires de femmes, d'hommes et d'enfants... Repas de gourmandise avec les aliments toujours disponibles : bonbons, gâteaux secs, chocolats, crèmes glacées et les boissons qui les accompagnent : jus de fruits pour les enfants, boissons alcoolisées pour les adultes, que l'on prend, installé dans un fauteuil tout en regardant le spectacle... On ne se rend pas compte de ce que l'on absorbe mais la bascule, elle, s'en aperçoit au bout d'un certain temps car cette consommation est toujours « en plus » et toujours à base de produits sucrés. Un repas de trop !

Mais justement si on avance l'heure du dîner pour assister tranquillement à une émission télé, ensuite on a faim. Que manger ?

Dans ces conditions, faites en quelque sorte un repas en deux temps : avant l'émission prenez le potage (ou la salade) et le plat garni (viande, légumes, féculents). Ensuite consommez le fromage et le dessert (entremets laitiers ou fruits). Ainsi pas d'excès et appétit calmé.

Pour les émissions de 20 heures et qui durent, afin d'éviter un repas trop avancé ou trop

retardé, pour les enfants, le plateau Télé est une solution amusante et facile. Quels aliments servir ?

Ne servez :
• ni un plat chaud qui va refroidir et pourra être indigeste ;
• ni salades pour éviter les taches sur la moquette...
• ni aliments compliqués à déguster.

Donnez :
• un potage de légumes, mixé, épais, nourrissant dans un bol assez grand et non pas dans une assiette, ceci afin d'éviter les catastrophes ;
• un sandwich jambon, pâté ou rillettes ;
• des pommes cuites ou une salade de fruits (pas de yaourt ni de dessert laitier qui ne s'entendent pas avec la charcuterie).

Le potage est mangé chaud... le reste peut attendre et être consommé lentement afin de réserver du temps pour les éclats de rire et les commentaires. N'oubliez pas le grand verre d'eau qui, même renversé... n'aura pas de conséquences.

« Mon enfant ne mange rien. »
Surtout, ne vous affolez pas. Aucun enfant, jamais, dans nos pays, n'est mort de faim.
Voyez si, à côté du manque d'appétit il n'existe pas une raison toute autre, psychologique : compétition avec un frère ou une sœur, jalousie vis-à-vis de papa... ou de maman. Problèmes souvent difficiles à résoudre. Mais si l'enfant qui ne mange rien ne maigrit pas, alors faites comme s'il mangeait bien... Soyez patiente. Ne le forcez pas à finir son assiette... ne faites aucune remarque, laissez le quitter la table presqu'à jeun... il aura faim au repas suivant. Mais essayez aussi de le tenter : multipliez les bons petits plats, provoquez des réceptions, des réunions, tentez-le par tous les moyens. Sautez volontairement un repas « pas le temps de cuisiner on va se contenter de pain et de fromage » ou bien sortez avec lui et mangez ensemble, un gâteau tout simplement... Jouez son jeu et peut-être gagnerez vous.

CUISINER EN 1986

« Cuisiner », c'est cuire et accommoder. Occupation presque essentielle de nos grand-mères la cuisine a été peu à peu abandonnée par les femmes modernes qui, travaillant à l'extérieur, ne peuvent passer beaucoup de temps à leurs fourneaux... Certaines même n'y passent plus de temps du tout et achètent tout prêt au traiteur ou dans le rayon surgelé et conserves, la presque totalité des repas.

Il faut un juste milieu et il est souhaitable de faire quelques pas en arrière pour préparer de temps en temps « sa cuisine ». La cuisine de maman ou de papa a beaucoup d'importance pour les enfants. N'oubliez pas de créer ce lien. La cuisine de maman doit, le soir, compenser les insuffisances de la cantine ou du restaurant universitaire ; les dimanches et jour de fête, entraîner des cris de joie devant un beau et bon plat original et inhabituel. Maman doit apprendre à cuisiner vite, bien, facilement et « en grand », afin de conserver au congélateur des plats tout prêts pour les jours à venir. Elle doit se faire aider par ceux qui l'entourent et aussi, par un matériel électro-ménager bien choisi.

Cuisiner ce n'est pas seulement manipuler un ouvre-boîte. Ce n'est pas non plus passer des heures autour du fourneau. C'est, grâce à des notions pratiques, simples mais justes, préparer rapidement des plats délicieux et tout à fait conformes aux impératifs d'une alimentation saine.

Repas équilibré ? Et parfois repas liberté !

Repas équilibré... quelquefois c'est difficile. Une fois par mois nous rencontrons trois couples amis et leurs enfants, pour la journée, chez l'un ou chez l'autre. Il y a, bien sûr un bon repas, apéritif, grignotages.. et on a bien du mal avec les enfants. Que faire ?

Laissez faire... Tant pis si, une fois par mois,

ou même deux, ils mangent mal, c'est-à-dire ce qui ne convient pas. Tant pis si les cacahuètes, les biscuits salés et le jus d'orange avant le repas leur coupent l'appétit pour le légume et la viande, appétit qui ne reviendra qu'au dessert. Tant pis. Laissez faire. Il faut aussi qu'ils soient heureux et vous avec.

Une fois par mois, et même deux ou trois fois aucune importance. Trois fois par semaine, je crierai « casse-cou... les mauvaises habitudes arrivent. »

Faites-en des crudivores...

LES PLATS CRUS. IL EN FAUT

Légumes et fruits

Les salades et crudités apportent fraîcheur, croquant et tous leurs principes nutritifs intacts puisqu'il n'y a ni destruction ni perte par la cuisson. Ils doivent figurer à chaque repas : on en donnera aux enfants en quantité croissante : de la tranche de tomate sans peau et de la cuillerée de carotte râpée à un an à la feuille de salade et à un assortiment de crudités variés dès qu'il est à table comme les grands. L'enfant doit apprendre à manger de la salade ; en lui offrant la salade fantaisie (page 217) on est à peu près certain de lui en donner le goût. Les légumes crus apportent aussi leurs fibres alimentaires qui forment dans l'intestin un ballast inassimilable favorable au bon transit intestinal. Mais attention un excès de légumes crus, donc de cellulose, risque d'entraîner troubles digestifs, ballonnements ou diarrhée. Il ne faut pas tout consommer cru.

Les fruits, eux, se mangent crus dans la plupart des cas et apportent la quantité de vitamine C nécessaire chaque jour. Cette vitamine ne se stocke pas dans l'organisme mais un fruit cru par jour suffit à satisfaire les besoins. On peut par ailleurs faire cuire au four pommes poires, pocher les pêches ce qui donne une grande variété de desserts utiles, notamment aux tout petits.

Les fruits d'été sont toujours très appréciés et bien consommés. Les fruits d'hiver parfois le sont moins. Préparez alors des salades de fruits (pommes, oranges, bananes coupées en petits morceaux, saupoudrées de sucre et arrosées d'un jus de citron).. qui plairont à tous, du plus petit jusqu'au plus grand !

Viandes et poissons

Le bifteck haché consommé cru est un aliment classique ce qui ne présente aucun inconvénient s'il est haché juste avant consommation, afin d'éviter une pullulation microbienne dangereuse. Le danger – très faible – de la viande crue est de transmettre un parasite (Taenia du bœuf) que la cuisson n'aura pas détruit.

Le poisson cru est à la mode : saumon, haddock, merlan, coupés en lamelles fines, macérés dans du jus de citron forment un plat original, amusant, d'une consommation peu courante, que les enfants peuvent consommer, comme les adultes.

Oeufs

Gober un œuf cru n'est plus une pratique fréquente. De toute façon il faut l'éviter car le blanc d'œuf cru contient un anti-aliment.

...Mais aussi des cuidivores.

LES PLATS CUITS QUELQUES PROPOS

Toute cuisson à l'eau entraîne la dissolution d'une partie des principes nutritifs solubles des aliments (sels minéraux, vitamines des légumes, protides des viandes) et la perte de ces principes lorsque l'eau est rejetée. Il ne faut donc pas tout cuire à l'eau. La cuisson à l'étouffée entraine également une perte des principes nutritifs, par la simple chaleur. Mais ne tombons pas dans l'excès de scrupules et ne nous affolons pas de perdre quelques micro-grammes de sels minéraux dans l'eau des haricots verts... Une alimentation variée apporte bien plus de minéraux et de vitamines qu'il n'en faut.

Légumes

Ils peuvent tous cuire à l'eau ; quelques uns supportent la cuisson à l'étuvée à pratiquer de préférence, voir notamment les carottes jardinière, endives braisées, courgettes rose Express, ratatouille, tomates provençales. Ce mode de cuisson préserve les principes nutritifs et aussi le goût des légumes.
Dans le potage, cuisson à l'eau de plusieurs légumes, tout est consommé et on y retrouve donc les sels minéraux. Le potage est une solution facile pour faire consommer des légumes en toute saison.

Viandes

La cuisson à l'eau concerne blanquettes, pot au feu et potée ; c'est un mode de préparation exceptionnel dont on n'a aucune raison de se priver. Le plus souvent les viandes sont grillées (sur une plaque de fonte ou sous une source de chaleur) rôties (à la poêle, au four ou en cocotte) ou braisées (en cocotte avec aromates et herbes)

Poissons

La cuisson au court-bouillon, bien qu'elle soit classique, fait perdre dans l'eau une partie des sels minéraux et des protides (sauf si l'eau de cuisson sert à préparer une sauce). Il existe des méthodes de cuisson, meilleures sur le plan diététique et plus simple à pratiquer : à la vapeur, à la chaleur, au four sans ajout d'eau car le poisson cuit dans son eau de constitution, à la poêle légèrement huilée et chauffée. Toutes nos recettes le préciseront.

Vos meilleures armes : pinceau, oignons et vinaigrette

Ce livre n'étant pas un livre de cuisine, nous n'envisagerons pas toutes les alternatives de cuisson : à l'autocuiseur ou au four micro-ondes.

Nous voulons seulement attirer l'attention sur les gestes culinaires qui permettent d'obtenir un bon aliment sur le plan gustatif et nutritionnel et nous donnerons les conseils suivants :

• Pratiquez la cuisine « au pinceau » pour étaler au fond de la cocotte ou de la poêle la petite quantité de matière grasse nécessaire à la cuisson. Le pinceau aide à observer le mot d'ordre n° 1 d'une bonne alimentation « réduire la matière grasse ». L'huile d'arachide stable à la chaleur est conseillée dans tous les cas.

• Utilisez largement les aromates : oignons, ail, échalotes, herbes variées qui donnent du goût aux mets les plus fades et parfument si bien les salades.

• Utilisez largement aussi les légumes qui donnent du goût et de la couleur, notamment la tomate pour égayer un légume triste (courgettes, côtes de bettes) ; les champignons pour accompagner les viandes blanches ; le cresson dans la saveur piquante relève les viandes rôties et donne une si belle couleur au potage.

• N'oubliez pas la vinaigrette : elle met en appétit et permet souvent de faire consommer des légumes aux enfants.

Les petits plats dans les grands...

CHOISISSEZ BIEN... VOS OUTILS

Quatre casseroles, deux poêles, une marmite suffisent pour confectionner un maximum de plats.

Mais choisissons le matériau : nous conseillons l'Inox, très propre et peu fragile.

Les revêtements anti-adhésifs très utiles pour les poêles permettent une bonne cuisson, sans brûler et avec un minimum de matière grasse.

Mais indispensables :

• le mixeur-batteur pour les potages, les purées, les sauces ;

• quelques plats et saladiers allant du four à table pour simplifier le service.

Et aussi :
• UN FOUR avec thermostat.
• UN RÉFRIGÉRATEUR bien sûr.
• UN CONGÉLATEUR si possible. Il évite les achats quotidiens des produits fragiles (viande, poisson) et permet de préparer une fois par semaine les « plats cuisinés » très appréciés par les enfants mais impossibles à faire durant la semaine par la mère de famille qui travaille.
• UN FOUR MICRO-ONDES pour décongeler rapidement, réchauffer et cuisiner vite certains plats est un luxe... utile.

Et pour les tout petits plats :

Indispensable : la petite moulinette à main pour hacher la viande déjà cuite (grillée ou rôtie) qui ainsi se mélange bien à la purée de légumes et plaît mieux que la viande hachée crue et cuite ensuite...

SOIGNEZ LE DÉCOR ET ABOLISSEZ L'ESCLAVAGE...

Même un petit enfant est sensible au décor. Il sait dire très vite « c'est bon » et « c'est beau ». Le meilleur aliment servi dans une assiette triste peut-être moins apprécié qu'un aliment plus banal dans une assiette décorée...

Le repas doit devenir un moment de plaisir, de détente, le seul parfois où l'on se retrouve en famille. Entourons-le de beaucoup d'attentions :
• jolies assiettes ;
• verres stables, faciles à tenir par une petite main, pour éviter le verre renversé et l'œil de reproche de papa ou maman ;
• couverts à la taille de l'enfant.

Attention au revêtement de table : les matériaux modernes pratiques et jolis mais froids au contact, sont à éviter (réflexion d'un enfant sans appétit...) Préférons le bois verni, d'un entretien facile et agréable à toucher.

Pour éviter les multiples allées et venues de la maman placer auprès de la grande table une petite table annexe, où peut attendre tout ce qui est froid : salade, fromages, fruits, assiettes et couverts supplémentaires. Une fois tout le monde assis, la maman apporte le plat principal bien chaud et elle n'a plus à quitter la table. Trop de mères de famille sont encore des esclaves. Il faut abolir cet esclavage là.

Vive le grand froid.

OFFREZ-VOUS UN CONGÉLATEUR

Le vrai congélateur sert à congeler les aliments frais de son jardin ou de sa basse cour... à entreposer des surgelés achetés dans les magasins spéciaux mais aussi à conserver des plats cuisinés maison... à notre avis le meilleur usage du congélateur citadin pour les femmes pressées.

Du déjà dit... mais à répéter :
• tout aliment congelé doit être consommé rapidement après décongélation ;
• un aliment se congèle une fois mais pas deux. il ne faut pas sortir du congélateur un gros morceau de viande, le laisser décongeler un peu pour le couper en deux puis en remettre une partie au congélateur. Placez donc au congélateur des morceaux à la taille du consommateur ou de la famille ;
• un aliment brut congelé ne doit pas être décongelé, cuisiné et congelé de nouveau...

Autrement dit il ne faut jamais rompre la chaîne du froid : les microbes qui se trouvent partout profiteraient aussitôt de ce changement de température pour proliférer d'où risque d'intoxications alimentaires.

Mettez toute la famille au travail. Cuisinez « grand ».

Que peut-on préparer en grande quantité et congeler ?

Tous les aliments qui se réchauffent : viandes blanches, volailles, poissons, légumes, plats en croûtes, gâteaux. Seules les viandes rouges ne peuvent être cuisinées et congelés. Mais bifteck, côtelette de mouton cuisent en quelques minutes et il n'y a aucun intérêt à les cuire à l'avance.

Achetez non pas un poulet ou un lapin mais plusieurs à la fois ; non pas les 6 morceaux de viande nécessaires au repas mais 20 morceaux... Cuisinez en grand ce qui ne demande ni plus de travail ni plus de temps, exige seulement une plus grande marmite.

Si vous cuisinez en marmite, les morceaux à congeler seront placés une fois refroidis dans des sachets spécial congélateur. Si vous cuisinez au four, vous pouvez soit utiliser un grand plat et répartir ensuite dans des sachets, soit faire cuire en petites barquettes aluminium qui seront entreposées, fermées, au congélateur.

Nos recettes :

Poulet chasseur, poulet basquaise, canard à l'orange, pâté de lapin, viandes en sauce à la tomate, blanquettes dans leurs sauces.

Pâté de poisson tricolore, filets de turbot potagère.

Sauce béchamel, sauce Porto, pizza, quiche lorraine, quiches aux poireaux, tartes aux poireaux.

Cak'ofruit, tarte dorée, tarte fermière, pat'atout et bien sûr glac'ofruit et glac'olait.

Économisez votre travail et votre temps. Cuisinez grand, congelez. Apportez ainsi plus de variété à vos menus de tous les jours.

LES PLANS D'ALIMENTATION À TOUS LES ÂGES

Plans d'alimentation... Une expression savante pour un mode d'emploi très facile : comment trouver immédiatement le menu-type pour votre enfant ? Reportez-vous au plan de son âge et voyez pour chaque repas les quantités d'aliments à lui donner. Quantités exprimées en grammes, évidemment, mais aussi en unités pratiques : nombre de cuillerées, portions, etc.

Ces plans sont établis pour cinq âges : 2, 6, 10, 14 et 16 ans... Donnez tout de même un peu à manger aux autres ! En fait, ces plans encadrent les âges : on passe progressivement de l'un à l'autre en augmentant peu à peu les quantités de chaque aliment. Toutes les mamans savent donner un peu plus de viande et de purée à l'enfant qui grandit. Ces plans sont des guides pour vous aider au maximum dans cette tâche parfois difficile : donner à un enfant juste ce qu'il lui faut et le lui faire consommer. Pour mener à bien cette entreprise, il faut un peu de savoir, quelques astuces et beaucoup de patience.

AU FIL DES ANNÉES...

Première année : Bébé fait bande à part.
Deuxième année : Pour le petit déjeuner et le goûter, donnez-lui le lait au biberon : un moyen facile et sûr. Selon les occupations familiales et le menu, il prendra les repas principaux seul ou avec les grands.
À partir de deux ans : Comme le frère, la sœur, papa et maman... du matin au soir les mêmes aliments, les mêmes plats en quantité différente, simplement.

LES PLANS... MODE D'EMPLOI

- 2 ans, 6 ans, 10 ans... le même plan convient aux filles et aux garçons.
- 14 ans, 16 ans... les plans sont légèrement différents : les filles ont terminé leur croissance avant les garçons et leurs apports alimentaires doivent plus rapidement diminuer.

Chaque PLAN-MENU répond aux impératifs de l'alimentation équilibrée :

- apport énergétique total correspondant aux besoins de l'âge considéré ;
- bonne répartition de l'énergie selon les principes nutritifs ;
- bonne répartition de cet apport selon les quatre repas.

Sur chaque PLAN-MENU, deux indications :

- l'apport énergétique total ;
- l'apport énergétique de chaque repas.

Cette indication, pour que vous puissiez utiliser au mieux à la fois les menus calculés qui seront donnés dans ce livre et les indications nutritionnelles que vous pourrez trouver sur certains produits du commerce (produits laitiers et surgelés notamment).

La nutrition quotidienne n'est pas un calcul à répéter sans cesse. Mais si un menu de cantine, de restaurant ou des étiquettes de plats préparés vous donnent des renseignements chiffrés, il faut savoir les utiliser. Il faut vérifier notamment qu'il y a bonne concordance entre ce que souhaite la théorie nutritionnelle... et ce qu'apporte la pratique alimentaire.

PREMIÈRE ANNÉE

LE LAIT, ALIMENT MERVEILLEUX DE L'ENFANT

L'enfant qui vient au monde n'est pas un adulte miniature mais un être immature, « non encore terminé » et dont l'organisme va subir de profondes modifications pendant les premiers mois. Pour cette raison il a besoin de lait maternel qui est non seulement parfaitement adapté à ses besoins mais aussi un aliment protecteur de sa santé.

L'allaitement maternel est donc conseillé. Il a l'avantage de tout simplifier car le lait de la maman est toujours prêt, à la température adéquate et sans qu'il soit besoin ni de mesurer ni de stériliser.

Lorsque l'allaitement maternel n'est pas possible, on a heureusement maintenant un bon lait de remplacement. Jadis on utilisait le lait de vache... le seul dont on disposait. On le modifiait par ajout d'eau et de sucre mais les résultats n'étaient pas toujours bons, on le comprend facilement quand on compare la composition des deux laits. Au fur et à mesure des progrès de l'industrie alimentaire, on a cherché à préparer un lait de remplacement du lait maternel, dont la composition soit la plus proche possible de celle du lait de femme et l'on dispose maintenant de trois types de lait : aliment lacté diététique maternisé, aliment lacté diététique (lait 1er âge) et aliment lacté diététique pour nourrissons de plus de quatre mois (lait 2e âge). Ces différents laits assurent soit l'allaitement artificiel complet (pas du tout de lait maternel) soit le complément de l'allaitement maternel lorsque la maman n'a pas assez de lait.

COMPOSITION COMPARÉE DE 100 GRAMMES DE LAIT DE FEMME ET DE 100 GRAMMES DE LAIT DE VACHE

	Lait de Femme	Lait de Vache
• Protides en g	1	3,5
• Lipides en g	3,5	3,5
• Glucides en g	7	5
• Énergie en kcal	70	70
• Sels minéraux en mg	200	700
• Sodium en mg	15	50
• Calcium en mg	30	120
• Phosphore en mg	15	90
• Acide linoléique en mg	350	90

On voit que si l'apport énergétique est le même, cette énergie est apportée différemment : surtout par les glucides dans le lait de femme et surtout par les protides dans le lait de vache. Le lait de vache est également beaucoup moins riche en acide linoléique. Sa richesse en minéraux n'est pas une supériorité nutritionnelle et peut même, être un inconvénient.

Les laits diététiques se rapprochent du lait de femme, ce qui convient mieux au nourrisson.

L'appareil digestif du nourrisson ne secrétant pas les enzymes capable de digérer les amidons (des farines), ces aliments ne devront pas être donnés avant le cinquième mois. Pendant les quatre premiers mois, le lait doit donc être le seul aliment du bébé et nous envisagerons successivement les deux formes d'allaitement : maternel et artificiel.

Allaitement maternel

Le lait de femme évolue au cours des semaines : du 1er au 6e jour, il s'agit de colostrum, du 6e au 14e jour c'est un lait de transition et à partir du 14e jour, c'est un lait mature de pleine lactation mais qui varie d'une tétée à l'autre et même au cours de la tétée (au début il est aqueux, puis devient plus crémeux à la fin).

L'allaitement maternel se pratique « à la demande » on met le nourrisson au sein lorsqu'il réclame, en laissant toutefois un intervalle minimum de 2 heures entre chaque tétée. On le laisse au sein un temps variable entre 8 et 15 minutes, certains nourrissons absorbant très rapidement la presque totalité de la ration. De cette façon il y entre 6 et 8 tétées quotidiennes.

Si la courbe de poids est satisfaisante, il est inutile de peser l'enfant avant et après la tétée (comme on le faisait jadis). Si la prise de poids n'est pas normale, il faut alors le faire pour vérifier la quantité de lait prise par l'enfant afin de compléter certaines tétées ou toutes avec un petit biberon de lait 1er âge ; ceci pour atteindre la quantité de lait qui correspond à son besoin et assure une croissance normale.

On adoptera la même complémentation vitaminique que pour l'allaitement artificiel, voir pages suivantes.

Allaitement artificiel

Choix de l'eau, du lait et préparation du biberon.

Le biberon doit être stérilisé (par la chaleur ou par emploi de produits) avant chaque usage, la tétine également.

On utilise une eau minérale faiblement minéralisée (Évian, Volvic...) ou l'eau du robinet préalablement bouillie.

On utilise un lait diététique 1er âge, normal ou maternisé jusqu'à 4 mois, un lait 2e âge ensuite.

On verse dans le biberon la quantité d'eau nécessaire. On chauffe dans un chauffe-biberon ou au bain-marie (ne pas dépasser 40°).

On verse la poudre de lait en pluie et en agitant aussitôt après. Il faut une mesure arasée de poudre pour 30 ml d'eau. On agite fortement et on vérifie que le lait reconstitué n'est pas trop chaud en faisant couler quelques gouttes sur le dos de la main qui ne doit pas ressentir une impression de brûlure. Pour le bébé il vaut mieux un lait un peu froid que trop chaud. On donne le biberon aussitôt.

Attention : mesurez bien la poudre de lait.

Une mesure arasée veut dire pleine à ras bord mais sans « bomber ». Il faut donc après avoir rempli la mesurette dans la boite de poudre, faire tomber ce qui « bombe » avec la lame d'un couteau ébouillantée et bien séchée. Il est important de ne pas dépasser la quantité de poudre de lait nécessaire ; sinon le lait est trop concentré, ce qui peut entraîner de graves inconvénients : fatigue du système hépato-rénal pour éliminer l'excès azoté.

Faut-il stériliser le biberon à chaque fois ?
C'est quelquefois difficile si l'on est hors de chez soi.

C'est toujours conseillé et impératif pour les tout-petits. Il est de toute façon toujours facile et rapide de faire bouillir biberon et tétine quelques minutes dans une casserole... avant de préparer le biberon.

Il faut surtout, après usage, laver soigneusement le biberon en utilisant un goupillon pour enlever toute trace de lait : la moindre trace constitue un excellent aliment pour les microbes qui se trouvent toujours partout (dans le biberon, sur vos mains bien propres) et ne manqueraient pas de se multiplier rapidement. Donc, rincez soigneusement le biberon et la tétine aussitôt après usage et vous pourrez l'ébouillanter plus tard. Attention... les précautions d'hygiène ne sont jamais superflues et par temps chaud elles doivent être renforcées encore : il ne faut pas permettre à des microbes dangereux d'envahir le biberon de bébé.

Quantité journalière de lait.

Elle est donnée par la formule :
$Q = (\frac{P}{10} + 250) \pm 100$, c'est-à-dire qu'elle correspond au dixième du poids de l'enfant + 250 plus ou moins 100. Par exemple pour un enfant de 3,500 kg soit 3500 grammes, la quantité journalière de lait sera : 350 + 250 = 600 plus ou moins 100, c'est-à-dire comprise entre 500 ml et 700 ml.

Cette variation possible de 200 ml permet de suivre à la fois l'appétit de l'enfant et sa prise de poids quotidienne. En général on prépare la quantité maximum de lait (700 ml) et l'enfant règle lui même sa consommation, en laissant ou non un peu de lait dans le biberon.

Nombre de biberons et horaire.

Cette quantité journalière de lait doit être divisée par le nombre de biberons (5, 6 ou 7) :
- pour 6 biberons par exemple, chaque biberon devra contenir
$\frac{700 \text{ ml}}{6}$ = 115 ml de lait reconstitué.

On présente donc chaque fois à l'enfant un biberon de cette importance et on le laisse libre d'absorber la totalité ou d'en laisser un peu. Il règle ainsi lui même la quantité dont il a besoin, quantité souvent variable d'un biberon à l'autre.

L'horaire est assez libre et dépend justement du nombre des biberons. On nourrit l'enfant « à la demande » c'est-à-dire que le jour on ne le réveille pas, et la nuit, on n'hésite pas à lui donner un biberon s'il réclame... à condition que ce biberon soit compris dans la ration quotidienne et non pas en supplément. Comme dans l'allaitement maternel, il faut laisser un intervalle minimum de 2 h entre chaque biberon.

Il est fréquent de donner sept biberons durant le premier mois voire huit si cela doit éviter à l'enfant de pleurer longtemps la nuit et à la maman de passer des nuits blanches... Puis peu à peu, l'enfant supprime de lui-même le repas de la nuit, allonge l'intervalle entre les biberons et arrive à 6 biberons vers 5 ou 6 semaines. Il faut bien entendu veiller, en passant de 7 à 6 biberons, à donner la même quantité totale de lait.

La complémentation

Dès le deuxième mois on apporte en supplément :

- de la vitamine C sous forme de jus d'orange ou d'une spécialité pharmaceutique en ampoule, car le lait est pauvre en vitamine C ;
- de la vitamine D : 1200 Unités internationales soit 30µg par jour, pour compenser l'absence de rayons solaires directs sur la peau de l'enfant ;
- certains pédiatres conseillent aussi l'ajout de fluor pour assurer une bonne dentition ;
- nous avons déjà dit que les farines ne doivent pas être ajoutées avant le 5e mois.

Priorité au lait.

PREMIER MOIS

Alimentation lactée exclusive avec 6 ou 7 biberons. La quantité totale de lait doit correspondre à la quantité donnée par la formule précédement expliquée.

Prenons l'exemple d'un bébé de 3 semaines qui doit recevoir 600 ml de lait reconstitué par jour :

• Si on donne 6 biberons, chaque biberon de 100 ml sera préparé à partir de 90 ml d'eau et 3 mesurettes de poudre de lait.

• Si on donne 7 biberons, chaque biberon de 85 ml sera préparé à partir de 75 ml d'eau et 2 mesurettes et demi de poudre de lait.

DEUXIÈME MOIS

Alimentation lactée exclusive avec toujours 6 ou 7 biberons. On complémente en donnant dans le courant de la journée, en dehors des biberons, une cuillerée à café de jus d'orange, les gouttes de vitamine D et éventuellement le médicament fluoré. Certains pédiatres conseillent une ampoule médicamenteuse contenant à la fois vitamine C et vitamine D.

TROISIÈME MOIS

Alimentation lactée exclusive avec passage à 6, voire parfois 5 biberons, avec la même complémentation vitaminique.

QUATRIÈME MOIS

Alimentation lactée exclusive avec passage à 5 biberons que l'on donne approximativement aux heures suivantes : 6 h, 10 h, 14 h, 18 h, 22 h laissant ainsi un intervalle de 4 h entre les repas. Il est bien évident qu'on ne réveille pas l'enfant à 6 h du matin s'il dort et peu importe que l'horaire soit un peu bousculé certains jours. On donne toujours la même complémentation vitaminique. Si le bébé prend du jus d'orange, la quantité sera légèrement augmentée : 3 cuillerées à café.

Durant ce quatrième mois, les pédiatres classiques conseillent toujours l'alimentation lactée exclusive. D'autres préconisent l'introduction d'une petite quantité de légumes ou de fruits au début du repas de la mi-journée en diminuant la quantité de lait du biberon que l'on donne ensuite ; cela peut être intéressant pour un nourrisson constipé mais cette solution ne doit être adoptée que si l'enfant supporte bien cet ajout.

Mini-purée, mini-compote.

CINQUIÈME MOIS

Notre nourrisson a fait de remarquables progrès : il peut se tenir assis, avaler des aliments non liquides et faire connaître ses besoins et ses goûts. Son appareil digestif s'est développé et il peut maintenant digérer des graisses autres que celles du lait de femme (et lait maternisé) et les amidons d'où la possibilité d'aborder lentement l'alimentation diversifiée des mois à venir.

Deux possibilités pour le nourrir :

- continuer une alimentation lactée exclusive comme au quatrième mois ;
- apporter quelques modifications en ajoutant un peu de farine à un ou plusieurs des biberons de lait ou en donnant au repas de la mi-journée une petite quantité de légumes ou de fruits finement mixés.

On peut schématiser ainsi un plan d'alimentation avec 5 repas :

- matin : biberon de lait (180 ml d'eau et 6 mesurettes de lait premier âge) ;
- 10 h : lait ou bouillie légère (toujours la même quantité de lait reconstitué + une cuillerée à soupe de farine 1er âge) ;
- 14 h biberon de lait (même quantité) ou biberon de lait moins important en quantité (120 ml d'eau et 4 mesurettes de lait) qui est complété par une, puis deux, puis trois cuillerées à soupe d'une purée très fine de légumes ;
- 18 h : biberon de lait ;

• 22 h : lait ou bouillie légère comme à 10 heures ou potage de légumes peu épais enrichi avec 2 ou 3 mesurettes de lait.

On donne toujours la même complémentation vitaminique.

Alimentation diversifiée : Utilisez les « petits pots ».

Les aliments diététiques diversifiés de l'enfance, appelés « petits pots » sont adaptés au nourrisson à un quadruple point de vue : apport de protides de bonne qualité, apport limité en sucre et en sel, présentation fine homogénéisé, variété des aliments apportant les quatre saveurs (sucré, salé, acide, amer) pour développer le goût sans encourager la prédilection pour le goût sucré. Ils conviennent tout à fait à votre bébé :

• dès le cinquième mois donnez-lui en très petite quantité pour commencer une, puis deux, puis trois cuillerées à soupe de purée de légumes ou compote de fruits au repas de la mi-journée : le biberon de lait devient moins important en quantité, voir page précédente. N'ajoutez toujours qu'un seul aliment à la fois afin de vérifier le comportement de votre nourrisson face à un aliment nouveau ;

• dès le sixième mois, les viandes et poissons et leurs mélanges avec des légumes seront introduits de la même façon, au début en complément du biberon de lait réduit, puis en remplacement de ce biberon et on donnera ensuite un yaourt.

Parfaits sur le plan de l'hygiène, du choix des matières premières, de la préparation et de la présentation, les petits pots rendent de grands services à la mère de famille pressée. Ils sont comme tous les aliments préparés et conservés assez coûteux et ne doivent pas constituer l'ordinaire. Il est si simple de faire cuire ensemble trois légumes et de mixer le tout avec un peu de lait. Vive les petits pots dépannage pour un voyage, une sortie ou un jour de précipitation. Mais n'oubliez pas vos casseroles.

SIXIÈME MOIS

On passe à 4 repas dont 2 lactés et 2 diversifiés :

matin : 2 possibilités :
- bouillie donnée au biberon, préparée avec un aliment lacté diététique 2ᵉ âge (200 ml d'eau et 6 mesures et demi de poudre) et 3 à 4 cuillerées de farine 2ᵉ âge sans chocolat ;
- lait car l'ajout de farine n'est jamais obligatoire si l'enfant est de poids normal et si le lait seul suffit à satisfaire son appétit.

midi : repas diversifié à consistance lisse (homogénéisé ou mixé) donné à la cuillère et composé de deux plats :

• 1ᵉʳ plat :	légumes variés	100 à 150 g
	viande ou poisson	20 g

- 2ᵉ plat : au choix fromage frais, yaourt ou fruit cuit.

Le premier plat sera soit un petit pot mélange tout prêt soit une préparation maison. Deux conseils :
- Faites bien cuire les légumes et mixez-les avec une cuillerée à soupe de lait.
- Faites cuire le mini-bifteck à la poële et hachez le finement ensuite avec la petite moulinette à main ou un mixer viande. C'est ainsi qu'il se mélange le mieux aux légumes. Le poisson n'a pas besoin d'être haché mais simplement bien émietté à la fourchette.

16 heures : Lait 200 ml

soir : 2 possibilités :
- bouillie comme celle du matin ;
- potage de légumes assez épais enrichi avec 3 mesures de poudre de lait.

Donnez toujours la vitamine D et la vitamine C (sous forme de jus de fruits dans le courant de la journée).

Sortez les petites casseroles et cuisinez pour votre bébé.

Les purées-légumes

1. Une pomme de terre, une carotte coupées en morceaux, trois feuilles d'épinards ou de laitue.

Cuire pomme de terre et carotte dans un demi litre d'eau légèrement salée pendant 15 minutes. Ajoutez épinards ou laitue et laissez cuire encore 5 minutes. Égouttez. Mixez avec deux cuillerées à soupe de lait.

À cette purée de légumes ajoutez la viande finement hachée : 10 à 20 grammes de rumsteck de bœuf ou de noix de côte d'agneau.

Augmentez peu à peu la quantité d'épinards ou de laitue ajoutée.

2. Une carotte, une demi courgette, une cuillerée à soupe de semoule de blé (Floraline).

Cuire carotte et courgette dans un demi litre d'eau légèrement salée pendant 15 minutes. Ajoutez la semoule de blé et laissez cuire encore 5 minutes. Égouttez. Mixez. Ajoutez une noisette de beurre frais et une cuillerée de lait si nécessaire.

À cette purée, ajouter un demi filet de poisson (20 à 30 g) poché à l'eau trois minutes ou cuit à la vapeur (au-dessus des légumes) et bien écrasé à la fourchette.

3. Une pomme de terre, 60 g de haricots verts.

Cuire ensemble les légumes dans un demi litre d'eau légèrement salée pendant 20 minutes. Égouttez. Mixez avec une pincée de fromage râpé et une cuillerée de lait. Ajoutez ensuite 20 g de jambon blanc haché.

UN DANGER SOURNOIS POUR LE TOUT-PETIT : LES NITRATES

Les nitrates des engrais passent dans le sol... donc dans les légumes qui y poussent et dans l'eau. Dans l'organisme, les nitrates sont transformés en nitrites qui, chez le nourrisson peuvent se combiner à l'hémoglobine du sang. Il en résulte un mauvais transport de l'oxygène, d'où asphyxie des cellules et possibles accidents. Chez l'enfant et l'adolescent, les nitrites peuvent se combiner aux amines pour former des nitrosamines qui sont un des possibles facteurs cancérigènes.

Où se trouvent les nitrates dangereux et comment en protéger l'enfant ?

Dans certaines eaux : d'où l'utilité de vérifier par analyse que l'eau est bien potable et l'obligation de prendre pour les biberons un eau peu minéralisée : Evian, Volvic.

Dans certains légumes, notamment carottes, épinards, salades, ce qui entraîne les précautions suivantes :

- pratiquez un épluchage suffisant : ne grattez pas les carottes mais épluchez-les ; éliminez également leur tige-cœur si elle est importante ;
- lavez à grande eau épinards et salades ;
- ne conservez pas ces légumes sous plastique, ce qui entraîne la pullulation d'une flore transformant les nitrates en nitrites ;
- ne les conservez pas non plus, une fois cuits, au réfrigérateur (on a constaté une importante prolifération bactérienne dans une soupe de carotte conservée).

Dans certains produits de charcuterie-salaison, y compris les jambons où les nitrates sont employés volontairement pour inhiber le développement de certains microbes et permettre le développement d'une belle couleur rouge.

Les desserts.

Trois desserts aux choix :

- dessert laitier : un yaourt nature ou 100 g de fromage frais nature, l'un et l'autre sucré avec une cuillerée à café de sucre ;
- fruit cuit : compote de pomme ou poire (3 cuillerées à soupe) ou une demi pêche pochée à l'eau bouillante bien écrasée et donnée froide ;
- fruit cru : la pomme étant coupée en deux, la pulpe est raclée avec une petite cuillère et donnée aussitôt au bébé : 6 cuillerées à café environ.

Le potage du soir.

Le potage n'est autre qu'une purée liquide. Préparez-le avec les mêmes légumes de base : carottes, poireaux, pommes de terre et ajoutez peu à peu deux rondelles de courgette ou deux feuilles de laitue.

Le potage une fois mixé, ajoutez 3 mesures de lait puisque le potage est le seul « plat » du diner.

Pour préparer les purées, utilisez le lait familial entier ou demi écrémé. Viande, poisson, jambon ou œufs ajoutés doivent être d'une extrême fraîcheur. Écartez tout aliment qui vous paraît suspect. Si vous n'avez aucun de ces produits à ajouter à la purée, du fromage râpé suffira à l'embellir et apportera les protides nécessaires.

SEPTIÈME, HUITIÈME ET NEUVIÈME MOIS

Même type d'alimentation : 4 repas dont 2 diversifiés avec une légère augmentation en quantité et ajout d'un deuxième plat – un dessert – au repas du soir :

matin : toujours bouillie ou lait (on peut augmenter la quantité avec 210 ml d'eau et 7 mesures de lait)

midi : purée de légumes mixée ou moulinée 150 g
viande ou poisson 30 g
+ un dessert, fromage frais ou fruit cuit

goûter : sans changement : lait 200 ml et un biscuit

soir : potage de légumes enrichi avec 3 mesures de poudre de lait
+ un dessert fromage frais ou fruit selon ce qu'on a donné au repas de midi (si yaourt à midi on donne fruit cuit le soir ou l'inverse).

Pour mon bébé, quel est le temps de conservation, au réfrigérateur de la purée de pommes de terre et de la purée de légumes ?

Pour un bébé, à mon avis, on ne conserve rien...

La purée de pomme de terre se réchauffe mal, est moins digeste et moins bonne au goût aussi d'ailleurs.

Les purées de légumes gardent une bonne présentation et un bon goût mais on a constaté d'importantes proliférations microbiennes sur des soupes de carottes bien préparées et conservées au froid... Il n'est donc pas sage de prendre le moindre risque.

Pour un bébé, une préparation de dernière minute est toujours préférable et c'est là le grand avantage des « petits pots » : avoir toujours immédiatement disponible la petite quantité de purée de légumes ou de compote nécessaire à bébé. Lorsqu'il aura un an vous prendrez les légumes nécessaires à son repas parmi les légumes de la famille et tout sera plus simple... Mais jusqu'alors... prudence.

DIXIÈME, ONZIÈME ET DOUZIÈME MOIS

Même type d'alimentation mais avec deux desserts à chaque repas et une légère augmentation des aliments en quantité :

matin : lait (210 ml d'eau et 7 mesures de lait) ou bouillie préparée avec cette même quantité de lait et 4 cuillerées à soupe de farine. Attention : aux gros enfants donnez seulement du lait ou une bouillie très légère.

midi : 150 à 200 g de purée de légumes variés
30 à 40 g de viande ou poisson
+ 2 desserts : yaourt ou fromage
fruits frais écrasés

16 heures : 200 ml de lait et un biscuit

soir : potage de légumes mixé et assez épais
+ 2 desserts : un produit laitier
un fruit cuit (compote)

La nouveauté à partir du dixième mois est donc l'ajout d'un autre dessert aux deux repas principaux. Plus exactement, on arrive au menu normal de l'enfant avec un plat garni, un fromage et un dessert ; le fromage peut être un produit laitier frais ou du fromage affiné : emmenthal, cantal, camembert, roquefort que les petits enfants apprécient en général. Pour les habituer, mélangez une petite quantité de camembert, roquefort ou bleu avec du fromage blanc et donnez leur ce mélange tartiné sur un petit morceau de pain.

150 g de légumes bien cuits et mixés = 4 cuillerées à soupe de purée. Ne pesez pas chaque jour les légumes... épluchez une carotte une pomme de terre, un demi poireau, un petit morceau de courgette ou une dizaine de haricots verts et mettez tout cela à cuire. Lorsque la purée sera préparée, mesurez ce qui correspond aux besoins et à l'appétit de bébé... soit dans un petit pot vide soit dans un petit bol correspondant, ce sera plus facile.

Un gastronome en herbe...

Passez progressivement à des purées moins fines, voire à des légumes bien cuits écrasés à la fourchette. Augmentez peu à peu aussi la quantité de légumes verts classiques : épinards, salade, poireaux, haricots verts et incorporez en petite quantité des légumes inhabituels : chou-fleur, céleri-rave pour habituer l'enfant à tous les goûts. Parfois aussi remplacez les pommes de terre par riz ou pâtes en choisissant notamment des pâtes de petit format : semoule ou pâtes à potage.

Semoule de poulet-poireaux :
- un demi poireau coupé en très petits morceaux (au ciseau) ;
- 2 cuillerées à soupe de semoule ;
- une noisette de beurre ;
- 30 g de blanc de poulet cuit et haché.

Cuire le poireau dans 300 g d'eau pendant 10 minutes, à petit feu. Ajouter la semoule et laisser cuire 5 minutes encore. Égoutter. Ajouter le beurre et le poulet.

Crème de poisson :
- un verre de lait, un verre d'eau, une pincée de sel ;

• 2 carottes coupées en rondelles fines ;
• une demi-courgette bien épluchée, évidée de ses graines et coupée en tranches fines ;
• 50 grammes de poisson : cabillaud, colin ou sole.

Verser eau et lait dans une casserole. Ajouter carotte, courgette et sel. Laisser cuire à petit feu 15 minutes.

A ce moment là, écraser les légumes à la fourchette le plus finement possible et placer le poisson par-dessus (ajouter éventuellement un peu d'eau). Remettre à cuire à petit feu 10 minutes environ. Pendant cette fin de cuisson tout le liquide s'évapore. Bien écraser et mélanger le poisson à l'ensemble. Servir aussitôt. (Cette préparation qui ne rejette pas le liquide de cuisson conserve la totalité des principes nutritifs des légumes et du poisson).

Purée double au jambon et à l'œuf :
• une pomme de terre ;
• 3 poignées de feuilles d'épinards (70 g) ;
• une demi-tranche de jambon ;
• un demi œuf dur.

Faire cuire dans la même casserole à l'eau légèrement salée la pomme de terre pendant 10 minutes puis à ce moment là plonger les épinards à l'eau bouillante durant 5 minutes seulement.

Passer au moulin à légumes, d'abord la pomme de terre, ajouter 3 cuillerées à soupe de lait pour en faire une purée jaune. Passer ensuite dans le même moulin les épinards et leur ajouter une cuillerée à soupe de lait pour en faire une purée verte.

Placer les deux purées non mélangées sur une assiette tenue au chaud. Ajouter le jambon finement haché sur la purée, et l'œuf bien écrasé sur les épinards.

Un plat à 4 couleurs qui amusera Bébé.

Le mixer, indispensable pour faire les potages et purées des premiers vrais repas... peut être remplacé ensuite par le moulin à légumes qui donne une purée moins fine, pour habituer l'enfant à une consistance différente et surtout qui fait de bien meilleures purées de pomme de terre. En effet, dans la plupart des cas, le mixer donne une purée de pomme de terre filante et peu agréable à consommer.

« Bébé a faim... » et il le dit.

DEUXIÈME ANNÉE : VERS L'ALIMENTATION DES GRANDS

UN AN : 1100 KILOCALORIES

Petit déjeuner* :
Lait : 150-200 g (lait de vache entier ou demi-écrémé)
Sucre : 10 g
Farine : 4 cuillerées à soupe, éventuellement... si l'on donne une bouillie. Ne pas ajouter de sucre si la farine est déjà sucrée.

Déjeuner de midi :

Purée de légumes variés :	150-200 g
avec une noisette de beurre :	5 g
Viande ou poisson ou un petit œuf :	40 g
Fromage frais (yaourt) :	100 g
avec sucre :	10 g (ou 5 g)
Fruits :	50 g

Goûter :

Lait :	150-200 g
avec sucre :	10 g (ou 5 g)
Un biscuit :	
(ou une bouillie légère)	

* Ce menu apporte entre 1 000 et 1 100 kilocalories selon que l'on donne lait pur ou bouillie et selon la quantité de sucre ajouté dans les produits laitiers. Petite variation sans conséquence.

Dîner du soir :

Potage de légumes épais :	150-200 g
ou potage léger avec tapioca	
Fromage frais :	100 g
avec sucre :	10 g
ou fromage affiné :	20 g
Fruits cuits :	100 g

Bébé est passé des purées de légumes finement mixées aux purées plus grossières et même quelquefois aux légumes écrasés. Il ne mange pas encore tous les aliments, comme un grand mais on peut ne plus cuisiner spécialement pour lui : on prend dans les légumes préparés pour la famille ceux qui lui conviennent et on les transforme en purées ou en potages.

La base de ses repas est constituée par les légumes habituels les plus digestes : carottes, haricots verts, épinards, poireaux, auxquels on ajoute progressivement courgettes, chou-fleur, céleri rave. Les pommes de terre, les pâtes ou le riz seuls ou en mélange aux légumes apportent les glucides lents indispensables.

Continuez à lui faire cuire son petit bifteck de 40 g ou sa mini-tranche de poisson ou bien prélevez une petite part sur le rôti familial, le poulet ou le poisson. Toutes les viandes lui conviennent du moment qu'elles sont maigres et il peut manger du veau, du porc. Si la viande préparée pour la famille n'est pas indiquée pour lui (viande en sauce ou gibier) ou qu'il ne l'aime pas, remplacez-la par une demi-tranche de jambon ou un petit œuf.

Habituez-le progressivement aux aliments de toute la famille : donnez-lui peu à peu une rondelle de tomate, une cuillerée de carotte râpée, une feuille de salade. Veillez simplement à la cellulose qui consommée en trop grande quantité par un petit enfant peut lui donner des troubles intestinaux : évitez les peaux de tomates, les côtes de chou, les tiges ligneuses du céleri branche ou du fenouil, les graines de courgettes et de concombres ainsi que les grosses peaux et les pépins des raisins.

Savoir : Il y a 120 g de yaourt dans un pot et 100 g de fromage frais dans la barquette individuelle. Si vous achetez le fromage

frais en grande boîte familiale plus économique, utilisez pour le servir un pot vide de yaourt... ce sera tout de suite mesuré.

Son dessert laitier sera encore le yaourt ou le fromage affiné mais on pourra lui donner aussi une petite part d'entremets familial, la crème Velours notamment lui convient très bien. Le lait ne représente plus pour lui l'aliment essentiel, il devient un aliment parmi les autres, à prendre au repas du matin et au goûter. On passe alors au lait de vache entier ou demi-écrémé selon son poids et les conseils du pédiatre.

Il faut, bien entendu, être très prudent quant à la « qualité » et à la fraîcheur des produits qu'on lui donne, ne pas hésiter à écarter les aliments même légèrement douteux et à lui faire « son » plat particulier si nécessaire.

Toutes les recettes précédemment données conviennent toujours. Il partage peu à peu le repas familial. Les « petits pots » sont là en secours si besoin est et on a toujours la possibilité de préparer bien vite, un plat pour un enfant.

LES POTAGES SECOURS

Pas de potage pour la famille... rien pour bébé... 3 solutions rapides pour le midi ou pour le soir.

Le potage à l'eau

en 5 minutes :

- 250 grammes d'eau ;
- une pincée de sel ;
- 20 grammes de pâtes à potage ou vermicelle (2 cuillerées à soupe).

Faire bouillir l'eau salée et verser en pluie pâtes ou vermicelle. Laisser cuire 5 minutes.

Ajouter une noisette de beurre frais et quelques pincées de fromage râpé. A consommer aussitôt.

Donnez ensuite obligatoirement un produit laitier : yaourt, fromage blanc ou crème Velours et non pas seulement une compote.

Le potage aux poireaux
en 10 minutes :
• 250 grammes d'eau ;
• une pincée de sel ;
• un demi-blanc de poireau ;
• 20 grammes de pâtes à potage ou vermicelle (2 cuillerées à soupe).

Faire bouillir l'eau salée et le poireau coupé en très petits morceaux, au ciseau, pendant 5 minutes. Verser en pluie pâtes ou vermicelle. Laisser cuire 5 minutes.

Ajouter une noisette de beurre frais et quelques pincées de fromage râpé. A consommer aussitôt.

Complétez là aussi, par un produit laitier car le poireau apporte un goût supplémentaire mais peu de chose sur le plan nutritif.

La soupe au lait
en 5 minutes :
• 200 grammes de lait entier ou demi-écrémé ;
• 2 cuillerées à soupe de pâtes à potage, semoule ou tapioca ;
• 2 cuillerées à café de sucre (qui peut être remplacé par une pincée de sel).

Faire bouillir le lait. Ajouter pâtes ou tapioca. Laisser cuire 5 minutes en remuant (sinon le lait attacherait au fond de la casserole). Ajouter sucre ou sel.

Donnez ensuite un fruit cru ou cuit.

Les potages en sachets conviennent-ils pour les enfants ?

Pour les tout-petits, préférez le potage diététique qui leur convient mieux. Tant que le potage est le plat principal de leur dîner (jusqu'à 2 ou 3 ans) préférez votre potage de légumes épais et nourrissant ou un des potages secours précédemment indiqués.

Pour un enfant plus grand, lorsque le potage est un premier plat... un moyen de commencer le dîner, vous pouvez lui en donner un peu. Choisissez bien le potage pour ne pas apporter trop de matière grasse et préparez-le en le

diluant beaucoup pour ne pas apporter trop de sel, et en ajoutant ensuite vermicelle ou pâtes à potage pour l'épaissir. De nombreuses mères de famille choisissent de temps en temps cette solution potages en sachets pour « économiser » du temps qu'elles emploient pour préparer un bon plat : tarte aux poireaux, légumes en béchamel ou pâtisserie.

Répétons encore une fois que ces aliments préparés ne doivent pas être quotidiens. N'oubliez pas le vrai potage de légumes frais, le potage purée... la soupe au pistou !

À PARTIR DE DEUX ANS : COMME UN GRAND

Chaque plan donne deux indications : l'apport d'énergie de la journée et l'apport par repas... non pas pour calculer sans cesse mais au contraire, pour permettre à la mère de famille d'apprécier les indications chiffrées qu'elle peut trouver sur le menu de cantine ou sur des produits alimentaires.

2 ANS ; 1 200 KILOCALORIES :

Petit déjeuner :

• Lait demi-écrémé	150-200
• Sucre	10
• Pain	20
• Beurre	10
• Confitures	
	Total **260 kcal**

Déjeuner :

• Crudités + Huile	
• Viande maigre	40
• Légumes (p.-terre-carottes...)	150
+ Beurre	5
• Pain	10
• Fromage	20
ou un yaourt + sucre	5
• Fruits	50
	Total **360 kcal**

Goûter :

• Pain	20
+ Beurre	10
• Lait demi écrémé	100
+ sucre	10
	Total **200 kcal**

Dîner :

• Potage de légumes	150
+ Beurre	8
• Pâtes	
+ Mat. grasse	
+ Fromage gruyère	
• Oeuf	
• Fromage frais 20 % MG	100
+ Sucre	5
• Pain	10
• Fruit cuit	150
	Total **360 kcal**

Les besoins sont à peine plus élevés qu'à un an : 100 kilocalories représentent 10 g de pain et 10 g de beurre... Ce qui change surtout c'est la présentation des aliments et leur variété.

Il est difficile de traduire en cuillerées à soupe le poids des céréales du petit déjeuner car tout dépend du « volume » de la céréale. Ainsi 10 grammes sont représentés par 4 cuillerées à soupe de corn flakes (pétales de maïs volumineux) et seulement 2 petites cuillerées de muesli (céréales réduites en petits morceaux). Nous indiquerons un nombre moyen de cuillerées à soupe.

2 ans petit déjeuner :

Lait demi écrémé : 150
Sucre : 10
} lait nature au bol ou au biberon ; lait parfumé avec café ou chocolat ; un yaourt ou 100 g fromage frais.

Pain : 20
Beurre : 10
} une tartine beurrée ou non, une à 2 biscottes beurrées ou non ou, un demi croissant ou, 2 biscuits (petit beurre) ou, 10 g de céréales (3 cuillerées à soupe).

OU

Bouillie : qui réunit lait et farine.

• Voir les conseils généraux concernant le petit déjeuner (page 98).

• Si l'enfant prend juste du lait le matin, donnez-lui dans la matinée une petite tartine ou un biscuit ou une demi-banane. Mais en milieu de matinée au plus tard pour ne pas lui couper l'appétit pour le déjeuner.
• Les 10 g de sucre : 2 morceaux peuvent devenir un seul morceau ou être supprimés si l'enfant est en surpoids. Ne pas ajouter de sucre si l'on parfume avec une poudre de chocolat déjà sucrée.
• Les 10 g de beurre peuvent être supprimés si l'enfant est en surpoids afin qu'il ne mange pas la tartine par gourmandise et sans faim.
• Le petit déjeuner peut varier selon les jours et le menu des autres convives. Quand les, grands consomment croissant ou céréales, il faut aussi en donner au petit s'il le demande pour qu'il ne se sente pas pénalisé par rapport aux ainés.

Savoir : une baguette pèse 250 g et mesure 75 cm ;
• 20 grammes de pain = 6 cm de baquette ;
• une biscotte correspond à 12 g de pain.

2 ans ; repas de midi.

Viande : 40 { Viande : morceaux maigres de bœuf, mouton, veau
poisson : cabillaud, colin, sole
volaille : poulet ou dinde
Œuf : un petit œuf à la coque mollet ou dur }

Légumes : 200 { un mélange de légumes variés moulinés avec beurre et lait soit 4 cuillerées à soupe de purée épaisse
ou 3 cuillerées à soupe de riz ou pâtes cuits }

Beurre : 5
Pain : 10
Fromage : un yaourt ou un petit suisse (30 % M.G.) avec une cuillerée à café de sucre
ou 20 g de fromage affiné
Fruits : 50 soit une demi pomme, poire, orange
ou une dizaine de fraises
ou une dizaine de grains de raisin.

• Apprenez au petit enfant la variété des goûts et des couleurs en lui faisant manger un peu de tout.
• A 2 ans les crudités ne sont données que par très petite quantité (négligeable dans les calculs) : une rondelle de tomate, une cuillerée de carotte râpée, un radis pour habituer l'enfant. Augmentez les quantités peu à peu.
• Le pain peut être tartiné de fromage ou mangé pour s'amuser en fin de repas.

Savoir : un camembert pèse 250 grammes ;
• 20 g de camembert = un douzième... faites trois parts dans le quart du camembert ;
• si vous donnez un autre fromage, appréciez par comparaison.

2 ans ; goûter :

Lait demi-écrémé : 100 { Lait nature ou parfumé / un yaourt ou 100 g fromage frais / un ou deux Suisses (30 g) à 30 % de Mat. grasse

Sucre : 10

Pain : 20 { une tartine ou une biscotte beurrée ou confiturée / ou l'un des aliments suivants : / 2 biscuits / une tartine de pain d'épices / une petite banane écrasée / un demi croissant ou un demi pain au chocolat

Beurre : 10
ou Confiture : 20

OU

Bouillie légère : qui réunit lait et farine (pain)

OU

Pain Beurre ou Confiture :
+ Un jus de Fruit :

• Le goûter peut varier d'un jour à l'autre. Le lait est souhaitable mais on peut aussi le remplacer parfois par un jus d'orange.

• La mode n'est plus aux bouillies mais c'est parfois un moyen rapide et facile de nourrir un enfant à petit appétit ou qui ne veut pas se donner la peine de manger.
• Les viennoiseries ne doivent pas être quotidiennes.
Autorisez-les un jour de promenade ou de sortie mais vive le pain pour les jours ordinaires !

Savoir : 20 g de confitures = 2 cuillerées à café.

2 ans ; repas du soir :

Potage de légumes :	200	200 g de légumes mixés avec leur eau de cuisson donnent une assiette de potage ou légumes en morceaux
Matière grasse :	8	une noisette de beurre ou une pincée de gruyère râpé
Fromage frais :	100	ou un yaourt ou 20 g de vrai fromage
Sucre :	5	
Fruit cuit :	200	une pomme cuite

• Le potage est un moyen facile de faire consommer des légumes. De nombreux enfants de 2 ans le consomment au biberon avec plaisir. Mais il peut être remplacé par des légumes. Il ne faut pas imposer un potage au petit si les autres convives n'en mangent pas.
• Le fromage frais peut être remplacé par du fromage affiné ; il faut simplement éviter les fromages forts ou très fermentés. Ce deuxième plat peut aussi être remplacé par un entremets Crème Velours, Crem'olait ou par une petite part de Croque Monsieur ou de Croustillon, toujours pour manger comme les grands. (voir Recettes)

Savoir : sucre en poudre : une cuillerée à café = 5 grammes. ...ne faites pas un procès à votre enfant qui ajoute deux cuillerées à café dans son fromage blanc. Mais ne laissez pas verser le sucre directement du paquet dans l'assiette il y aurait trop de sucre et du gâchis. Placez plutôt sur la table une petite coupe de sucre en poudre et la cuillère pour le prendre.

La confrontation des deux plans d'alimentation 2 et 6 ans montre l'augmentation progressive en quantité du pain, de la viande, des fruits ; l'introduction de légumes-crudités au repas de midi et d'un plat (pâtes et jambon) au repas du soir. La mère de famille doit passer d'un plan à l'autre en se rapprochant peu à peu de l'âge considéré.

Le plan de 6 ans en quelque sorte est un garde – fou.. Il ne faut pas atteindre avant cet âge les quantités de chaque aliment qu'il indique, afin de ne pas prendre le risque de « trop nourrir ».

Entre 2 et 6 ans c'est l'école maternelle où quelquefois on distribue une petite collation dans la matinée : lait et gâteaux secs. La mère de famille doit le savoir afin de ne pas donner de son coté aussi un petit supplément pour la récréation ou de ne pas arriver à 11 heures et demi à la porte de l'école avec l'inévitable viennoiserie dont l'enfant de toute façon n'a aucun besoin à cette heure : le déjeuner doit l'attendre à la maison et il ne faut pas lui couper l'appétit...

Si votre enfant n'a pas d'appétit... ajoutez une histoire.

Peu importe qu'il saute un repas ou mange peu pendant une période, s'il va bien... Mais, après une petite maladie ou une perturbation quelconque (l'arrivée d'un petit frère ou au contraire, la disparition d'une personne qu'il voyait souvent... peuvent être cruellement ressentis) il faut réagir vite. Ne laissez pas votre enfant malheureux ce n'est pas encore l'âge du chagrin... Ne le laissez pas insuffisamment nourri, cela n'arrangerait rien... racontez une histoire. Bien sûr il faut avoir le temps mais si entre une maman et son enfant arrivent « les 3 Ours et Boucle d'Or » quelle merveille... et 20 ans plus tard lorsque vous mettrez le potage sur la table votre grand fils vous dira, comme le mien « Maman, racontes les 3 ours... »... et le petit ours est si mignon et il mange si bien sa soupe de carottes que votre enfant mangera aussi la sienne sans s'en apercevoir parce qu'il ne regarde ni l'assiette ni la soupe, parce qu'il regarde maman qui sourit, maman qui change sa voix pour imiter papa ours parlant fort ou petit ours parlant si doucement... parce que votre enfant sourit aussi et ouvre la bouche sans même s'en apercevoir.

Tant pis si vous devez souvent répéter l'histoire... même quand l'appétit sera revenu. Attention, apprenez la bien par cœur car si vous changez le moindre mot, il vous le fera remarquer.

« Un adulte consomme avec plaisir ce que lui a appris à manger sa mère » (Trémolières).
Apprenez à votre petit enfant tous les goûts et le besoin d'une alimentation variée.
Agrémentez vos plats en leur donnant du goût, de la couleur et des vitamines... Utilisez largement le citron, l'oignon, l'ail, les herbes fraîches persil, cerfeuil, estragon, ciboulette...

6 ANS : 1800 KILOCALORIES

Petit déjeuner :

• Lait demi-écrémé	200
• Sucre	10
• Pain	40
• Beurre	15
• Confitures	
	Total : **360 kcal**

Déjeuner :

• Crudités	80
+ Huile	5
• Viande maigre	70
• Légumes (p. terre-carottes...)	200
+ Mat. grasse	5
• Pain	20
• Fromage	30
ou un yaourt + sucre	5
• Fruits	80
	Total : **560 kcal**

Goûter :

• Pain	40
+ Chocolat	20
ou Confitures	40
• Lait demi-écrémé	100
avec sucre	10
ou Jus de fruits	150
	Total : **300 kcal**

Dîner :

• Potages de légumes	200
+ Mat. grasse	3*
• Pâtes	30
+ Mat. grasse	3*
• Œuf (ou jambon)	un (ou 30 g)
• Fromage frais 20 % MG	100
+ Sucre	5
• Pain	20
• Fruit	200
	Total : **540 kcal**

* Les 3 g de matière grasse correspondent à la petite part pour chaque convive de la noix de beurre (12 g environ) ajoutée au potage ou aux pâtes pour 4 personnes etc.

6 ans ; petit déjeuner :

Lait demi écrémé : 200 { Lait nature ou parfumé avec café ou chocolat 2 yaourts ou 200 g de fromage frais

Sucre : 10 { le sucre peut être supprimé si surpoids

Beurre : 15

Pain : 40 { 2 tartines (le sixième de la baguette) ou 4 biscottes beurrées ou non

OU { un croissant (ou un pain au chocolat) ou 20 g de céréales (6 cuillerées à soupe).

OU

Pain : { avec une demi tranche de jambon ou du fromage + **Un jus de fruits frais**

- L'enfant va à l'école et commence une journée de travail. Il doit manger et prendre du lait sous une des formes indiquées ou bien le remplacer par fromage ou jambon ou un œuf (petit déjeuner à l'anglaise, voir page 99).
- Si l'enfant ne prend pas de lait le matin, il faut lui en donner aux repas sous forme d'entremets ou de béchamel. On peut éventuellement le matin donner un entremets (Crem'Velours ou riz au lait).
- Si l'enfant mange peu le matin, donnez lui pour la récréation gâteaux secs, pain d'épice ou une banane pour éviter le « coup de pompe » de 11 heures, si préjudiciable à l'attention de l'écolier.
- Le menu ne prévoit pas de confitures... donnez lui en une cuillerée s'il en a envie...

6 ans ; repas de midi :

Crudités : 80

Huile : 5

{ une petite tomate ou une carotte râpée ou une petite assiette d'un mélange, salade, tomate, betterave assaisonné avec une demi cuillerée à soupe d'huile tournesol ou maïs.

Viande : 70 { un petit bifteck ou tranche de rôti, un filet de merlan
un petit blanc de poulet
un gros œuf }

Légumes variés : 200

{ 200 g de légumes mélangés
ou 2 pommes de terre
ou 2 carottes ou une assiettée de haricots verts...
ou 6 cuillerées à soupe de pâtes ou riz cuits }

Mat. grasse : 5

Pain : 20

Fromage : 30 { un huitième de camembert (ou un yaourt) }

+ **Sucre** : 5

Fruits : 80 { une demi pomme ou orange ou 2 clémentines, ou une vingtaine de fraises ou raisins }

• La petite quantité de matière grasse conseillée ne permet pas tous les jours plats en sauce grasse et frites...
• On ne doit ni compter ni peser les fruits... mais on ne laisse pas pour autant l'enfant de 6 ans manger tout le compotier.
• À l'enfant lambin qui n'aura pas le temps de manger les crudités et les fruits... donnez pour commencer le jus d'un demi pamplemousse. Il aura ainsi sa ration de vitamines et sera désaltéré. Le plat garni (viande ou poisson, légumes-féculents) et de l'eau lui suffiront ensuite.
• Donnez tous les fromages... les petits enfants souvent apprécient les fromages portions dont le poids mentionné sur l'emballage facilite la distribution... Voyez notamment qu'une fine tranche de fromage fondu (pour gratin ou croque monsieur) pèse 17 grammes. Qui l'eut cru ?

Qui croirait aussi sans la petite balance, qu'un morceau de gruyère moins gros qu'un paquet de cigarette (6 cm × 6 cm × 2 cm) et plein de trous... pèse 60 grammes ! Cette précision pour les gros amateurs de fromages ! !

Barbecue... mais pas barbe cuite

La viande cuite au barbecue convient-elle aux enfants ?

Comme à vous-même. Ni plus, ni moins. Le barbecue n'est pas la cuisson « idéale », comme certains le pensent. La viande cuite ainsi offre l'avantage d'être grillée et partiellement débarrassée de ses graisses qui ont été brûlées. Par contre, le contact direct de la flamme avec les protides produit des substances qui peuvent être toxiques... et qui le seraient si l'on consommait régulièrement et fréquemment de la viande cuite de cette façon. Ce qui n'est pas le cas en général, car ce n'est pas tous les jours dimanche... Cependant, signalons un danger non alimentaire du barbecue pour les enfants : les brûlures qui sont actuellement une urgence pédiatrique fréquente.

6 ans ; goûter :

Pain : 40 { un sixième de baguette ou 3 tranches de pain de campagne avec chocolat ou confitures ou l'un des aliments suivants :

Chocolat : 20
ou **confiture** : 40

OU {
3 biscuits goûters fourrés chocolat ou vanille
Pain d'épices 2 tranches
Un croissant
Un pain au chocolat

+
Lait : 100
Sucre : 5
ou **Jus de fruit** Un verre

• L'enfant doit prendre un goûter à 17 h au plus tard et non pas à 18 h 30 au retour de l'école... Il doit l'emporter pour le manger à l'école si nécessaire : le pain d'épice et une orange ou une pomme conviennent alors très bien.
• L'enfant de 6 ans peut encore prendre un verre de lait (surtout pas un litre... car le lait est un aliment et non pas une boisson anodine comme l'eau qui, elle, n'apporte pas d'énergie).
• Le pain reste l'aliment du goûter. Les viennoiseries doivent être exceptionnelles, réservées à

un jour de sortie, de sport ou constituer un goûter récompense. Vive le pain !

Savoir 40 g de confiture = une cuillerée à soupe bien pleine... ce n'est pas la moitié du pot.
Attention : à six ans, l'enfant devient indépendant. C'est bien. Il ne doit pas pour autant commander. Il peut choisir son goûter parmi les aliments proposés, mais, pour lui éviter toute tentation, ne laissez pas à sa libre disposition grandes boîtes de chocolat et gros paquets de gâteaux secs. La boulimie commence souvent par simple gourmandise !

6 ans ; repas du soir :

Potage de légumes :	200
avec **Mat. grasse :**	3
Pâtes :	30
avec **Mat. grasse* :**	3
Œuf (un) :	
ou **jambon :**	30
Fromage frais 20 % M.G. :	100
+ **Sucre :**	5
Pain :	20
Fruit :	200

• À 6 ans on est arrivé au dîner habituel de l'adulte avec à la fois un potage (ou des légumes en l'état) et un plat d'aliment féculent ; pâtes ou riz ou pommes de terre, en quantité croissante.

La quantité de viande, poisson, jambon ou œuf est augmentée aussi progressivement.

Il y a toujours un dessert laitier et un fruit.

10 ANS : 2300 KILOCALORIES

Petit déjeuner :

• Lait demi-écrémé	200
• Sucre	10
• Pain	50

* Choisir la matière grasse selon la recette, son goût et ses idées (matière grasse animale ou végétale) c'est-à-dire beurre, – margarine au tournesol ou au maïs, matière grasse allégée, ajoutés crus sur les légumes ; huile d'arachide pour les légumes cuisinés.
Voir les indications des matières grasses page 47.

• Beurre	15
• Confitures	30
	Total **460 kcal**

Déjeuner :	
• Crudités	100
+ Huile	5
• Viande maigre	100
• Pommes de terre	200
+ Mat. grasse	8
• Pain	40
• Fromage	30
ou un yaourt	
+ sucre	5
• Fruits	100
	Total **720 kcal**

Goûter :	
• Pain	60
+ Chocolat	30
ou Confitures	40
• Jus de fruits	150
	Total **350 kcal**

Dîner :	
• Potage de légumes	200
+ Mat. grasse	3
• Pâtes	40
+ Mat. grasse	3
• Œuf un (ou 50 g jambon)	
• Fromage frais 20 % MG	150
+ Sucre	5
• Pain	40
• Fruits	200
	Total **700 kcal**

Nous continuerons à détailler chaque repas afin d'apporter le maximum de renseignements rapides pour chaque âge.

10 ans ; petit déjeuner :

Lait demi-écrémé : 200	Lait nature ou parfumé avec café ou chocolat 2 yaourts ou 200 g de fromage frais

Sucre : 10 { 2 morceaux de sucre (à diminuer si surpoids)

Pain : 50 { le cinquième de la baguette ou 4 à 5 biscottes avec beurre et confitures

Beurre : 15

Confitures : 30

{ ou l'un des aliments suivants :
un croissant + une biscotte
30 g de céréales (8 cuillerées à soupe)

OU

Pain avec une petite tranche de jambon ou du fromage
+ un jus de fruits frais

• Voir conseils généraux petit déjeuner (page 98).
• Ne mesurez pas strictement le pain... Par contre veillez à ce que les quantités de beurre, confitures et sucre soient respectées. Dans le même ordre d'idée, autorisez deux croissants parfois... tous les jours ce serait trop.
• Peut être déjà l'enfant va-t-il au lycée... S'il part précipitamment sans avoir le temps de déjeuner donnez lui dans la poche le croissant, des gâteaux secs ou du pain d'épice qu'il pourra manger en route. On ne peut pas se mettre au travail, l'estomac vide...

Savoir 30 g de confitures = une cuillerée à soupe.
15 g de beurre = le petit paquet « hotel » ou une grosse noix.
Pour simplifier... trouvez donc des petits récipients (coupelles) correspondant à cette quantité dans lesquelles vous placerez le beurre, la veille au soir et que vous garderez hors du réfrigérateur. Chaque enfant aura ainsi, le matin, « son » beurre qui s'étalera facilement sur la tartine.

10 ans ; repas de midi :

Crudités : 100

Huile : 5

{ une petite assiette d'un mélange ou une grosse tomate ou 3 cuillerées à soupe de carottes rapées
+ une demi cuillerée à soupe d'huile de tournesol ou de maïs.

Viande : 100 { un « bifteck moyen ou un filet de poisson ou un blanc de poulet ou un œuf et demi (si omelette...)

Légumes variés : 200 une bonne assiette
ou **pommes de terre** : 2

Mat. grasse : 8 { une petite noix de beurre frais avec les pommes de terre vapeur par exemple

Pain : 40 le sixième de la baguette

Fromage : 30 { un huitième de camembert ou un yaourt
+ **sucre** : 5 une cuillerée à café

Fruits : 100 { une demi grosse pomme. ou une quinzaine de fraises...

• Voir à la rubrique Repas les conseils généraux.
• Ne pesez pas... appréciez... Il est bien difficile de dire à quoi correspond 100 g de poisson car le filet de merlan va de 30 à 150 g. (le poisson surgelé calibré à 100 g par filet simplifie les calculs).
• Pain, pommes de terre nature et légumes, aliments sans risques peuvent être augmentés un peu, selon l'appétit de l'enfant.
• Tenez compte pour le repas de midi de ce qu'il a ou n'a pas mangé le matin au petit déjeuner... puisque les repas peuvent se compenser.
• Les fraises ne peuvent pas vraiment se compter : il y en a des grosses et des petites. Achetez en conséquence : une demi-livre pour 3 personnes, une livre pour 5 personnes... et voilà 100 g pour chacun.

10 ans ; goûter :

Pain : 60
+ **Chocolat** : 30
ou **Confitures** : 40
le quart de la baguette avec chocolat
ou confitures

OU
- un croissant (ou pain au chocolat) + 2 biscuits
- pain d'épices : 4 tranches
- 5 biscuits goûters au chocolat ou vanille

Jus de fruits : 150 un verre

• Pain chocolat ou pain confitures restent le meilleur des goûters.
• Si l'enfant prend son repas de midi à la cantine et mange mal... cela arrive hélas préparez lui pour son goûter un sandwich avec jambon ou fromage (peu de beurre) il en a besoin.
• Le jus de fruits frais ou conservé est ce qui plait le mieux à cet âge.
• Pour un goûter d'hiver un bol de chocolat au lait chaud et quelques gâteaux secs seront les bienvenus. Préparez ce goûter de temps en temps...

10 ans ; Repas du soir

Potage de légumes :	200
+ **Mat. grasse :**	3
Pâtes :	40
+ **Mat. grasse :**	3
Jambon :	50 (une tranche)
ou **un œuf :**	
Fromage frais 20 % MG :	150
+ **Sucre :**	5
Pain :	40 (le sixième de la baguette)
Fruits :	200 (une grosse pomme)

• Le potage n'est pas obligatoire. Il peut être remplacé par des crudités-légumes en salade. Voyez nos menus.
• Les 3 g de matière grasse correspondent à la noix de beurre ajoutée sur les pâtes ou dans le potage pour 4 personnes.
• Le fromage frais à 20 % de matière grasse (ni

maigre, ni au lait entier) est celui qui convient le mieux à chacun...

Donnez quelquefois du fromage au lait entier (40 % de MG) mais il nous semble que pour le quotidien... il est préférable de limiter un peu la matière grasse apportée par le fromage blanc afin d'ajouter par contre un peu de crème dans le potage de légumes ou une petite noisette de beurre dans les pâtes...

A bas les fumées...

Votre enfant a 10 ans, 12 ans, 14 ans... Vous êtes très attentif à sa santé. Vous le nourrissez bien en suivant directives et conseils. Pour lui éviter de « consommer » d'autres produits non alimentaires et si toxiques, apprenez lui le sport :

- un sportif ne fume pas ;
- un sportif ne s'ennuie pas le dimanche et ne cherche pas avec les copains les évasions d'autres fumées...

Apprenez lui le sport en famille ; les marches à pied dans les bois et la campagne, les randonnées cyclistes le dimanche, les vacances sportives feront de votre enfant un homme sain et heureux. (Voir menus vacances et dimanches).

Fumer, une habitude difficile à perdre.

Le tabac ne se mange pas en 1986... Il se mangera peut être dans quelques années car ses feuilles contiennent des protéines intéressantes !

Il ne se mange pas mais il est tout de même absorbé par l'organisme et fumer est toxique, tout le monde le sait.

Toxique pour les hommes chez qui il est responsable de nombreux cancers aéro-digestifs et de complications cardio-vasculaires notamment d'artérite.

Toxique pour les femmes car le tabagisme multiplie les risques d'accidents dans tous les cas où la pilule contraceptive est déconseillée. La pilule est utile... le tabac ne l'est pas. Vos filles doivent choisir et vous devez les y aider.

Faites le maximum pour que les jeunes ne commencent pas à fumer. Souvenez-vous aussi que lorsqu'on réussit à ne plus fumer... on prend souvent quelques kilos ce qui ne plaît à personne. Se battre d'abord contre l'envie de fumer, se battre ensuite contre le surpoids, voici bien des complications que vous devez, mamans, essayer d'éviter à vos jeunes filles.

14 ans. Petit déjeuner garçons (filles)

Lait demi-écrémé : 200 { Lait nature ou parfumé avec café ou chocolat / 2 yaourts ou 200 g fromage frais

Sucre : 2 morceaux (ou moins)

Pain : 80 (60) { le tiers de la baguette ou 6 biscottes avec beurre et confitures

Beurre : 20 (15)

Confitures : 30 (20)

OU { 2 croissants / 40 g de céréales 10 cuillerées à soupe

OU

Pain avec **jambon** ou **œuf** ou **fromage** (40 grammes)
+ **Jus de fruits frais**

• 200 g de lait = un bol. Mesurez une fois puis conservez toujours le même bol.
• Pour donner de l'appétit, ou pour changer... préparez des toasts au fromage ; sur des tranches de pain de mie, posez une fine tranche de fromage (vendu en petits paquets) puis placez les sous le gril du four quelques instants : le pain grille, le fromage fond et l'enfant mange avec plaisir. À consommer avec le bol de lait ou avec le verre de jus de fruits.
• 14 ans : on a une « faim terrible »... Calmez vos jeunes loups. S'ils partent pour toute une journée... donnez un petit déjeuner varié avec à la fois un œuf (à la coque ou au plat) des tartines grillées et confiturées ;
le café au lait ou chocolat au lait.

Pour les filles, les quantités différentes sont notées entre parenthèses : moins de pain donc moins de beurre et confiture mais ne réduisez pas le lait, aliment toujours utile. Les filles à 14 ans ont presque fini de grandir, leurs besoins sont moins importants que ceux des garçons du même âge.

14 ans. Déjeuner de midi : garçons (filles)

Crudités : 200 une grosse assiette

Huile : 10

Viande maigre : 100 un bifteck moyen

Pommes de terre : 250 (200) { 3 pommes de terre moyennes

\+ **mat. grasse** : 8

Pain : 60 le quart de la baguette

Fromage : 30 { un huitième de camembert ou un yaourt

\+ **Sucre** : 5

Fruits : 150

• 100 g de viande correspond à un morceau moyen (bifteck ou escalope),
à un membre de poulet (aile ou cuisse),
à un filet moyen de poisson ;
• 250 g de pommes de terre ou 50 g de pâtes ou riz crus ;
• le camembert n'est bien sûr pas le seul fromage. Il a l'avantage de se mesurer facilement. Appréciez pour les autres la quantité équivalente. Un crottin de chavignol pèse 60 g... la moitié convient... et c'est déjà une belle part.

Pour les filles, seule la quantité d'aliment féculent : pommes de terre, pâtes ou riz est à réduire.

14 ans. Goûter : garçons (filles)

Pain : 80 (50)
\+ **chocolat** : 40 (30) { un tiers de baguette le tiers d'une plaque de 125 g

ou **Confitures** : 50 (40) 2 cuillerées à soupe

Jus de fruits : 150 (100)

OU

Pain : 80 (50)

Jambon ou fromage : 50

Jus de fruits : 150 (100)

• C'est l'âge des gros goûters. Si votre enfant ne trouve pas au repas de midi un déjeuner à son goût... préparez lui un bon sandwich pour son retour, agrémenté de quelques feuilles de salade ou rondelles de tomate. Il attendra plus facilement le diner.
• S'il ne prend pas de lait le matin (de nombreux enfants se contentent de thé ou de café noir) offrez-lui un lait-boisson* ou bien sous forme d'entremets : le gâteau de riz est souvent très apprécié.

Pour les filles, là encore, légère réduction par rapport aux garçons. De nombreuses jeunes filles de 14 ans se contentent d'un yaourt ou d'un verre de lait demi-écrémé et d'un gâteau sec.

14 ans. Diner : garçons (filles)

Potage de légumes :		200
+ **Mat. grasse :**		3
Pâtes :	50	(40)
+ **Mat. grasse :**		8
Viande, poisson, jambon :		60
ou **œufs** (deux)		
Fromage frais 25 % M.G. :		200
+ **Sucre :**		10
Pain :	60	un quart de baguette
Fruits :		200

• Le potage n'est pas indispensable. Il peut être remplacé par des légumes ou salades.
• Notez bien que tous les menus comprennent à la fois :
– des légumes crudités ou potage ;
– un aliment « féculent » pommes de terre, pâtes ou riz ;
– du pain.
• Dans les différents menus proposés, ces aliments s'associent pour former des plats et par exemple :

* Voir Mouss'lait et Mouss'lait à la banane pages 104 et 105.

– le légume devient sauce tomate pour accompagner les pâtes ;
– le légume devient salade importante ;
– la viande et le légume s'associent pour devenir tarte aux poireaux.

Pour les filles, diminution légère de l'aliment féculent

14 ans filles : commentaires particuliers.

Alors qu'à 14 ans le garçon est en pleine poussée pubertaire, la fille, elle, a terminé la sienne. Elle doit dès ce moment réduire un peu sa consommation alimentaire afin de ne pas prendre trop de poids, ce qui pénaliserait sa sihouette future. Par rapport au garçon du même âge, on note une différence de 300 kilocalories, ce qui entraîne la diminution des aliments glucidiques : pain, pommes de terre, confitures mais conserve la totalité des aliments plastiques indispensables : lait, viande, fromages, œufs.

Ceci est une règle générale qui, comme toutes les règles, souffre des exceptions ; il est évident qu'une adolescente maigre ou à la limite du poids inférieur et ayant gros appétit ne doit pas réduire son alimentation. La courbe de poids est le meilleur moyen de conduire un plan d'alimentation. Nous voulons simplement attirer l'attention de la mère de famille qui, face à ses deux enfants, garçon et fille de 14 et 15 ans, doit avoir une attitude différente, en fonction de leurs besoins, de leur stature et donc des quantités d'aliments à leur donner respectivement. La mère de famille ne doit être ni sévère, ni critique, ni laxiste mais faire comprendre avec tact à sa jeune fille qu'il faut réduire certains aliments si elle veut garder sa jolie ligne.

16 ans garçons : commentaires.

C'est le moment où le grand adolescent, presqu'un homme a les plus gros besoins. Par rapport au menu de 14 ans, il consommera davantage de pain midi et soir, un peu plus de viande et de fromage au repas du midi.

A sexe différent..... besoins différents. Le garçon continue à grandir..... et à s'élargir, la fille ne grandit plus.

14 ANS : GARÇONS : 2 800 KILOCALORIES *Le besoin est important et va le devenir plus encore*		14 ANS : FILLES : 2 500 KILOCALORIES *Le besoin est maximum... il va falloir bientôt réduire*
Petit déjeuner		
• Lait demi-écrémé	200	200
• Sucre	10	10
• Pain	80	60
• Beurre	20	15
• Confitures	30	20
Total	**560 kcal**	**460 kcal**
Déjeuner		
• Crudités	200	200
+ huile	10	10
• Viande maigre	100	100
• Pommes de terre	250	200
+ mat. grasse	8	8
• Pain	60	60
• Fromage ou un yaourt	30	30
+ sucre	5	5
• Fruits	150	150
Total	**860 kcal**	**820 kcal**
Goûter		
• Pain	80	50
+ chocolat	40	30
ou confitures	50	40
• Jus de fruits	150	100
Total	**420 kcal**	**300 kcal**
Diner		
• Potage de légumes	200	200
+ mat. grasse	3	3
• Pâtes	50	40
+ mat. grasse	8	8
• Viande ou poisson jambon ou œufs (2)	60	60
• Fromage frais 20 % MG	200	200
+ sucre	10	10
• Pain	60	60
• Fruits	200	200
Total	**900 kcal**	**870 kcal**

16 ANS : GARÇONS : 3 000 KILOCALORIES

Le maximum pour un grand garçon solide, il faut maintenant diminuer, la croissance est terminée.

16 ANS : FILLES : 2 300 KILOCALORIES

Ration déjà diminuée... et on diminuera encore un peu.

	Garçons	Filles
Petit déjeuner		
• Lait demi-écrémé	200	200
• Sucre	10	10
• Pain	80	60
• Beurre	20	15
• Confitures	30	20
Total	**560 kcal**	**460 kcal**
Déjeuner		
• Crudités	200	
+ huile	10	
• Viande maigre	120	100
• Pommes de terre	250	200
+ mat. grasse	8	
• Pain	80	60
• Fromage	60	30
	ou 2 yaourts	ou un yaourt
+ sucre	10	5
• Fruits	150	150
Total	**1 060 kcal**	**820 kcal**
Goûter		
• Pain	80	20
+ chocolat	40	un yaourt
ou confitures	50	
• Jus de fruits	150	100
Total	**420 kcal**	**200 kcal**
Dîner		
• Potage de légumes	200	200
+ mat. grasse	3	3
• Pâtes	50	40
+ mat. grasse	8	8
• Viande ou poisson jambon ou œufs (2)	60	60
• Fromage frais 20 % MG	200	100
+ sucre	10	5
• Pain	80	40
• Fruits	200	200
Total	**950 kcal**	**780 kcal**

Là encore, la ration est fonction de l'individu :

- un garçon de 16 ans de petit format a des besoins moindres qu'un autre bien bâti
- tel autre à gros appétit pourra manger beaucoup sans prendre de poids alors que son frère, son cousin ou son voisin, avec une alimentation moins importante, s'enrobera facilement.

Question d'individualité, de comportement personnel face aux aliments. La courbe de taille et de poids guide dans tous les cas et permet si besoin est d'ajuster les menus en passant éventuellement de 3 000 à 2 800 kilocalories ou l'inverse.

Et après ?

L'adolescent est devenu un homme qui a atteint sa taille et sa stature définitive et qui donc, doit réduire sa consommation alimentaire. Ses besoins diminuent jusqu'à 2 500 kilocalories. Ils correspondent au plan d'alimentation filles 14 ans.

16 ans filles : commentaires.

Par rapport aux menus 14 ans, aucun changement aux repas du midi et du soir. Pour diminuer la ration de 200 kcal il suffit de supprimer le goûter ou mieux de remplacer le goûter riche pain chocolat par un plus léger : un peu de pain et de fromage frais (ou yaourt) à diminuer sur les quantités du repas du soir.

On peut aussi dès ce moment adopter le goûter fréquent de la jeune femme : un thé et deux gâteaux secs. Un goûter reste toujours conseillé pour éviter la fringale de fin d'après midi qui pousse à consommer confiseries, chocolateries et tous produits sucrés non souhaitables.

Et après ?

La jeune fille adulte qui n'a plus ni à grandir, ni à se développer doit réduire encore sa consommation alimentaire (sauf si elle est très sportive) pour atteindre 2 000 kcal environ. Cette ration correspond à celle d'un enfant de 10 ans sans le goûter.

Énergie équilibrée voici la clé de la nutrition pour tous et surtout le mot d'ordre absolu pour

FAUT-IL NOURRIR AU-DELÀ DE 3 000 KILOCALORIES ?

Tous les plans d'alimentation mentionnés concernent les enfants aux différents âges et face à une activité moyenne d'écolier, lycéen, apprenti. Elles ne concernent pas le sportif. Si un enfant ou un adolescent est soumis à un entraînement sportif quotidien, sa ration sera augmentée de façon permanente.

S'il pratique le sport une ou deux fois par semaine, elle sera augmentée ce jour-là par une collation supplémentaire ou un goûter plus copieux, ou par l'ajout d'un plat au repas du soir.

On arrive ainsi à 3 300 voire 3 500 kilocalories le jour du sport pour un grand adolescent (voir enfant sportif).

l'alimentation des enfants, afin de leur apporter tout ce dont ils ont besoin sans manque et sans excès et leur donner de bonnes habitudes alimentaires qui en feront, à l'âge adulte, des consommateurs avertis et conscients.

Tous les plans d'alimentation répondent à cet impératif d'énergie équilibrée.

Attention... ils n'obligent ni à peser les aliments ni à suivre au gramme près les indications fournies. Ils sont simplement des « garde-fous » pour éviter que certains enfants soient trop nourris.

Certains enfants peuvent manger beaucoup... voire trop, sans grossir ou sans être incommodés.

D'autres au contraire ressentent rapidement et cruellement le moindre écart... Les plans d'alimentation sont établis pour eux. Ils permettent de distinguer ce qui peut ou ne peut pas être consommé sans risque.

LES MENUS

Y a-t-il des menus d'hiver et des menus d'été, comme jadis ? Pas vraiment. Si l'on met à part « le temps des cerises » et celui des petits pois... on trouve toute l'année sur les marchés une grande variété de fruits et de légumes, de bonne qualité. Certes il y a des saisons de prédilection pour chacun, les fraises sont meilleures au printemps qu'en plein hiver où on les trouve aussi, les tomates d'automne rouges fermes et savoureuses sont préférables à celles d'hiver pleines d'eau. Mais de nombreux légumes sont toujours présents, pour toutes les bourses. Après les haricots verts fins de l'été arrivent les mange-tout de l'automne moelleux et fondants et les Cocos d'Espagne ensuite, larges et plats sont là pour nous en faire garder le goût. Poireaux, choux, choux-fleurs, courgettes, épinards, carottes sont de toutes les saisons ; avec l'hiver apparaissent les endives et nous n'avons pas besoin de nous rabattre comme il y a 50 ans vers les légumes secs... pour survivre.

De plus les surgelés et les conserves sont là toujours disponibles si pour une raison de cherté, de grand froid ou de facilité on s'écarte des produits frais.

APPORTEZ LA VARIÉTÉ HIVER COMME ÉTÉ

Chaque repas doit apporter l'ensemble des principes nutritifs :

• au petit déjeuner les protides sont apportés par le lait et le pain, les lipides par le beurre ajouté, les glucides par le pain, le sucre et les confitures.

• au goûter les protides et les glucides sont apportés par le pain, les lipides par le beurre, le fromage ou le chocolat.

• aux deux repas principaux les protides sont apportés par viande, poisson, œufs et fromages, les lipides par ces mêmes aliments sous forme de lipides cachés et par la petite quantité de matière grasse ajoutée pour cuisiner ; les glucides proviennent surtout des pommes de terre, pâtes, riz et pain.

A ces deux repas les légumes verts et les fruits apportent les fibres alimentaires et les vitamines.

Menus prévus ou menus surprises ?

Pour apporter la variété dans l'alimentation on peut préconiser pour les 14 repas par semaine et pour les plats principaux :

• 4 repas avec pommes de terre ;
• 2 repas avec pâtes ;
• 2 repas avec riz ;
• 6 repas avec légumes verts.

En plus de ces plats, pommes de terre et légumes s'associent pour former le potage ; les salades sont souvent composées aussi de plusieurs éléments.

Faut-il réserver de façon immuable le « féculent » pour le repas de midi et le légume pour le repas du soir ou bien l'inverse afin d'apporter aux menus toute la variété souhaitée ? Cela est possible lorsque tous les repas sont pris à la maison : la mère de famille alors est souveraine parmi ses casseroles et ses menus. Mais celà ne l'est pas lorsque les déjeuners pris à l'extérieur apportent eux aussi de façon variable légumes ou féculents : vous ne pouvez pas tenir compte de ce que mange le petit à l'école maternelle, le grand dans une autre école et le mari au restaurant d'entreprise... Servez donc alternativement midi et soir légumes et féculents selon le jour du marché... selon le menu de la veille... Variez pour que l'enfant ne risque pas de consommer tous les jours midi et soir pâtes ou riz. Nos menus veulent apporter cette variété et ce choix.

Évitez simplement de servir au même repas des aliments apportant les mêmes principes nutritifs tels que :

• purée de pomme de terre et entremets au riz, tous deux riches en glucides lents ;

• légumes verts et fruits qui au contraire n'en apportent presque pas.

N'allez pas tous les jours vers le bifteck haché ou le jambon mais pensez au poisson au moins deux fois par semaine, aux œufs en omelettes et soufflés et n'oubliez pas les gros rôtis qui donnent de la viande froide pour le lendemain...

Sans tenir une comptabilité rigoureuse, ni imposer tel menu tel jour de la semaine, variez et laissez aussi place à la fantaisie et à l'improvisation. Si le jour du marché vous partez, décidée à acheter un poulet et que vous rencontriez un gros poisson... changez de menu. De même abandonnez le légume vert auquel vous pensiez si vous êtes émue par les premières pommes de terre nouvelles...

Plans d'alimentation... Menus équilibrés... mais aussi bonheur de manger !

Les fraises l'été... mais le pot au feu toute l'année

Régalons-nous des fruits de saison... Pourquoi ne pas manger des fraises tous les jours lorsqu'elles sont si rouges, si parfumées et à leur prix le plus bas ? « Pêchons » pendant les mois d'été avec les pêches blanches fondantes, les pêches abricots plus fermes et les étonnantes pêches de vigne... et nous pourrons encore l'hiver choisir entre pommes, poires, bananes, oranges, ananas et tous les fruits exotiques avant de sortir pruneaux et abricots secs de leurs paquets.

De même pour les viandes, le pot au feu est sans doute agréable à consommer l'hiver quand il fait froid. Mais il est tout aussi apprécié un soir d'été ou d'automne, au retour d'une grande promenade : il aura cuit tout seul à tout petit feu et sera le plat unique à mettre aussitôt sur la table ! Les potages ne sont pas réservés aux seuls jours froids : la crème de cresson plaît au printemps et la soupe au pistou contient tous les légumes d'été et d'automne.

Des légumes nombreux nous permettent de préparer les menus quotidiens, les menus extraordinaires, les menus à tous les goûts, à choisir en fonction du temps dont on dispose et du bonheur que l'on veut donner autour de soi...

Le petit déjeuner et le goûter ont été indiqués avec leurs variantes possibles dans les plans d'alimentation et nous n'y reviendrons pas.

Nous établissons maintenant quelques menus déjeuner et dîner en choisissant les légumes de saison et les viandes qui les accompagnent le mieux. Certains menus ne comportent pas de fromage – alors qu'il est toujours mentionné dans les plans d'alimentation – tout simplement parce que le lait se trouve sous une autre forme (béchamel ou entremets). De même un dessert au lait supprime parfois le dessert fruit. Toutefois si un enfant demande en plus du repas prévu une part de fromage (pour finir son pain) ou un fruit supplémentaire, donnez-le lui mais la petite part de fromage – non pas la moitié du camembert – un fruit – non pas tout le compotier. Les menus établis, consommés avec le pain prévu aux plans d'alimentation suffisent à satisfaire tous les appétits. Avoir grand faim est normal et on a le droit d'être un peu gourmand. Mais attention à trop de gourmandise qui parfois fait manger trop, entraîne vers des excès nutritionnels et surtout donne l'habitude de trop manger, habitude souvent regrettable pour l'avenir.

PRINTEMPS

DIMANCHE	LUNDI	MARDI
Tomate garnie Crevettes sauce vinaigrette Rôti de bœuf au four, cresson ① Purée de pommes de terre ② Fromages Fraises	Carottes rapées, citron, huile d'olive et olives Poisson vapeur Riz au fromage ③ Fromage frais aux fraises	Un demi pamplemousse Fantaisie d'épinards avec jambon et œuf Camembert Crème Velours
Potage purée cresson croûtons Rôti froid Salade verte Crème Velours	Carottes jardinières Rôti froid-Jambon Salade fantaisie (laitue, riz, œuf, gruyère) Banane	Potage de légumes Petits pavés de viande rouge Pâtes au gratin Fraises
Avec en plus de ces menus, le pain prévu aux plans d'alimentation (ou même		

1. Cuire au four en même temps un gros rôti de bœuf (3 repas) et la crème Velours pour deux repas. Placer les moules de crème dans un plat emplit d'eau froide et à four froid pour une cuisson douce. La crème sera presque cuite lorsque le four sera chaud pour y placer le rôti.

2. Préparer une grande quantité de purée pour le potage du soir.

3. Avant d'accommoder le riz avec le fromage, on en prélève une petite quantité pour la salade du soir.

MERCREDI	JEUDI	VENDREDI	SAMEDI
Concombre sauce yaourt, Radis	Betterave crue râpée, Tomate	Poireaux en salade ⑦	Champignons crus sauce yaourt
Poulet rôti ④	Croq'Rest ⑥	Cabillaud citron pomme de terre	Ficelles de dindes
Pommes Délice ou pom'eau'four ⑤	Pat'Express		Chou-fleur béchamel
Fromage frais aux fruits rouges		Fromages	
	Crem'olait café	Cerises	Le Sept Fois Six
Jardinière de printemps	Potage fantaisie au cerfeuil	Omelette aux champignons	Légumes en salade (chou-fleur, riz, tomate, champignons)
Croque-Monsieur	Bifteck	Courgettes rose Express, Riz	Tarte aux poireaux
Salade verte	Haricots verts	Salade verte	Fromages
	Fromages		Fromages
Ananas	Fraises	Tarte aux fraises ⑧	Salade de fruits frais

davantage, le pain est le seul aliment à ne pas « mesurer »). Et toujours aussi de l'eau

4. Poulet et crème sont placés à four froid (le moule de crème dans un plat contenant de l'eau froide pour cuisson douce).

5. Les pom'eau'four sont mises au four lorsqu'on enlève la crème

6. Les croquettes Croq'Rest sont préparés à partir des morceaux de poulet qui se trouvent sur la carcasse du poulet rôti. Selon la recette chaque croquette représente 100-120 g de viande, part d'un enfant de 14 ans et d'un adulte. On donnera un tiers de croquette à l'enfant de 2 ans et une moitié au 6 ans.

7. Cuire deux bottes de poireaux (ou trois) pour la tarte aux poireaux du lendemain.

8. Préparer suffisamment de Pât'a'tout pour la tarte aux fraises et la tarte aux poireaux. (On séparera la pâte en deux parties et on ajoutera un peu de sucre à celle qui deviendra tarte aux fraises.)

ETE

DIMANCHE	LUNDI	MARDI
Tomate vinaigrette Gigot Cresson Haricots verts ① Haricots écossés Fromages Fruits rouges à la menthe	Carottes râpées Omelette aux pommes de terre Fromage frais aux fruits rouges	Betterave rouge crue ou cruite Côte de porc Courgettes Express, Riz Yaourts Fruits
Soupe de poisson aux croûtons ② Salade de légumes (haricots verts, riz, tomate, cresson) Tarte aux pêches	Potage fantaisie cresson-vermicelle Gigot froid Salade Banane, Pêches	Le Quator d'Ete (petits légumes) Jambon Salade Glac'olait ③ Glac'ofruit

1. Cuire une grande quantité de haricots verts. C'est un légume qui se réchauffe bien et qui plaira le lendemain midi à la maman qui surveille sa ligne (en place de purée).

Ne laissez pas seul au four, un plat de viande... Placer à côté un autre plat ou une cocote couverte contenant des pommes ou des poires pour un dessert ou un goûter.

2. Pour les petits enfants qui peuvent ne pas aimer la soupe de poisson, prévoir du jambon qu'ils consommeront avec la salade de légumes et riz... et ils pourront prendre une grosse part de tarte aux pêches.

MERCREDI	JEUDI	VENDREDI	SAMEDI
Artichaut vinaigrette Bifteck Carottes au lait Clafoutis aux cerises noires	Concombre au yaourt Poulet basquaise ⑤ Riz Fromages Fruits	Tomate fourré au riz Croquettes de volaille Chou parmentière Fruits	Champignons Rôti de veau Jardinière de printemps Cerises cuites
Pâté de poisson Tricolore sauce tomate Spaghettis Salade Fromages Fruits ④	Tomates provençales Œufs Haricots verts Salade Pêche pochée Glac'ofruit	Potage fantaisie tomate Pâté de poisson froid (ou Thon au naturel) Salade niçoise ⑥ Roquefort Tarte aux prunes	Pizza ⑦ Pommes de terre en robe des champs ⑧ Salade frisée Crottin chaud Poires

3. Glac'olait et Glac'ofruit doivent être préparées en grande quantité (la pleine sorbetière) et conservées dans des moules à la dimension de la famille (en couches alternées pour deux jolies couleur). Ce dessert apprécié de tous les enfants sera la récompense... après les légumes !

4. Il s'agit des fruits de saison : pêches, abricots, et encore fruits rouges.

5. Le poulet basquaise est préparé à partir des quatre beaux morceaux. La carcasse cuite à la vapeur donnera à la viande pour les croquettes du lendemain.

6. Avec salade, tomate, haricots verts, un peu de riz, des olives, des cœurs de palmier (en boîte), etc...

7. Cuire en même temps que la pizza des petits fonds de tartelette sur lesquels on étalera le fromage (crottin de Chavignol). Ces tartelettes seront nassées au four quelques instant avant de les servir.

8. Quelques pommes de terre peuvent être utiles pour les grands appétits de vos adolescents.

AUTOMNE

DIMANCHE	LUNDI	MARDI
Salade de Trévise ① Avocat	Un demi pamplemousse	Carottes râpées citron huile d'olive
Lapin à la moutarde ②	Croquettes de poisson	Bifteck
Pom'eau'four	Pâtes au gratin	Frites ④
Fromages		
Ananas	Salade de fruits frais (ananas, banane, pomme raisins...)	Poires

DIMANCHE	LUNDI	MARDI
Soupe au pistou	Petit ragoût aux légumes (veau) (veau et saucisse) ③	Gratinée de poireaux
Jambon		Jambon béchamel
Salade	Salade fantaisie	Salade
	Camembert	Yaourt
Crem'olait	Raisin	Tarte aux poires

1. Petits cœurs de salade rouge et rondelles vert tendre d'avocat... on peut ajouter deux crevettes pour le décor !

2. Placer à four froid en même temps le lapin et la crem'olait qui sera cuite et retirée lorsque que les pommes de terre viendront au four à leur tour.

3. Au petit ragoût de veau on peut ajouter quelques saucisse chipolatas qui plaisent toujours aux enfants et sont... économiques. Les faire pocher à l'eau bouillante et les ajouter au ragoût dix minutes avant de servir.

MERCREDI	JEUDI	VENDREDI	SAMEDI
	Chou rouge râpé		Salade parmentière Mamy
Potée campagnarde (travers de porc, saucisse et lard) (chou, poireaux, carottes, haricots verts, p. de t., navets...) ⑤	Rôti de bœuf	Poisson doré	Poulet farci
	Ratatouille	Haricots verts ⑧ Pommes de terre	
St Nectaire	Fromage	Yaourt	Roquefort
Fruits	Banane	Melon	Raisin
Rizotto	Croustillon ⑥	Potage de légume	Le Quatuor d'Été ⑨ (petits légumes)
Porc froid	Chou-fleur petit gratin	Omelette fantaisie	Poulet froid
Salade	Salade verte Maïs Saucisson ou pâté ⑦		Salade
		Fromages	
Salade de fruits (banane, raisin, melon, pomme...)	Fruits	Tartes aux quetsches	Poires à la nage

4. Frites ou pommes de terre dauphinoises ou pommes rissolées au fromage, selon la préférence ou la facilité de préparation.

5. Choisir travers de porc ou palette ou pointe demi-sel : à laver sous le robinet avant cuisson.

6. On aura conservé un peu de béchamel du mardi.

7. Il faudra manger le chou-fleur pour avoir droit au pâté...

8. Haricots verts et pommes de terre cuisent ensemble.

9. Pour le plat tableau, on aura mis de côté, haricots verts, chou-fleur... et on ajoutera tomates, betterave rouge, etc...

HIVER

DIMANCHE	LUNDI	MARDI
Salade de mâche Betterave rouge Rôti de porc aux pruneaux ① Purée de carottes et céleri-rave Fromage Ananas	Bifteck Croquettes de pommes de terre ③ Salade verte Salade de fruits frais (ananas, banane, pomme, kiwi)	Carottes râpées Chipolatas Lentilles Fromage Orange
Soufflé au fromage ② Purées gratinés Salade verte Banane flambée	Potage de légumes Œufs coque Chou de Bruxelles aux lardons ④ Fromage Pomme cuite	Soupe de lentilles aux croûtons Croquettes de volaille Salade d'endives Tarte fermière

1. Ensemble au four le rôti et les pommes du lendemain.

2. Soufflé et purées à réchauffer au four en même temps.

3. Croquettes de pommes de terre ou Frites ou Crèpes de pommes de terre.

4. Choux de Bruxelles aux lardons (ou haricots verts de conserve)

MERCREDI	JEUDI	VENDREDI	SAMEDI
	Céleri rave sauce Mousse		Betterave rouge crue râpée
Pot au feu et ses légumes + Riz	Poulet rôti	Poisson rouge ou Sardines à l'huile	Rôti de bœuf ⑧
	Bettes au jus de poulet ⑤ + Riz	Rizotto	Carottes au lait
Salade verte		Salade verte	
	Fromage blanc	Fromages	Fromage de chèvre
Clafoutis aux poires	Mandarines	Pomme	Tarte aux pommes
		Potage de légumes vermicelle	
Bifteck	Pavé farci avec viande de pot au feu ⑥		Rôti froid
Pommes de terre rissolées au fromage	Pissenlits au lard et aux œufs durs	Chou-fleur petit gratin	Pommes de terre petit ragoût
Salade fantaisie		Salade verte	Poireaux en salade
Yaourt			
Fruits	Pruneaux cuits	Œufs à la neige ⑦	Crème Velours

5. Bettes ou Salsifis, légumes d'hiver. Reste de riz de la veille pour les petits...

6. Pavé farci ou Hachis Parmentier.

7. Œufs à la neige... récompense après le chou-fleur.

8. Rôti de bœuf et crème Velours cuisent ensemble.

DES MENUS CALCULÉS

Ne comptez pas tous les jours les Calories. C'est fastidieux et inutile. Mais de temps en temps, regardez d'un peu près... Évaluez... Estimez...

QUATRE MENUS « 3 É »

« équilibrés, économiques, épatants »

1re partie du repas : 300 Calories équilibrés avec pommes de terre ou pâtes ou riz :

• voyez recettes

pommes de terre dauphinoises	page 279
purée de pommes de terre	page 280
pâtes au beurre et au fromage	page 287
riz au beurre et au fromage	page 289

• Préparez une de ces recettes.

Chaque part apporte 300 Calories équilibrées (ne pas consommer de pain) ;

• servez à vos enfants selon leur âge et leur appétit... une part, une part et demi ou deux parts... sans importance.

Des Calories élastiques... petite part ou grosse part reste toujours parfaite.

2e partie du repas : 400 Calories équilibrées avec des aliments variés :

• une assiette de salade verte assaisonnée ;
• une tranche de jambon (50 g) ou 30 g de fromage (1/6 de camembert) ;
• 50 g de pain (le cinquième de la baguette)
• 200 g de fruits (une grosse pomme).

Servez ce qui convient à chacun de vos enfants

• Pour votre enfant de 2 ans :
une demi-part du premier plat 150 Calories

Calories avec un grand C = 1 000 kilocalories

Nous utiliserons le mot Calories dans les pages suivantes qui donnent la valeur énergétique de quelques aliments et quelques menus.

une demi-part du reste	200 Calories
soit 350 Calories...	
c'est ce qu'il lui faut	(voir page 141)
• Pour votre enfant de 6 ans :	
une part du premier plat	300 Calories
une demi-part du reste	200 Calories
soit 500 Calories...	
c'est aussi ce qu'il lui faut	(voir page 147)
• Pour votre enfant de 10 ans :	
une part du premier plat	300 Calories
une part du reste	400 Calories
soit 700 Calories qui correspondent à son besoin	
• Pour votre enfant de 16 ans :	
deux parts du premier plat	600 Calories
une part du reste	400 Calories
soit 1 000 Calories...	
Son appétit est calmé.	(voir page 162)

Un premier plat équilibré... quelle facilité ! On en mange... à volonté. L'appétit est toujours calmé.

Repas équilibrés... pour fins gourmets.

TROIS MENUS CUISINÉS

800 Calories équilibrées :
- pommes de terre rissolées au fromage (page 279) ;
- 100 g de viande ;
- une salade assaisonnée (une bonne assiettée) ;
- 80 g de pain (le tiers de la baguette) ;
- 200 g de fruits.

1 000 Calories équilibrées :
- soufflé au fromage (page 236) ;
- 50 g de viande ;
- 200 g de pommes de terre vapeur ;
- une salade verte assaisonnée ;
- 100 g de pain ;
- 200 g de fruits.

1200 Calories équilibrées :
- salade parmentière Mamy (page 286) ;
- 150 g de viande ;

• 300 g de jardinière de légumes avec une noisette de beurre ;
• 30 g de fromage ;
• 120 g de pain (la moitié de la baguette) ;
• 200 g de fruits.

Voyez les différents plans d'alimentation :
• 800 Calories c'est le repas du garçon de 14 ans ;
• 1 000 Calories c'est pour ce même garçon qui a fait du sport tout l'après-midi...
• 1 200 Calories c'est toujours pour ce même garçon qui a participé à un match ou a parcouru 50 km en bicyclette...

Naviguez... entre les besoins et les apports...

Savoir choisir...

QUELQUES RECETTES CALCULÉES

• Sandwich (page 103)
\+ un fruit ou un verre de jus de fruits
400 Calories équilibrées
• Croque Monsieur (page 223)
\+ un fruit ou un verre de jus de fruits
300 Calories équilibrées
L'un et l'autre peuvent convenir pour des goûters...
• Une crêpe nature (sans sucre) (page 312)
100 Calories équilibrées
• Croustillon (page 221) 300 Calories
• Croûte paysanne (page 222) 300 Calories
• Clafoutis (page 310) 250 Calories
• Crem'olait (page 303) 200 Calories
avec 2 biscuits 250 Calories
• Sauce Béchamel (page 219)
une cuillerée à soupe = 60 Calories

QUELQUES ALIMENTS DU COMMERCE

(nombres extraits de revues spécialisées)

• Un croissant	45 g	180 Calories
• Un pain au chocolat	70 g	280 Calories
• Un croque-monsieur	146 g	400 Calories
• Un croissant au jambon	107 g	300 Calories
• Une pizza	100 g	200 Calories
• Un Hot Dog	130 g	400 Calories
• Chips	100 g	580 Calories
• Un Milk Shake	250 g	275 Calories

Constatez que le Hot Dog... mangé sans faim n'est pas tout à fait anodin et le paquet de chips non plus.

DES MENUS VACANCES

Vacances d'été ou d'hiver. Plus d'horaire à respecter. Plus de réveil matin. Comment vivre ? Comment faire ? Faut-il s'obliger aux 4 repas habituels ? Peut-on intervertir leur ordre ? Bien sûr, tout est permis... sans pour autant manger n'importe quoi, n'importe quand.

De toute façon, même en vacances les occupations changent chaque jour. Il y a des jours de repos et des jours de grande activité, sportive ou touristique et les menus changent aussi.

Vacances dodo-repos

On reste tranquillement à la maison. On dort, on mange, on lit, on joue, on bavarde... Jour tranquille, profitons-en.

Le petit déjeuner

Votre enfant se lève tôt. Donnez-lui son petit déjeuner habituel.

Votre enfant se lève tard... Un petit déjeuner copieux risque de lui couper l'appétit pour le déjeuner de midi. Faut-il le lui donner quand même... ?

- S'il a faim et souhaite ce petit déjeuner, qu'il le prenne.
- S'il préfère se contenter d'un fruit, d'un yaourt ce sera bien aussi.

A vous de préparer le repas de midi adapté (voir plus loin).

Toute la famille se lève tard (coucher tardif ou lendemain de grande fatigue) la solution la plus simple alors est de préparer un petit déjeuner copieux et varié :

- aliments habituels : lait, pain, beurre, confiture.
- aliments supplémentaires : jambon, œufs, fromage ou pâtisserie.

Chacun mange à sa faim et à son goût, tranquillement. Ce petit déjeuner copieux et tardif supprimera le repas de midi.

On prendra vers 16 h un petit goûter et on préparera pour le soir un dîner copieux et équilibré (voir plus loin).

Le déjeuner de midi

Pour éviter tout gâchis de la part des convives qui ont pris un petit déjeuner tardif, préparez toujours un repas qui peut attendre et se réchauffer avec notamment :

- viandes froides ;
- légumes verts chauds ou froids en salade ;
- fromage ;
- fruits.

Ainsi celui qui a « petit-déjeuné » tôt prendra de tout. L'autre se contentera d'un ou deux plats, selon son appétit.

Mamans de grands adolescents ne vous affolez pas... Votre grand fils de 15 ans peut prendre à 11 heures et demie un vrai petit déjeuner copieux et se remettre à table une heure plus tard avec appétit... pour son plus grand bonheur et celui de son estomac !

Le goûter

à prendre... ou à laisser.

Si l'enfant au repos... à l'horaire des repas un peu perturbé ne veut rien manger, n'insistez pas. Il lui suffira de boire, de l'eau, du jus de fruit ou un verre de lait. Mais surtout que ce goûter esquivé ne soit pas prétexte une ou deux heures plus tard à une débauche de sucreries, pâtisseries pour faire face à une « faim terrible ».

Pour le goûter, une pâtisserie ou une gaufre oui... mais pas ce que nous avons vu souvent sur la plage... l'enfant qui consomme à la suite le paquet de chips, la crème glacée, la bouteille de soda et le paquet de bonbons...

Le dîner

Il devra être copieux, équilibré et varié... Choisissez un des menus déjeuner ou dîner quotidiens avec :

- viande ou poisson ;
- pommes de terre ou pâtes ou riz ;
- légumes verts cuits ou salades ;

• fromage ;
• fruits.

Préparez pour ce repas : pommes de terre dauphinoises, pâtes ou riz au gratin (voir recettes 3 E) pour que les gros appétits soient satisfaits.

Vacances... au trot

Jour de grande activité, été ou hiver avec lever à l'heure normale ou au contraire lever matinal pour course en montagne à la rencontre des chamois... ou grande randonnée cycliste : on roule avant qu'il ne fasse chaud.

Petit déjeuner

Lever à 5 h du matin... peu d'appétit. Boire un thé, un café ou un jus de fruits et grignoter une tartine ou quelques biscuits et en route.

Lever 8 h du matin... prendre les aliments du petit déjeuner normal mais en plus petite quantité pour que la digestion n'entrave pas l'effort physique.

Dans les deux cas emporter dans la musette ou le sac à dos les aliments nécessaires à plusieurs collations et à un grignotage sucré, ce jour-là autorisé, voire indispensable. Il faut :
• du pain ;
• du saucisson et du fromage ;
• des gâteaux secs ;
• des fruits secs : dattes, figues, raisins secs, amandes ;
• une boisson en quantité importante.

Le plus important est d'avoir à boire. Il ne faut jamais manquer d'eau. Tout manque d'eau nuit à la performance sportive et peut retentir aussi sur la santé. Bien savoir que l'organisme manque d'eau avant que la soif n'apparaisse. Buvez donc avant d'avoir soif et en tout cas dès la première sensation de soif buvez, sans attendre.

Le ski, de piste, de randonnée ou de fond est un sport très répandu chez les enfants et les adolescents : le sportif se nourrit de glucides rapides (sucre, miel, confitures, aliments sucrés) mais surtout de glucides lents. Le pain est indispensable au petit déjeuner du skieur. Même l'adolescente soucieuse de sa ligne et qui se contente habituellement d'un œuf et d'un yaourt (elles sont nombreuses) doit, avant de partir au ski manger plusieurs tartines et boire un liquide sucré... le sucre lui permettant de bien « démarrer » et le pain de « tenir ». Nous avons à plusieurs reprises joué le rôle du Saint Bernard au bas des pistes de ski en donnant du sucre, des dattes voire du glucose additionné d'un toni-cardiaque pour savoir qu'on ne peut pas « faire du sport » sans manger. Brûler sa graisse est une bonne chose, mais épuiser toutes ses réserves mobilisables présente un danger. Ne partez pas faire du sport dans le froid en oubliant le « carburant ».

Le déjeuner de midi

Il sera le plus souvent remplacé par des collations répétées tout au long de la journée (marche ou cyclisme) ou la prise, sur les pistes de ski d'un sandwich ou d'une portion de frites... Laissons faire, la casserole ne peut pas suivre !

Le goûter

Après la grande ballade ou la journée de ski, servez :

- à vos enfants affamés : un entremets au lait (crème Velours, gâteau de riz) ou un chocolat au lait avec des tartines ou des gâteaux secs ;
- à ceux qui n'ont pas faim : une salade de fruits ou un grand verre de jus de fruits.

Le dîner

Il sera récupérateur en apportant à la fois les principes nutritifs et l'eau perdus. Nous conseillons :

- un potage de légumes frais (apport d'eau et de sel) ou une salade importante ;
- une part normale de viande ou poisson ;
- des légumes verts ;
- une tarte aux fruits ou des fruits.

Peu de féculents, on a mangé déjà beaucoup de pain dans la journée. Pas de fromages, on en a consommé aussi.

Et bonne nuit.

LES MENUS DU DIMANCHE

On rentre dans le cadre des menus Vacances avec :

- soit le dimanche tranquille à la maison avec lever normal ou tardif, petit déjeuner ou non, déjeuner de midi léger... (voir Vacances Dodo-Repos) ;
- soit le dimanche grande promenade sportive avec petit déjeuner copieux qui supprimera le repas de midi, casse-croûte ou grignotage en cours de promenade et repas classique le soir (voir vacances au trot).

Le repas restaurant est souvent une récompense. Où emmenez les enfants de préférence ?

Allez selon leurs goûts... et votre bourse. Restauration rapide, self service, restaurant chinois ou pizzeria, tout convient pour un jour d'exception. Le cadre, le lieu, l'ambiance sont souvent pour un enfant plus important que ce qu'il trouve dans l'assiette. Ne leur donnez pas ce jour là le potage et le bifteck quotidiens... ce serait dommage ! Veillez simplement à ne pas multiplier les plats ou les quantités absorbées afin d'éviter une digestion difficile qui supprimerait bien vite tout le plaisir de ce repas exceptionnel.

Des invités et des enfants. Comment faire ?

Réception, grand repas famille ou amis... une dizaine de personnes autour de la table, plus les enfants. Que faire des enfants ? :

- les faire manger avant... on sait ce qu'ils mangent et on est tranquille ensuite ;
- les mettre à table avec les adultes... vite ils s'ennuient.

Pas de règle immuable dans ce cas. Tout dépend du nombre d'enfants de leur âge et du lieu... :

• plusieurs enfants du même âge et en vacances... préparez une table à part avec ce qui leur convient ou ce qu'ils viendront prendre dans les plats... ils seront heureux et vous, tranquilles. Ils mangeront puis iront jouer, tout est bien ;

• plusieurs enfants du même âge ou d'âge différents et en ville... Si vous les installez à l'écart ils se sentiront frustrés. Faut il les mettre en bout de table ? Pas forcément... le bout de table pouvant rapidement devenir très bruyant voire explosif ! Le mieux n'est-il pas de les placer parmi les adultes, les petits auprès des parents, les grands auprès de personnes qu'ils connaissent bien et de dire dès le début du repas « Vous mangez à votre goût et vous quittez la table quand vous voulez » ce qui libère à la fois les enfants et les parents. Ne les obligez pas à manger ce plat si bon s'ils n'en ont pas envie. Ne les rappelez pas pour le fromage s'ils n'en veulent pas. Ils sauront bien « sentir » le gâteau ! Mais pour que le repli soit stratégique et non pas perturbateur, préparez pour eux dans une autre pièce, des livres, des jeux, des disques afin qu'ils puissent s'amuser sans vous.

DES MENUS TRÈS PARTICULIERS

« Il part pour la journée en randonnée cycliste...
Il est au lit, il a de la fièvre...
Il ne veut rien avaler...
Il n'arrête pas de manger...
Il mange si mal à la cantine ! »

Autant d'enfants, autant de problèmes... Autant de questions posées par des mamans attentionnées ou inquiètes.

Pour l'enfant sportif, pour l'enfant malade les réponses sont faciles, les directives précises. Pour l'enfant difficile ou boulimique, le nutritionniste peut seulement donner des conseils pas seulement alimentaires d'ailleurs...

Le problème de la cantine ? Il ne devrait pas se poser dans un pays de cocagne qui produit tant de bons aliments. Il ne se posera plus, parents, si vous intervenez, si vous agissez... De bons repas à l'école entraîneraient de bonnes habitudes alimentaires et par la même une bonne santé.

Sur le stade... ou dans les bois.

L'ENFANT SPORTIF

Le sport est important à considérer. Il faut faire du sport dès l'enfance et continuer à le pratiquer tout au long de la vie. On a des jambes et des bras pour marcher, courir, sauter, pédaler, nager, grimper... Le sport fait partie de la vie. Nous n'envisagerons pas ici le cas de l'enfant soumis à un entraînement intensif en vue d'une carrière sportive ou de préparation à des compétitions. Dans ce cas le club sportif dont il dépend doit lui donner des directives précises et le placer « sous surveillance médicale » pour sa croissance, son développement et les conséquences physiques immédiates ou retardées qui découlent de son entraînement.

Nous parlerons seulement de l'enfant qui pratique deux ou trois heures de sport collectif un ou deux jours par semaine ou qui part le dimanche en randonnée cycliste pour tout l'après-midi ; il doit obéir à certaines règles pour être en bonne forme jusqu'à la fin de son activité sportive. Le sport occasionne une dépense d'énergie qu'il faut combler par une alimentation supplémentaire correspondant à la dépense. Il faut, là aussi quelques nombres repères pour avoir une idée de la dépense entraînée, les voici :

Activité	**Dépense en kilocalories par heure d'activité**
marche 5 km/heure	240
marche 7 km/heure	360
course 9 km/heure	720
cyclisme 15 km/heure	420
cyclisme 30 km/heure	900
nage libre 50 m/minute	840
sport collectif de ballon	480
varappe 300 m dénivellée/heure	480
ski de fond	1080
tennis simple	420

Ces nombres ont été calculés pour les adultes et les grands adolescents. La dépense concernant les enfants de plus petit format est moindre. On voit qu'il suffit de faire une heure de ballon ou une heure de bicyclette à un bon rythme pour dépenser de 250 à 500 kilocalories (entre 10 et 16 ans), dépense déjà importante par rapport aux besoins quotidiens normaux (2300 kcal à 10 ans, 3000 à 16 ans).

Que faut-il manger ?

Un supplément alimentaire correspondant à la dépense effectuée mais un supplément « équilibré » c'est à dire apportant comme tous les repas de la journée glucides, lipides, protides et non pas seulement des aliments sucrés par la consommation exclusive de bonbons, confiseries, fruits secs et boissons sucrées.

Que faut-il boire ?

L'eau reste la meilleure boisson du sportif qui doit boire beaucoup pour récupérer l'eau perdue pendant l'effort. Il doit surtout boire avant d'avoir soif, de façon régulière, par petites quantités à la fois car le manque d'eau dans l'organisme existe avant l'apparition de la soif. Ce manque d'eau peut nuire à la performance sportive et entraîner une fatigue prématurée. Dans tous les sports de plein air : cyclisme en campagne, marche en montagne, l'enfant doit toujours emporter son bidon de boisson. *

Application pratique

Avant le sport : règle générale concernant tous les âges et tous les sports : ne jamais prendre un repas important juste avant le début de l'activité sportive. Il faut toujours laisser un intervalle de deux ou trois heures. Ceci répond à un problème de digestion qui, en mobilisant une grande quantité de sang au niveau digestif (estomac, intestin) prive d'autant les muscles qui sont alors moins capables de fournir un effort (c'est le sang qui apporte au muscle oxygène et nutriments... si le muscle reçoit moins de sang, il est moins nourri). Il faut respecter cette règle pour l'enfant sportif amateur et nous pouvons donner les directives suivantes :

- s'il pratique le sport dans la matinée il prendra assez tôt un petit déjeuner copieux comprenant œuf ou jambon ou fromage en plus des aliments habituels : lait, pain ou céréales, beurre ou confiture ;
- si le sport a lieu dans l'après-midi (14 h) il prendra un repas de midi « avancé » à 11 heures. Ce repas comprendra les aliments habituels de son âge mais obligatoirement ce jour là un aliment à glucides lents (pommes de terre, pâtes ou riz) qui libérera les glucides pendant plusieurs heures ;
- si le sport a lieu en fin d'après-midi (18 ou 19 h) ce qui arrive fréquemment pour les lycéens ou

* Dans notre livre « Nutrition, alimentation et sport » nous citons les différentes boissons du sportif : eau, boissons aux fruits, thé, boissons à composer soi même avec sucres et spécialités médicamenteuses apportant les minéraux et les vitamines.

étudiants, il faudra alors instituer un goûter copieux vers 16 heures. Ce goûter comprendra pain-fromage ou lait-céréales ou entremets au lait ou une part de gâteau (toujours pour l'apport de glucides lents). Même la jeune fille de 16 ans qui a sagement réduit son alimentation et presque supprimé son goûter les jours ordinaires (voir plans d'alimentation jeunes filles 14 et 16 ans) devra ce jour-là prendre un vrai goûter pour ne pas être en hypoglycémie au moment de son activité physique.

Pendant le sport : si le sport est de longue durée : tournoi de ballon, cyclisme, marche en montagne, ski de fond... l'enfant emportera dans sa musette des vivres grignotage : gateaux secs, fruits secs, chocolat, pour recharger l'organisme en glucides rapides voire un petit sandwich moelleux mangé durant une pause. Il faut aussi, comme nous l'avons vu, emporter suffisamment de boisson et on peut choisir entre : eau pure, jus de fruits très dilué ou thé léger citronné et légèrement sucré, peut être la meilleure boisson du sportif car elle désaltère, elle stimule et elle peut être bue chaude tiède ou froide avec toujours le même plaisir.

Après le sport : le repas qui suit sera récupérateur, en compensant par un plat supplémentaire la dépense effectuée. Il faut là aussi des nombres repères pour ne pas commettre d'erreurs par excès. Dans nos recettes, 300 kilocalories sont apportées par l'une des préparations suivantes : croustillon, croûte paysanne, croque-monsieur, quiche lorraine, trois crêpes nature (sans sucre ajouté) une part de Crem'olait et 2 biscuits, une part de Clafoutis (le quart de la recette indiquée) ou par le sandwich idéal suivant : 60 g de pain (un quart de baguette) ; 10 g de beurre et une tranche de jambon.

On voit que 300 kilocalories ne représentent pas un apport alimentaire très important. Signalons, par comparaison que :
- 125 g de chocolat (la tablette) apportent 600 kcal ;
- un pain au chocolat ou un croissant en apportent 250 ;

• un demi-litre de boisson aux fruits en apportent 250.

Comme il ne faut pas sans cesse compter ou peser, pratiquement donnez à l'enfant le jour du sport un plat supplémentaire au dîner avec l'un des aliments cités (quiche, croustillon ou dessert) ou bien préparez pour ce soir là un plat consistant tel que pommes de terre dauphinoises. Ce plat est le type même du plat « équilibré » dont l'enfant pourra manger selon son appétit une grosse part ou même deux parts sans aucun inconvénient. Voyez Menus calculés (page 179).

De toute façon l'enfant sportif, comme tous les autres doit être surveillé au point de vue taille et poids afin d'adapter l'alimentation en plus ou en moins selon les paramètres mesurés par rapport aux courbes statistiques.

Au lit... de l'eau...

L'ENFANT MALADE

Mettre à la diète un malade est une notion dépassée. La fièvre ne « nourrit » pas comme on le disait jadis. Sauf dans quelques maladies graves que nous n'envisagerons pas ici, un malade doit boire et manger, l'enfant plus encore que l'adulte car il a peu de réserves ; il est en période de croissance, donc de besoins accrus, et s'il reste plusieurs jours sans manger, il risque de maigrir beaucoup.

Lors des petites maladies d'enfance, l'alimentation est d'autant plus importante que l'enfant sans appétit est un peu difficile. Il faut lui donner des aliments très digestes, appétents, ne risquant pas de perturber son transit digestif et d'apporter ainsi un trouble supplémentaire.

Surtout il faut boire

Boire est le premier besoin du bien portant ; ce besoin devient impérieux pour l'enfant malade et fiévreux. L'enfant malade doit boire beaucoup ; donnez-lui :

• de l'eau pure et plate (Evian, Volvic ou eau de source) quelquefois minéralisée (Badoit, Vichy) ;

• des tisanes (tilleul, menthe) légèrement sucrées s'il préfère ;
• du thé léger : la caféine apporté par le thé peut être utile ;
• des jus de fruits frais notamment jus de pamplemousse et de citron toujours bien supportés, ce qui n'est pas toujours le cas des jus d'orange et de mandarine ;
• du bouillon de légumes... qui apporte des sels minéraux, du sel et convient dans tous les cas.

Il faut éviter le lait qui, lors de fièvre peut être indigeste, entraîner des troubles intestinaux et même parfois provoquer des réactions allergiques (eczéma, asthme) chez des enfants le supportant fort bien habituellement.

Il faut interdire le bouillon de légumes et viande qui apporte des produits de dégradation des protéines : cette erreur est quelquefois commise.

Le bouillon de légumes

Mettre dans deux litres d'eau salée 2 grosses carottes, 2 poireaux, une pomme de terre et cuire pendant une heure. Donner à boire le bouillon clair (eau de cuisson) ou l'ensemble mixé, plus épais et plus nourrissant. Le bouillon se boit chaud, tiède ou froid. Il a du goût, il « passe » mieux que l'eau. Il faut habituer les enfants à consommer le bouillon de légumes préparé par maman, utile dans n'importe quelle maladie et qui embaume la maison en cuisant...

La carafe de jus de fruits

Presser un pamplemousse, un citron. Ajouter un demi-litre d'eau et 2 à 4 morceaux de sucre.

En donnant alternativement un peu de bouillon, un peu de jus de fruits, de l'eau pure... tout au long de la journée, on apporte à l'enfant l'eau dont il a besoin, surtout s'il ne prend aucun autre aliment, cas fréquent le premier jour de la maladie avec poussée thermique.

Un conseil très important : un enfant fiévreux ne doit pas être enfoui sous de grosses couvertures ni se trouver dans une pièce trop chauffée, ce qui peut faire encore monter la fièvre (le coup de chaleur) et aggraver son état ; d'autant plus qu'un enfant fiévreux et qui dort beaucoup risque de ne pas boire assez.

Il faut manger

Des aliments digestes, peu gras, donnés par petites quantités sont nécessaires dès que l'enfant les accepte et les supporte. On commence par des aliments liquides :

• bouillon de légumes mixé ou mouliné ;
• purée de légumes faite avec les légumes du bouillon en diluant avec l'eau de cuisson et en ajoutant une noisette de beurre frais ;
• compote de pommes légèrement sucrée ;
• yaourt légèrement sucré ;

Dès que la fièvre diminue et que l'appétit revient, on passe à un régime normal mais léger en ajoutant viande grillée moulinée, poisson poché finement émietté... puis peu à peu du lait dans les purées, comme à l'ordinaire.

En fait, le régime d'un malade, quel que soit son âge, doit se rapprocher du régime d'un petit enfant, fait d'aliments très digestes, facilement consommables et répartis en plusieurs petits repas.

Menu-type

Pour toutes les maladies de la petite enfance : varicelle, rougeole, oreillons, rhino-pharyngites, angines, grippe qui entraînent fièvre et inappétence :

Les premiers jours, l'enfant fiévreux n'a pas faim

au réveil : thé ou jus de fruits
une ou deux biscottes confitures

matinée : une petite banane écrasée ou un peu de compote

midi : bouillon de légumes ou purée de légumes
yaourt sucré

goûter : biscotte confitures ou gâteaux secs
compote
un jus de fruits

soir : potage de légumes
compote.

On donne à boire par demi-verre, tout au long de la journée, les boissons précédemment citées.

L'enfant va mieux : on ajoute au repas de midi viande ou poisson ou jambon dans la purée ; on donne au repas du soir un peu de riz avec du fromage râpé et un yaourt supplémentaire s'il le désire.

L'enfant est guéri : par ajouts successifs au fur et à mesure de l'amélioration de son état, on arrive au régime normal correspondant à son âge. On évitera de donner pendant quelques jours des aliments lourds ou indigestes : charcuteries, sauces, aliments riches en œufs... etc.

Quelques cas particuliers

Même sans fièvre, même sans maladie apparente, certains symptômes doivent attirer l'attention et la vigilance maternelles.

Diarrhée

- supprimer le lait ;
- donner à boire de façon fréquente : eau à température ambiante, bouillon de carottes (ou bouillon de carottes et riz) thé léger très légèrement sucré. Ne jamais donner une boisson trop froide ;
- alimenter avec purées de carottes et riz (ajout de viande grillée ou poisson poché), yaourt, pomme crue râpée ou gelée de coings excellente dans ce cas.

Les diarrhées doivent être rapidement stoppées car elles font perdre de l'eau (risque de déshydratation et de perte importante de poids) et aussi des sels minéraux (potassium notamment) ce qui peut entraîner des troubles importants.

Notion essentielle à connaître : l'enfant doit absorber autant d'eau qu'il en perd, boire est le premier traitement des diarrhées. De toute façon, l'avis du médecin est toujours nécessaire dans ce cas.

Vomissements : un vomissement dû à une consommation trop importante d'aliments sains est sans grande importance. Il s'agit d'une « indigestion », l'organisme expulse ce qui le gêne et tout s'arrange en général assez vite.

L'enfant doit se rincer la bouche pour enlever tous les mauvais goûts et boire par petite quantité à la fois de l'eau fraîche (non glacée mais très froide). On peut dans ce cas donner une eau légèrement sucrée ou légèrement salée et bicarbonatée (Vichy notamment). On donnera uniquement dans la journée qui suit bouillon de légumes, jus de fruits et compotes ; on reprendra le jour suivant une alimentation normale mais légère.

Si le vomissement est dû à la consommation d'un aliment altéré, c'est déjà plus sérieux car il peut se reproduire plusieurs fois entraînant des efforts très pénibles, une grande fatigue à la limite parfois du malaise. Il faut, là encore, apporter de l'eau, mais difficulté supplémentaire : les vomissements répétés ne permettent pas toujours à l'enfant de garder cette eau absorbée. Faites le boire par très petite quantité à la fois et froid, le jus de pamplemousse est souvent bien supporté.

Là aussi le médecin est nécessaire pour vérifier l'état de l'enfant, rassurer les parents et prescrire éventuellement le médicament qui calmera les vomissements et améliorera de ce fait immédiatement son état.

Acétone : la fameuse « crise d'acétone » survient chez des jeunes enfants sensibles après un excès de... chocolat, matière grasse, œufs, après l'ingestion d'un aliment altéré, ou lors de poussée fébrile au cours d'une maladie infantile. Elle se traduit par des vomissements répétés ou des efforts de vomissements sur un estomac vide. Elle peut obliger à la « perfusion » de sérum physiologique et glucosé pour rétablir l'équilibre électrolytique et guérir l'enfant. Toutefois il existe au tout début des vomissements, des moyens plus simples tel l'absorption de Coca-Cola qui, par l'apport de sucre et de potassium, suffit parfois à tout remettre dans l'ordre. Si cette thérapeutique facile et agréable ne suffit pas une injection intra-musculaire d'extrait d'artichaut (Chophytol) à renouveler éventuellement quelques heures plus tard permet souvent d'obtenir la guérison rapide.

Face à un enfant qui vomit, qui est pâle et

fatigué, il faut toujours penser à l'acétone et pour le vérifier, recueillir un peu d'urine et la faire analyser par le pharmacien.
Certains cas frustes d'acétone se traduisent simplement chez des enfants entre trois et huit ans par des nausées, un manque d'appétit, une « petite mine ». Il faut là encore rechercher l'acétone dans l'urine afin d'établir si nécessaire le même traitement.

Constipation : ce n'est pas une maladie mais un état quelquefois rencontré chez les enfants et contre lequel il faut lutter pour ne pas laisser s'installer une constipation... éternelle. Sur le plan alimentaire il est conseillé de :

- supprimer les excès de sucre : bonbons, confiseries ;
- boire beaucoup d'eau ;
- consommer beaucoup de légumes et salades ; ils agissent par le double apport d'eau et de fibres alimentaires qui font du « lest » dans l'intestin. Il faut consommer aussi des fruits en quantité normale : 2 à 3 par jour et non pas des gâteaux secs en dessert...
- consommer du pain en quantité normale (voir Plans d'alimentation selon les âges).

Un enfant qui se nourrit d'aliments concentrés : pommes de terre, pâtes, riz, mange beaucoup de produits sucrés par gourmandise, a toutes raisons d'être constipé. Il faut absolument ré-introduire dans son alimentation les aliments riches en fibres alimentaires que nous avons cités.

On connaît depuis longtemps l'action favorable des pruneaux : faire tremper trois pruneaux toute une nuit dans un peu d'eau et les consommer au matin.

L'enfant alité longtemps : si pour une maladie grave n'entravant pas l'appétit ou pour une raison physique (accident, fracture) l'enfant est immobilisé longtemps, son alimentation sera celle qui correspond à son âge, un peu diminuée seulement en quantité pour le pain, les pâtes, le riz, les pommes de terre... car, sans aucune activité physique, l'enfant a des besoins énergétiques moindres. En revanche on ne doit pas diminuer les principes nutritifs « de construction » que sont les produits laitiers, la viande, le poisson, les œufs car il a besoin de ces matériaux pour réparer son organisme et pour continuer sa croissance. Seuls les aliments riches en glucides et en lipides doivent être réduits pour ne pas entraîner une prise de poids.

Pour la même raison, éviter de « gâter » l'enfant ou plutôt de le gaver en lui offrant sans cesse bonbons, confiseries, pâtes de fruits, chocolats...

Tous ces conseils, toutes ces indications concernent les enfants de tout âge : un petit enfant est certes plus fragile qu'un grand, d'autant plus qu'il ne sait pas toujours exprimer ce qu'il ressent et dire où il souffre... mais il faut aussi savoir s'occuper d'un grand adolescent qui vomit, souffre beaucoup... et a peut-être besoin d'une aide rapide.

QUELQUES ENFANTS « DIFFICILES »

L'enfant gros

C'est parfois une question de « tempérament », de morphologie. De même que certains enfants seront maigres en mangeant fort bien, de même certains seront gros sans manger trop... Cela impose de toute façon de surveiller ce qu'ils consomment. Plus souvent, le surpoids est dû à une nourriture trop abondante ou déséquilibrée avec excès d'aliments sucrés ou gras.

Les enfants qui consomment aux repas pomme de terre, pâtes ou riz et refusent tout le reste... qui, au goûter dévorent croissants et pains au chocolat l'hiver et crèmes glacées l'été... qui ne boivent jamais d'eau pure mais toujours des boissons sucrées même aux repas risquent fort d'être gros et de devenir obèses. Ces erreurs par excès sont souvent constatées dans les familles où l'enfant « commande »... Nos plans d'alimentation montrent assez la faible part du sucre dans une alimentation équilibrée et la petite quantité de matière grasse ajoutée pour cuisiner. Dès que l'on dépasse les quantités de sucre et de matière grasse nécessaires, on risque d'aller vers un excès de poids, difficile ensuite à réduire.

Un enfant en surpoids doit donc suivre le régime d'un adulte dans le même cas, c'est-à-dire :

- supprimer les sucres en l'état (on autorise seulement un morceau de sucre pour le petit déjeuner et une cuillerée à café dans le yaourt de la journée) c'est-à-dire toutes les confiseries, sucreries et toutes les boissons sucrées ;
- réduire les aliments dits « féculents » : le pain, les pommes de terre, les pâtes, le riz et remplacer par beaucoup de légumes verts consommés nature et non pas, bien entendu, noyés dans le beurre ou la crème ;
- consommer en quantité normale viande, poisson, produits laitiers allégés ou écrémés afin d'avoir en quantité suffisante les aliments de « construction » et de « réparation » continuelle de l'organisme.

L'enfant gros doit aussi faire du sport – alors qu'il en a moins envie que les autres – car manger moins et faire du sport, voilà un double moyen pour maigrir .

L'enfant maigre... et en bonne santé apparente

Son alimentation est-elle suffisante en quantité et en qualité ? Voir le plan d'alimentation correspondant à son âge et comparer les quantités de lait, viande, pain, fruits... aliments féculents conseillés et ce qu'il mange vraiment. S'assurer qu'il dort suffisamment (pas de télévision tardive ou de lecture au lit jusqu'à minuit...)

Il faut vérifier qu'il n'a pas de parasites (vers intestinaux) et qu'il ne présente aucune anomalie biologique d'où l'utilité d'un examen de sang (numération, formule sanguine, hémoglobine, glucose, cholestérol, sodium, potassium, calcium, magnésium).

Si tout est normal, il faut continuer à bien le nourrir et attendre... qu'il grossisse ou ne grossisse pas. Certains sujets restent maigres toute leur vie sans en souffrir et les gaver ne sert à rien...

L'enfant qui ne mange rien...

C'est souvent l'enfant d'une maman inquiète, à tort ou à raison.

Deux cas se présentent :

- il mange peu mais il est de poids normal et va bien. Cela veut dire qu'il a un « bon pouvoir transformateur », c'est-à-dire fait profit de ce qu'il mange, ne « gâche » pas. Aucun problème : on le laisse manger peu et l'on surveille sa croissance et son état de santé ;
- il mange peu et il est un peu maigre. Il faut alors agir sur son appétit. Certains médicaments savent exciter l'appétit. Certaines « bonnes recettes » ont le même pouvoir et devant un enfant apathique à table, il faut savoir multiplier et varier les plats pour trouver ce qui lui plaît. Parfois on fait manger l'enfant avant les parents pour pouvoir le coucher tôt, c'est peut être une erreur. L'enfant mis à table avec les parents mange aussitôt mieux, goûte à tout et tout s'arrange. Un enfant n'est pas une petite mécanique à qui il suffit de dire « mange, bois et dors »... Il a sa personnalité, peut être a-t-il besoin, pour manger, de voir les autres en faire autant.

Enfin attention à l'enfant qui ne mange pas à table mais qui en fait mange en dehors des repas plus qu'on ne croit. Encore une fois attirons l'attention sur le danger des bonbons-sucreries qui « coupent » l'appétit : l'enfant n'a plus faim à table et ne consomme pas les aliments dont il a besoin.

L'enfant fatigué par moments

Vérifier qu'il ne saute pas de repas, qu'il prend un petit déjeuner suffisant et un goûter (voir les commentaires des plans d'alimentation selon les âges). Vérifier aussi qu'il ne consomme pas trop de sucre, bonbons notamment entre les repas en raison du fait biologique suivant : la consommation de sucre donne dans les minutes qui suivent une élévation du sucre dans le sang (hyperglycémie) ce qui est normal ; par réaction, une baisse du sucre dans le sang (hypoglycémie) survient dans l'heure qui suit, ce qui est normal aussi ; mais s'il y a une consommation importante de sucre... chez certains enfants, cette réaction d'hypoglycémie peut être exagérée et entraîner fatigue, voire malaise. Diminuer la quantité de sucre consommé pur en dehors des repas est donc aussi une thérapeutique.

L'enfant nerveux

Vérifier toujours que l'alimentation apporte bien tout ce qui lui est nécessaire vu son âge. S'il n'y a aucune raison médicale à cet énervement (une analyse biologique peut être utile voir celle proposée pour enfant maigre), calmez le par des jeux ou du sport. Une séance de 10 minutes de punching-ball, ballon pendu à un plafond ou fixé sur un socle dans sa chambre ou dans un couloir proche amènera une heure de calme et en tapant sur le ballon... il ne risquera pas de taper, par mégarde sur le petit frère...

L'ENFANT A LA CANTINE

Il mange si mal à la cantine ! Que faire ?

Tout d'abord, protestez auprès de l'organisme responsable. De nombreux enfants vont prendre leur repas de midi à la cantine scolaire ou universitaire pendant 15 ou 20 ans... Cela vaut la peine d'intervenir. Protestez. Exigez de connaître, à l'avance le menu et demandez qu'un responsable de l'association des parents d'élèves puisse régulièrement s'entretenir avec le dirigeant de la cantine et assister au repas pour vérifier les menus pré-établis.

Dans un pays de cocagne, la cantine scolaire doit servir de bons repas. Si le responsable n'a pas d'idées, donnez-lui en... Je vais vous y aider :

- la viande chaude « à laquelle on ne peut pas donner un nom » disaient nos trois fils n'est pas obligatoire. Votre enfant préférerait sans doute une belle tranche de viande bien parée et froide : rosbif, poulet ou jambon ;
- la viande avec les déchets, le poulet avec les os ne sont guère faciles à consommer par les petits... les croquettes de viande hachée bien dorées leur plairont davantage ;
- les pommes de terre dauphinoises, les gratins de pâtes et de riz cuits à point sont toujours appréciés et se conservent chaud ;

• les crudités sont utiles mais pas toujours bien consommées par les petits, la pomme ou l'orange non plus. Qu'on leur donne à la place un jus de fruits frais pour commencer le repas ou une salade de fruits pour le terminer. Ce sera mieux.

Protestez, agissez et puis si vous n'avez pas rapidement gain de cause complétez le repas de cantine de vos enfants en leur mettant dans la poche ou dans le sac un ou plusieurs aliments facilement transportables et qui se consomment discrètement :

• un morceau de gruyère ou un fromage portion peu fragile ;
• un œuf dur ;
• un fruit.

Veillez aussi au petit déjeuner qui ne doit pas être escamoté ou réduit. Donnez éventuellement pour ce repas œuf, jambon ou entremets au lait. Donnez chaque soir une bonne part de viande ou poisson, un plat de légumes ou féculent, un dessert laitier et le déficit alimentaire du repas de midi sera compensé.

QUELQUES MENUS EXTRAORDINAIRES

LES GOÛTERS D'ENFANTS

Les plats servis doivent être originaux, appétissants et très digestes... attention à tout ce qui peut faire des dégâts !

L'été : *petits canapés ou petits sandwichs* faits avec des pains au lait petit modèle (moitié du format habituel soit pain de 20 grammes, que tous les boulangers préparent sur demande). On les garnira de jambon ou fromage ou de « *Mousse de foie Maison* » préparée comme suit :

- 150 g de foie de lapin, volaille ou porc ;
- 20 g de beurre frais non dur ;
- 2 œufs durs ;
- une cuillerée à café de sel ;
- des fines herbes finement coupées ;
- une cuillerée à soupe d'huile d'arachide.

Faire cuire doucement le foie dans une poêle anti-adhésive huilée. Le hacher ainsi que les œufs durs (pour cette petite quantité, la moulinette à main est le meilleur instrument).

Placer l'ensemble dans une assiette creuse. Ajouter le sel, les fines herbes et le beurre frais. Écraser et mélanger à la fourchette pour obtenir une pâte lisse et homogène. Rassembler cette préparation dans un petit bol que l'on place au réfrigérateur un moment. On obtient un pâté délicieux et très digeste qui s'étale bien sur les petits pains. Cette mousse offre le grand avantage d'être facile et rapide à faire, sans avoir à utiliser ni moule ni four...

Tartelettes individuelles aux fruits ou grande tarte (si gâteau d'anniversaire avec bougies).

Salade de fruits frais (tous les fruits de la saison : fraises, framboises, kiwis, tranches de pommes, d'orange, petits morceaux de mangue, d'ananas etc.) : le tout saupoudré de sucre et arrosé d'un peu de citron.

Boisson : eau et jus de fruits frais servi en carafe.

L'hiver : *tartelettes aux poireaux ou quiches ou pizzas* préparées dans des moules individuels de petit format et servies chaudes ou Croustillons sur demi tranche de pain de mie.

Gâteau fourré (le Sept Fois Six) que l'on peut garnir avec un mélange de pommes et poires coupés en petits morceaux et cuits dans la casserole, ce qui donne un gâteau plus frais qu'avec la confiture.

Salade de fruits frais ou fruits au sirop

Boisson : eau et jus de fruits

OU

le Goûter : crêpes ou gaufres

Boisson : chocolat au lait.

QUELQUES MENUS SANS VIANDE

Omelette de pommes de terre
Salade verte
Camembert
Fruits

Concombre au yaourt
Œufs cocotte à la crème
Petits légumes
Tarte aux pommes

Carotte râpée citron
Chou fleur – pomme de terre
Béchamel œuf dur
Fromages
Pommes cuites

Tomate en salade
Soufflé au fromage
Chou parmentière
Fruits

Pommes rissolées au fromage
Salade composée
Crème Velours

Croustade de champignons
Carottes au lait
Fromages
Fruits

Croquettes de pommes de terre
Salade verte
Fromages
Poires à la nage

Pâtes au gratin
Salade verte
Fromages
Œufs à la neige

Omelette aux champignons
Épinards Purée
Yaourt
Fruits

Tomates provençales Riz
Œufs au plat
Salade verte
Roquefort

Potage de légumes
Pat'à l'œuf
Fromage
Le Sept Fois Six

Soupe au pistou
Salade frisée
Crottin chaud
Tarte fermière

Potage de légumes vermicelle
Poireaux en salade
Gâteau de Grand Mère
Clémentine

Quiche aux poireaux
Rizotto
Salade verte
Pruneaux cuits

LES MENUS VITE FAITS

Pas le temps de cuisiner, on sort...
Repas froid : viande froide cuite la veille : poulet ou rôti de porc ; salade composée avec riz (ou pomme de terre) ; Clafoutis ou Sept Fois Six cuits la veille.
Repas cuit tout seul dans four programmé : poulet rôti, pommes de terre dauphinoises ; Fruits.
Repas conserve : Bifteck ou escalope ; Haricots verts ou Pois carottes (conserve) ; Fromage ; Fruits.

LE MENU COCHON PAS CHER

- Pain ; rillettes ; potée de légumes.
- Pommes de terre ; chipolatas.
- Fruits cuits ou crus.

Ni fromage ni pâtisseries... il y a assez de matières grasses dans les cochonailles.

LE MENU « TARTE »

Étaler la Pat'a'tout sur le fond d'une grande tourtière rectangulaire. La partager en son milieu par une bande de pâte assez haute. Placer d'un côté des pommes et de l'autre la garniture de pizza ou tarte aux poireaux. Vous aurez ainsi « le plat » et le « dessert ». Compléter avec une salade verte et des pommes de terre en robe des champs. Voici un repas parfait.

LE MENU « FROMAGES »

- Potage de légumes classique.
- Plateau de fromage « grand choix » avec camembert, coulommiers ou brie ; fromages de chèvre ; reblochon ou pont-lévêque ; comté, tome ou fromage de hollande ; fromage frais 20 % de mat. grasse.
- Pain ordinaire, pain de campagne, pain aux raisins ou aux noix.
- Fruits frais de saison.

MENU D'ANTAN

- Potage de légumes classique.
- Pommes de terre robe des champs.
- Poisson fumé en filets.
- Salade verte.
- Mandarines. « Mendiants ».

MENU CRÊPES

- Potage de légumes classique.
- Crêpes de sarrasin aux lardons.
- Salade frisée.
- Roquefort.
- Pomme cuite.

Faire fondre dans la poêle du lard maigre coupé en très petits morceaux. Mettre d'un côté les lardons, de l'autre la graisse. Préparer la pâte à crêpe avec moitié farine blanche moitié farine de sarrasin. Pour faire les crêpes, placer un peu

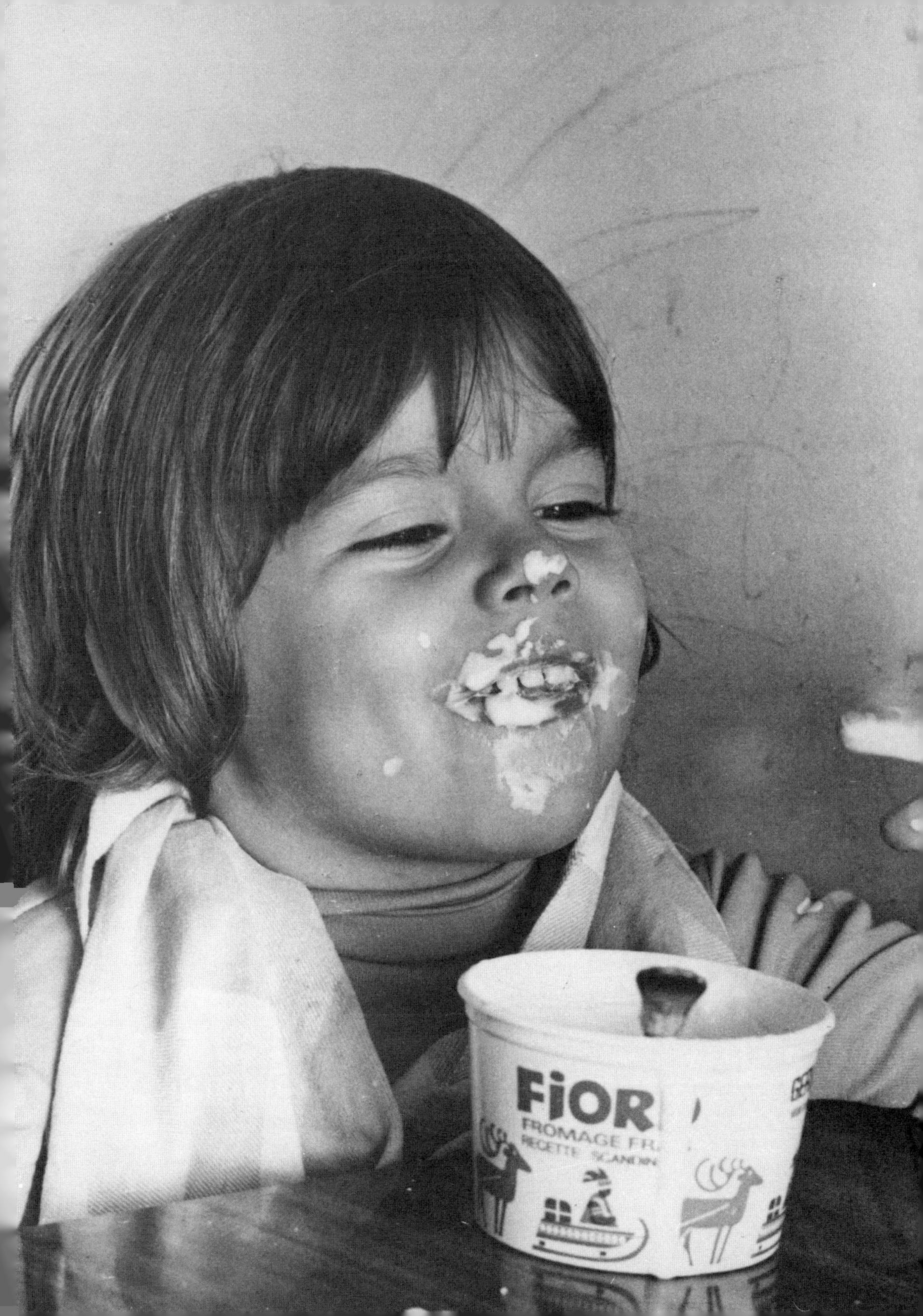
FiOR
FROMAGE FR
RECETTE SCANDIN

de graisse dans la poêle, quatre lardons et verser par-dessus la cuillerée de pâte.

Rouler la salade frisée dans la crêpe et savourer...

LES MENUS DU LENDEMAIN

Avec les restes, que faire ?

Il reste : **des légumes ;** on les prépare : en vinaigrette, en potage « aux restes », en gratins, avec simplement du fromage ou ajout de béchamel.

Il reste : **des pâtes, du riz ;** on les prépare : en potages ou gratins.

Il reste : **de la viande rôtie ;** on la prépare :
- froide : avec salades, avec Sauce Mousse ;
- réchauffée viandes blanches, veau, poulet, porc, avec sauce tomate ou Béchamel ;
- non réchauffée viandes rouges rosbif, gigot, arrosée de sauce Porto aux champignons bien chaude ;
- en croquettes.

Il reste : **de la viande de pot au feu ;** on la prépare en :
- salade parmentière Mamy ;
- boulettes sauce tomate ;
- farce pour courgettes, pavé farci.

Il reste : **des viandes cuisinées :** lapin à la moutarde, canard à l'orange, poulet basquaise, poisson Potagère se réchauffent très bien, de préférence au bain marie ou à four doux en prenant la précaution d'ajouter un peu d'eau dans la sauce.

LES MENUS FACILES UN SEUL PLAT :

Pot au feu ou potée + Fruits
- prévoir pour les enfants jambon et riz ;
- ne servir ni fromage, ni salade, il y a assez de matière grasse et de légumes dans le plat unique.

LES RECETTES

Un, deux ou trois plats pour un repas...
Un plat complet ou plusieurs « petits plats » ?
Choisissez selon vos talents et surtout votre temps.

...Suivez bien ces recettes, faciles et rapides à préparer et vous deviendrez rapidement un vrai cordon bleu !

LES HORS-D'ŒUVRE

Premier plat repas, le hors d'œuvre peut être :
• un simple plat en vinaigrette de salades, crudités ou légumes cuits.
• un plat froid de viande ou poisson (pâté, charcuterie, poisson mayonnaise, sardines à l'huile)
• un plat chaud (pizza, quiche, friand)

Dans l'optique d'une alimentation de santé c'est à dire n'apportant ni trop d'énergie, ce qui arrive en multipliant les plats, ni trop de matière grasse en consommant souvent des charcuteries et sauces grasses, il ne faut pas servir trop souvent les plats riches en hors d'œuvre.

La quiche, la pizza, le pâté en croûte ou le soufflé au fromage peuvent être le premier plat exceptionnel d'un repas de fête mais doivent surtout représenter le plat principal de quelques repas ordinaires car tout à fait différents du bifteck ou du poulet habituel, ils apportent variété à l'alimentation et plaisir de manger. Pour le quotidien, le hors d'œuvre doit se limiter aux crudités-salades étant bien entendu qu'on peut facilement améliorer et embellir ce plat en ajoutant :
• des crevettes ou petits morceaux de poisson froid ;
• des lamelles de jambon ou dés de viande froide ;
• des rondelles d'œuf dur.

Tous ces petits ajouts appétissants et colorés, bien disposés sur la demi-tomate ou autour des haricots verts, vont tenter les enfants et leur faire consommer plus facilement les légumes en salade.

LES SALADES

Laitue et **batavia** classiques, tendres et vertes, à servir aux petits pour commencer.

Scarole et **frisée,** vertes et jaunes, croquantes.

Salade de Trévise, verte et rouge pour faire de beaux saladiers.

Cresson, mâche, pissenlit, salades étranges à ne pas oublier.

Endive, pas beaucoup de goût ni de couleur mais facile à préparer l'hiver ; quelques morceaux de betterave rouge, des cerneaux de noix ou des rondelles d'œuf dur savent l'égayer et la rendre appétissante..

Salades chaudes au lardons :

Avec salade frisée ou pissenlit (ajouter en plus des œufs durs).

Bien laver les salades, les essorer et les placer dans le saladier, avec sel, poivre (œufs durs).

Faire cuire doucement dans une poêle pour qu'ils fondent sans brûler des lardons (petits dés de lard maigre frais) les lardons libèrent leur graisse (qui remplacera l'huile habituelle).

Lorsqu'ils sont bien fondus, ajouter dans la poêle chaude le vinaigre nécessaire pour l'assaisonnement de la salade (une cuillerée à soupe pour 4 personnes). Verser aussitôt le contenu de la poêle sur la salade et remuer vivement.

Selon la quantité de lard utilisé il faut ou non ajouter un peu d'huile pour compléter l'assaisonnement.

...les trois petits morceaux de lard feront manger trois feuilles de salade aux enfants difficiles !

LES LÉGUMES CUITS EN SALADE

Haricots verts, chou-fleur, choux brocolis, poireaux, artichauts, carottes, cuits et refroidis, s'ajoutent aux salades et crudités classiques pour former de beaux plats qui deviennent hors d'œuvre ou plat principal. En effet lorsque, pour un repas, on prépare un plat de viande original à consommer sans légumes... (canard à l'orange, lapin à la moutarde, le Nid ou le Farci.) on a intérêt à servir pour débuter, un plat important de légumes en salades, ce qui apporte les légumes indispensables, emplit un peu l'estomac, permet de commencer le repas sans précipitation (plat froid) et évite de se jeter affamé sur le plat de viande « de qualité » qu'il faut déguster et non dévorer... Il est facile de disposer les légumes avec art, en alternant les couleurs ; on peut ainsi réaliser de vrais décors, de vrais tableaux qui entraîneront curiosité et appétit des enfants. Préparé à l'avance et mis au frais, ce plat froid libère la maîtresse de maison du travail de dernière minute et lui permet de souffler avant le repas... ce qui est très important ; nous avons déjà dit que la mère de famille ne doit pas être une esclave !

De vrais tableaux.

Le drapeau

vert, blanc, rouge.

Disposer l'un près de l'autre et se touchant 3 rectangles faits avec :

- vert : chou brocolis cuit et haché au couteau ;
- blanc : chou fleur cuit en petits morceaux (ou riz) ;
- rouge : tomate sans peau et coupée en fines rondelles, ou carotte râpée.

Former la hampe du drapeau avec une tige de persil.

Arroser l'ensemble de sauce vinaigrette.

L'arbre au soleil

vert, rouge, orange.

- vert : poireaux cuits ou chou brocolis ;
- rouge : tomate ou betterave crue râpée ;
- orange : carotte râpée.

Former le tronc et les branches de l'arbre avec les poireaux ou le chou. Placer des petites demi-tomates ou rondelles dans les branches (fleurs). Former au dessus de l'arbre un soleil avec la carotte râpée.

Arroser l'ensemble de sauce vinaigrette.

La fleur rouge au cœur d'or

rouge, jaune et vert.
- rouge : les pétales faites en carotte râpée ;
- jaune : le cœur qui est un fond d'artichaut ou du chou-fleur ou du riz parsemé de grains de maïs ;
- vert : salade finement coupée.

Autour du fonds d'artichaut, disposer la carotte râpée en forme de pétales. Former la tige avec un brin de persil et accrocher des feuilles en salade.

Arroser l'ensemble de sauce vinaigrette.

Laissez vos enfants assembler les légumes cuits et réaliser « leur tableau »... ils consommeront mieux encore les légumes !

La petite fleur du tout petit

Pour le 3 ans qui refuse les crudités on préparera une mini-assiette : une rondelle d'œuf dur au centre forme le cœur de la fleur, de fines lamelles de betterave rouge, de tomate bien ferme, des petites cuillerées de carotte râpée forment les pétales multicolores, un brin de persil devient la tige. Le tout arrosé d'un peu de vinaigrette.

LES CRUDITÉS

Tomate, épluchée de préférence pour les petits.

Carotte râpée en quantité croissante et jamais en excès.

Concombre épluché obligatoirement, en petite quantité à cause des graines qui peuvent accélérer le transit intestinal ;
sauce vinaigrette ou yaourt.

Céleri en branche, fenouil, céleri rave râpés ou émincés contiennent une cellulose dure, à éviter pour les petits enfants.

Betterave rouge crue et râpée, une crudité « très moderne » qui ajoute goût et couleur à un plat.

Champignons crus coupés en lamelle : en vinaigrette, en sauce yaourt ou en sauce tomate froide.

Chou rouge, vert et **blanc,** râpés ou finement coupés.

Radis rouge et **radis noir.**

Betterave rouge cuite, **cœur d'artichaut, grains de maïs** bien que cuits rejoignent les crudités classiques.

Avocat, aliment « gras » : quelques rondelles pour un beau plat.

Salade fantaisie

Un mélange de salade verte, tranches de tomate (radis, betterave champignons... si on les a sous la main) :

- quelques morceaux de pomme fruit ;
- quelques petits cubes de gruyère ;
- quelques rondelles d'œuf dur.

Tout cela en sauce vinaigrette... un saladier coloré et joyeux... un moyen certain de faire manger de la salade aux enfants.

Salade niçoise

Un mélange des crudités énoncés ci-dessus, de quelques petites feuilles de salade verte, de riz cuit ou de grain de maïs... accompagné de thon (à l'huile ou au naturel) et d'œufs durs (un par personne) forme un plat viande-légumes. Vinaigrette à l'huile d'olive, de préférence. Avec un potage et un fruit, voilà un dîner équilibré, original et qui plait.

LES SAUCES FROIDES DES HORS-D'ŒUVRE

(pour 4 personnes)

Sauce Vinaigrette

- une petite cuillerée à soupe de vinaigre, sel, poivre ;
- deux cuillerées à soupe d'huile de tournesol ou de maïs ;

• herbes fraîches coupées finement : cerfeuil, estragon, ciboulette.

Sauce Citron

On remplace le vinaigre de la sauce vinaigrette par du citron.

Sauce Yaourt

On ajoute dans l'une ou l'autre des sauces précédentes une ou deux cuillerées à soupe de yaourt nature, ce qui allonge la sauce ; convient surtout pour les concombres, les champignons crus et pour « napper » poisson froid, « poisson lune », paté de poisson ou un reste de viande blanche.

Sauce Mousse

- un œuf ;
- une cuillerée à café de moutarde forte ;
- sel, poivre, ail et estragon finement coupés ;
- quatre cuillerées à soupe d'huile d'arachide ; 60 grammes de fromage blanc maigre soit 2 cuillerées à soupe ;
- le jus d'un demi citron.

Dans un bol on mélange jaune d'œuf et moutarde, sel, poivre, ail et herbes. On ajoute l'huile en tournant sans cesse puis le fromage et le citron préalablement battus. On ajoute enfin le blanc d'œuf battu en neige ce qui donne une sauce légère, mousseuse, peu grasse pour accompagner le poisson froid, les patés de poisson, les légumes et toutes les viandes froides rouges ou blanches.

Sauce Tomate

La sauce tomate classique, refroidie et relevée avec estragon ou ciboulette convient pour assaisonner les champignons crus et napper poisson froid ou crevettes. Donne goût et couleur pour un beau décor.

LES PLATS FROIDS

Cornet gourmand

Des légumes mélangés assaisonnés de sauce mousse placés dans une tranche de jambon roulée en cornet.

Préparer le mélange de légumes frais « Quatuor d'été ». Laisser bien refroidir. Le mélanger à une sauce Mousse et glisser ce mélange dans les tranches de jambon.
Voir aussi : Poisson Lune, Paté de poisson tricolore, Paté de lapin et galantine de volaille.

LES PLATS CHAUDS ET LEURS SAUCES

Les petits plats à base de béchamel ou de sauce tomate, croustillon, croute paysanne, pizza que nous plaçons le plus souvent au repas du soir peuvent devenir premier plat supplémentaire pour satisfaire l'appétit très grand des adolescents et des enfants sportifs.

La sauce Béchamel

La « bouillie » de tous les âges, permet de consommer avec plaisir poisson et légumes et de préparer de nombreux plats : soufflés, croustillon, croûte paysanne. Elle apporte un supplément d'énergie peu coûteux.

Pour 10 cuillerées à soupe de sauce :

- 30 g de beurre ;
- 60 g de farine ;
- 400 g de lait demi-écrémé.

Faire fondre le beurre doucement (il ne doit ni brûler ni bouillir).

Ajouter aussitôt la farine versée en pluie, tout en tournant à la cuillère de bois, puis ajouter peu à peu le lait froid. Laisser cuire en tournant constamment pendant 7 minutes environ. Saler, poivrer, ajouter éventuellement un peu de noix de muscade râpée.

LE MIXEUR-BATTEUR AU SECOURS DES SAUCES « RATÉES »

Jadis faire une béchamel ou une crème anglaise était l'apanage des bonnes cuisinières... Aujourd'hui on peut aller vite, chauffer trop ou tourner trop lentement... le mixer est là pour transformer une sauce pleine de grumeaux en une sauce très lisse. Ce « rattrapage » entraîne une légère liquéfaction de la sauce.

La sauce béchamel se conserve bien au congélateur. Il faut alors préparer une sauce assez épaisse en grande quantité, la répartir dans des sachets plastiques et au moment de l'emploi, la faire réchauffer et la mixer rapidement pour lui redonner tout son velouté.

Il est très important de respecter la consigne suivante : si l'on ajoute du lait froid, on peut laisser la casserole sur le feu. Mais si l'on ajoute du lait chaud, il faut absolument faire cet ajout la casserole hors du feu, sinon il se forme des grumeaux difficiles ensuite à faire disparaître.

Si la sauce béchamel doit attendre, on place la casserole qui la contient dans une casserole plus grande emplie d'eau chaude, afin de réaliser un bain-marie qui lui évite de sécher ou de coller au fond de la casserole.

La sauce béchamel est importante dans l'alimentation des enfants elle s'incorpore à de nombreux plats qu'elle complète et rend appétissants.

Se conserve bien au congélateur. On a ainsi toujours de la sauce toute prête pour préparer croustillon, croûte paysanne, ou ajouter à un légume.

UN BON MAQUILLAGE POUR LES LÉGUMES PÂLES

La sauce tomate

Colorée, douce ou relevée, les enfants adorent la sauce tomate. Préparons la en grande quantité durant l'été, pour les jours ou les semaines à venir, car elle se conserve très bien au congélateur.

Laver les tomates. Les couper en morceaux et les mettre cuire avec sel et poivre, à petit feu pendant 20 minutes.

On peut ajouter selon le goût oignons et ail. Pour un kilo de tomates on ajoute 2 oignons coupés et 2 gousses d'ail.

Passer au moulin à légumes, de cette façon les peaux seront éliminées, ou bien mixer mais les peaux pourront encore s'y trouver.

On peut au moment de l'emploi ajouter une noix de beurre frais ou une cuillerée à soupe d'huile d'olive, pour 4 personnes.

Selon la saison et la variété de la tomate, la sauce obtenue après cuisson peut être assez consistante ou bien au contraire liquide. Dans ce cas il convient d'enlever de la sauce la partie très liquide, ce qui est facile en laissant un peu reposer la sauce. Cette eau de tomate pourra servir pour cuire les légumes de la soupe ou pour préparer le « poisson rouge ».

La sauce Porto aux champignons

Pour accompagner du jambon à l'os, chaud, un rôti de bœuf dans le filet ou pour napper un reste de rosbif froid.

Pour 4 personnes :
- 20 g de saindoux ;
- 2 cuillerées à soupe de farine ;
- une cuillerée à soupe de concentré de tomate diluée dans 800 g d'eau froide ;
- sel, poivre ;
- 300 g de champignons de Paris coupés en lamelles fines ;
- un petit verre de Porto ou de madère (cette petite quantité d'alcool ne présente aucun inconvénient pour les enfants).

Faire fondre le saindoux dans une casserole. Ajouter la farine en remuant vivement à la cuillère de bois, comme pour une Béchamel. Ajouter par petites quantités à la fois l'eau à la tomate, tout en remuant toujours sur le feu. Saler, poivrer.

Lorsque la sauce est bien lisse, ajouter les champignons et laisser cuire l'ensemble durant une demi-heure à tout petit feu, en remuant assez souvent pour éviter que la sauce attache au fond de la casserole.

Quelques minutes avant de servir, ajouter le Porto. Laisser sur le feu encore quelques minutes mais sans bouillir. Servir très chaud.

Si un enfant refuse la tranche de rosbif, essayez donc de la recouvrir de sauce Porto...

Le croustillon

Par personne :
- une tranche de pain de mie (30 g) ;
- 2 cuillerées à soupe de Béchamel ;
- 10 g de jambon ou de poulet (6 petits morceaux) ;

• 5 g de gruyère râpé (deux pincées) ;
• 12 g de raisins secs (une vingtaine).

Étaler sur le pain de mie le mélange de tous les autres ingrédients et passer au four quelques minutes.

La croûte paysanne

Par personne :
• une tranche de pain de mie (30 g) ;
• 2 cuillerées à soupe de Béchamel ;
• un petit œuf dur écrasé ;
• herbes finement coupées ou quelques morceaux de champignons déjà cuits.

Étaler sur le pain de mie le mélange de tous les autres ingrédients et passer au four quelques minutes.

L'omelette pizza

Par personne :
• une tranche de pain de mie (30 g) ;
• une tomate moyenne coupée en deux et cuite à la poêle dans une petite cuillerée d'huile d'arachide ;
• un œuf ;
• 5 g de gruyère râpé (deux pincées) ;
• 10 g de jambon ou poulet (6 morceaux).

Mélanger œuf battu, fromage, jambon. Verser sur la tomate chaude et laisser cuire quelques instants. Rassembler le tout et l'étaler sur le pain de mie préalablement grillé.

La croustade de champignons

Par personne :
• une tranche de pain de mie (30 g) ;
• des champignons de Paris (100 g environ) ;
• crème fraîche ou Béchamel (une cuillerée à soupe).

Cuire les champignons coupés en lamelles, au naturel dans une poêle pendant 10 minutes.

Saler, poivrer. Ajouter crème fraîche ou Béchamel. Verser l'ensemble sur la tranche de pain de mie et passer au four quelques minutes

Le croque monsieur

Par personne :
- 2 tranches de pain de mie (40 g en tout) ;
- une demi tranche de jambon (25 g) ;
- une noisette de beurre ;
- une tranche de gruyère (20 g).

Étaler le beurre sur une tranche de pain. La recouvrir avec jambon puis gruyère. Placer la seconde tranche par dessus et faire cuire dans un moule spécial.

La crêpe salée

(au sarrasin)

Voir recette et préparation des crêpes (page...). On peut utiliser moitié farine blanche moitié farine de sarrasin. Rouler la crêpe après l'avoir garnie avec :
- gruyère râpé ;
- gruyère râpé et petits morceaux de jambon ;
- sauce béchamel au fromage ;
- un poireau cuit nappé de sauce béchamel ;
- des crevettes ;

etc. selon son goût et sa fantaisie.

Servir bien chaud.

« Ma pizza »

plat complet

Pour 6 personnes :
- un morceau de Patatout* dont on tapisse une tourtière de 30 cm de diamètre ;
- une grosse courgette coupée en rondelles ;
- une tranche de fromage blanc « mozarella » ;
- un verre de persil et herbes variées coupés finement ;
- 200 grammes de jambon blanc ou de viande blanche déjà cuite (veau ou poulet) coupés en petits morceaux ;

* « Patatout » la pâte qui convient pour les tartes aux légumes aussi bien que pour les tartes aux fruits. Voir page 305.

- 6 tomates, 3 oignons (une gousse d'ail si l'on aime) ;
- 40 grammes de gruyère râpé ;
- 2 cuillerées à soupe d'huile d'arachide, sel, poivre.

Faire cuire dans une poêle huilée les tomates et les oignons coupés en petits morceaux durant 10 minutes environ puis bien écraser à la fourchette pour obtenir une purée grossière.

Ajouter l'ail, le sel et le poivre.

Sur la tourtière garnie de la pâte disposer, dans l'ordre, les rondelles de courgettes, le fromage blanc en petites lamelles les herbes le jambon ou la viande, puis la purée de tomates oignons, puis le gruyère râpé par dessus.

Cuire à four moyen 200° pendant 30 minutes environ. Servir chaud.

Quiche lorraine

Pour 4 personnes :

Pâte :

150 g de farine ; 20 g de beurre + 20 g d'huile.

Crème :

150 g de lait ; 2 œufs ; 75 g de gruyère râpé ; 75 g de bacon ; sel, poivre.

Mélanger rapidement la farine, le beurre et l'huile, (ajouter éventuellement un peu d'eau). Rouler en boule la pâte obtenue puis l'étaler au rouleau et en recouvrir une tourtière (20 cm de diamètre). Saupoudrer avec la moitié du fromage.

Battre les œufs, ajouter le lait chaud puis le reste du fromage et le bacon coupé en morceaux. Saler, poivrer.

Verser sur la pâte.

Cuire à four chaud 220° une demi heure environ.

Quiche aux poireaux

(ou Flamiche picarde)

À la recette précédente on ajoute sur la pâte des poireaux cuits et bien égouttés, en même temps que le gruyère râpé. Puis on ajoute la préparation lait œufs bacon fromage.

Cette quiche forme un plat moins riche (ajout de poireaux) et plus important en quantité.

Tarte aux poireaux

Recette simplifiée par rapport à la Quiche aux poireaux : la tourtière recouverte de pâte est garnie d'une épaisse couche de poireaux cuits et bien égouttés. On saupoudre de quelques pincées de gruyère râpé et on ajoute par dessus un peu de crème fraîche soit l'équivalent d'une cuillerée à soupe par personne.

Présentée en moules individuels, on obtient des tartelettes très appréciés pour commencer un repas qui serait un peu léger par ailleurs.

Tarte ou tartelettes aux champignons

Même recette en recouvrant la pâte de champignons coupés en lamelles et déjà cuits à la poêle au naturel et sur lesquels on ajoute du gruyère râpé, du persil finement coupé et de la crème fraîche.

À préparer de préférence dans des moules individuels.

Clafoutout

Ni soufflé... ni quiche... ni clafoutis... très facile et très rapide à préparer... !

Pour 8 moules individuels (anti-adhésifs de préférence) :

- 130 g de farine ;
- 100 g de lait demi-écrémé ;
- 100 g d'eau ;
- 2 œufs ;
- 100 g de jambon maigre ;
- 50 g de gruyère râpé ;
- sel, poivre.

Mélanger dans un saladier ou au batteur mixeur farine lait, eau et œufs. Ajouter sel et poivre le jambon coupé en petits morceaux et le gruyère. Verser dans les moules. Cuire à four chaud 250 - 300° pendant 20 minutes. La pâte gonfle, se boursoufle, dore et forme un beau gâteau... salé.

POTAGES ET SOUPES

Ils se composent de légumes variés cuits dans l'eau et dont on consomme la totalité de la préparation. Passés au mixer (mixés) ils donnent un potage-crème velouté et délicieux... Passés au moulin à légumes (moulinés) on obtient une préparation plus grossière convenant bien à l'ajout de pâtes à potage ou de vermicelle. Ils forment des soupes originales avec les légumes coupés en morceaux (soupe au pistou, bregeaude). Dans tous les cas ils sont un moyen de faire consommer des légumes et peuvent apparaître souvent au repas du soir.

Potage de légumes

Classique

Pour 4 personnes :
- 200 g de pommes de terre ;
- 100 g de carottes ;
- 50 g de poireaux.

Les légumes coupés en morceaux sont mis à cuire dans une casserole avec un litre et demi d'eau légèrement salée qui réduira à un litre durant les 30 minutes de cuisson.

Le potage une fois cuit, mixer ou mouliner. On peut ajouter une cuillerée à soupe de crème ou une noix de beurre frais ou quelques pincées de fromage rapé. On peut aussi le consommer nature... surtout lorsqu'il est mixé.

Potage de légumes

Fantaisie

Varier le potage en ajoutant à la recette précédente un ou plusieurs des légumes suivants : navets, courgette endive, tomate, salade verte, feuilles de radis, feuille de chou. On peut le colorer en ajoutant quelques instants avant la fin de la cuisson une petite poignée de cerfeuil ou de cresson.

Si le potage est léger, l'épaissir avec pâtes ou

vermicelle. Autres possibilités : le verser bien chaud sur des fines tranches de pain dur ou même placer ces tranches de pain dans le potage encore sur le feu et on obtient une soupe moelleuse, genre panade, appréciée de beaucoup de petits enfants.

Potages purée

Un reste de purée de pommes de terre peut être conservé et devenir, le soir, un excellent potage, à la tomate, au cresson ou aux oignons :
• à la tomate : faire revenir deux tomates coupées en morceaux dans un peu d'huile d'arachide. Puis ajouter un litre d'eau chaude et laisser cuire dix minutes. Ajouter alors dans la purée, bien mélanger en réchauffant sans bouillir et mixer le tout ;
• au cresson : mettre une poignée de cresson (feuilles et petites tiges) dans un litre d'eau. Porter à ébullition, puis ajouter à la purée ; bien réchauffer sans bouillir et mixer le tout ;
• aux oignons : faire dorer deux gros oignons finement coupés dans un peu d'huile d'arachide. Ajouter un litre d'eau. Laisser cuire quelques minutes. Ajouter à la purée, bien réchauffer sans bouillir et mixer le tout.

Si la purée est abondante, le potage est suffisamment épais. Sinon, servir en même temps des croûtons frits.

Potages aux lentilles ou aux pois cassés

Passer au moulin à légumes lentilles ou pois avec leur eau de cuisson. Servir avec des croutons frits et du fromage râpé.

Pour les lentilles, le moulin à légumes qui élimine les peaux est préférable au mixer.

Potages aux restes

Avec un reste de pâtes ou riz (au naturel, à la tomate ou au fromage)... Ajouter de l'eau, un poireau ou une courgette. Laisser cuire l'ensemble pendant 20 minutes. Mixer le tout.

Avec un reste de légumes (carottes, haricots verts, chou-fleur, courgettes...) Ajouter de l'eau. Passer au moulin à légumes. Porter à ébullition et épaissir avec du vermicelle ou des pâtes à potage.

On obtient à chaque fois un potage différent mais toujours délicieux.

Potage riche

Pour un enfant qui n'aime guère la viande et doit être bien nourri, on peut ajouter au potage, avant de le mixer, du gruyère rapé et même de la viande blanche (aile de poulet notamment). Ces ajouts apportent des protides dont l'enfant a besoin et donnent un très bon goût. Il ne faut pas ajouter de viande rouge qui donnerait une vilaine couleur.

On peut aussi faire un potage de légumes très épais et le diluer avec du lait au moment de le mixer, ce qui apporte là encore, un supplément nutritif non négligeable.

Potages pauvres

Le bouillon de légumes se prépare avec carottes et poireaux, éventuellement une petite quantité de pommes de terre. On laisse cuire longtemps, une heure et demie, et on consomme soit uniquement l'eau de cuisson comme boisson, soit l'ensemble mixé ou mouliné comme aliment.

C'est le potage classique et recommandé pour tous les malades, qu'ils souffrent d'une maladie intestinale ou d'une maladie fébrile.

La « soupe de carottes » conseillée aux petits enfants en cas de diarrhée se réalise par cuisson de deux grosses carottes coupées en morceaux dans deux litres d'eau pendant deux heures de façon à réduire beaucoup la quantité de liquide. On mixe le tout et on donne cette purée-bouillon.

L'eau de riz conseillée jadis pour les problèmes de diarrhée de l'enfant, est de plus en plus souvent remplacée par la soupe de carottes ou le bouillon de légumes.

Bouillons de viande

Les bouillons de pot au feu, de jarret de veau ou de porc ne sont pas conseillés pour les enfants : ils sont gras et contiennent aussi des produits de dégradation des protéines qui peuvent entraîner des troubles intestinaux.

Soupe au pistou

Mieux qu'une soupe... un plat un peu long à préparer mais si facile à servir.

Pour 4 personnes, il faut, environ :

- 600 à 800 grammes d'un mélange en petits morceaux de carottes, navets, haricots verts, petits pois ou fèves, tomates et courgettes ;
- 2 cuillerées à soupe de pâtes à potage ;
- 1 cuillerée à soupe d'huile d'olive ;
- 2 gousses d'ail, 6 feuilles de basilic (pistou) ;
- du fromage râpé : emmenthal ou parmesan.

Mettre cuire à l'eau bouillante salée tous les légumes sauf tomates et courgettes pendant deux heures, à petits bouillons. L'eau doit recouvrir largement les légumes mais ne pas les noyer car il n'y aura pas rejet d'eau et on consommera la totalité de la préparation (légumes dans leur bouillon).

On aura écrasé dans un bol l'ail et le basilic, ajouté l'huile d'olive et on laissera macérer cette préparation tout le temps de la cuisson.

Après deux heures de cuisson, ajouter tomates et courgettes. Lorsque l'ébullition reprend, ajouter les pâtes à potage et laisser cuire 10 minutes à petits bouillons.

Ajouter alors le mélange ail basilic et huile dans l'ensemble bien chaud, et laisser quelques minutes sans bouillir. Servir l'ensemble à la louche. On ajoute ou non du fromage rapé.

Bregeaude limousine

Une soupe au pain comme jadis, dont vos enfants se régaleront comme se sont régalés les miens.

Mettre à cuire dans deux litres d'eau froide non salée un morceau de lard gras de 80 à 100 grammes pour 4 personnes.

Quand l'eau bout, ajouter poireaux, choux, navets, pommes de terre coupés en morceaux assez gros et en bonne quantité (800 grammes environ de l'ensemble). L'été, on ajoute aussi une

poignée de haricots verts. Laisser cuire 2 heures à petits bouillons.

Au bout de ce temps, retirer le lard, et l'écraser dans une assiette avec un peu de gros sel et du bouillon. Le remettre dans la marmite ainsi réduit en purée et laisser bouillir encore quelques minutes.

Pendant ce temps, on coupe dans une soupière des tranches fines de « bon » pain rassis. On verse bouillon et légumes dans la soupière (cela s'appelle tremper la soupe). On couvre pour bien conserver la chaleur et on sert quelques minutes plus tard. On peut aussi préparer la part de chacun dans des soupières individuelles, petits bols ou « écuelles ».

Soupe de poisson

Pour 4 personnes, il faut :
- 800 grammes de poissons bien parés (écaillés, sans tête ni viscères mais avec les arêtes) : rascasse, vieille, congre, petites lottes etc. ;
- 2 oignons, 2 tomates, une gousse d'ail, sel, poivre ;
- une cuillerée à soupe d'huile d'arachide ou d'olive ;
- croutons frottés d'ail et frits.

Faire revenir rapidement les poissons coupés en morceaux dans l'huile. Ajouter aussitôt tomates et oignons, ail, sel poivre. Ajouter un litre et demi d'eau et laisser cuire à petit feu une heure environ.

Passer l'ensemble au moulin à légumes muni de sa grille intermédiaire, de façon à obtenir le maximum de chair sans les déchets d'arêtes, qui passeraient dans la grosse grille.

Servir bien chaud avec les croûtons.

Les potages des tout-petits

Le potage de légumes classique ou fantaisie convient aux petits. On peut aussi préparer spécialement pour eux, en quelques minutes, le potage à l'eau, aux poireaux ou la soupe au lait qui constitue la suite logique des bouillies.

Voir au chapitre « Plan d'alimentation Deuxième année ».

L'ŒUF

Un aliment excellent et peu coûteux.

Des inconvénients ? Non, sauf certains cas pathologiques.

On l'aime ou on ne l'aime pas, ce qui est rare.

On le digère ou on ne le digère pas, c'est une question individuelle.

On a des idées préconçues, des tabous... ou non. (Une maman, soucieuse de la santé de ses deux fils qui avaient eu de l'acétone dans l'enfance, ne leur donnait jamais d'œuf en l'état, les réservant pour la pâtisserie et les entremets... Lorsque les enfants, 11 et 9 ans revinrent d'un séjour en Angleterre, ils annoncèrent fièrement « On a mangé deux œufs tous les matins ». Ils étaient en parfaite santé !)

EN COQUILLE

Œuf Coque

Mis à l'eau froide, il est cuit quand l'eau bout.

Mis à l'eau bouillante, il cuit en 3 minutes (utilité de l'amusant sablier).

Se mange en trempant des mouillettes de pain, qu'il n'est pas recommandé de beurrer, le jaune d'œuf étant suffisamment gras.

Œuf Mollet

Ni coque ni dur, on l'épluche avec précaution et on l'ajoute à un plat d'épinards ou de courgettes...

Œuf dur

Mis à l'eau bouillante ou à l'eau froide, il cuit en 10 à 15 minutes.

Pour garnir salades, crudités, épinards.

Pour assaisonner avec béchamel ou sauce tomate.

Pour ajouter à un légume béchamel qui devient plat complet.

Pour emporter dans le sac ou dans la poche : en collation ou ajout au repas de midi insuffisant.

L'œuf cuit dur a exactement la même composition que l'œuf préparé d'une autre façon, il n'est ni moins riche ni plus digeste, idée préconçue de beaucoup de consommateurs.

Toutes les préparations peuvent être salées, poivrées selon le goût... sauf lorsqu'il y a ajout de fromage ou de jambon déjà salés naturellement.

SANS COQUILLE

Œuf au plat

Cassé dans un plat légèrement graissé et chauffé. Cuit à feu vif en 2 minutes.

Œuf poché

Cassé dans de l'eau bouillante parfumée éventuellement avec un filet de vinaigre ou un peu de sauce tomate. Cuit en 3 minutes ; pour accompagner épinards, salade cuite, courgettes ou purée de pommes de terre...

Œuf cocotte à la crème

Cassé dans un ramequin, recouvert d'une petite cuillerée à café de crème fraîche, cuit au bain marie (on place le ramequin dans une casserole contenant de l'eau qui bout) ou au four en quelques minutes.

Œuf au jambon

Cassé sur une tranche de bacon déjà rissolée.

Œuf provençal

Cassé sur une tomate déjà cuite à la poêle et parfumée avec herbes de Provence et ail.

EN OMELETTE

Simple

Œufs battus mis à cuire dans une poêle graissée et chauffée.

Aux herbes

Avec ajout de fines herbes (ciboulette).

Au fromage

Avec ajout de gruyère rapé.

Au jambon

Avec ajout de morceaux de jambon cuit ou cru.

Aux champignons

Œufs battus versés dans la poêle sur des champignons déjà cuits.

Aux oignons

Œufs battus versés dans la poêle sur des oignons déjà cuits.

Aux légumes

Œufs battus versés sur un reste de légumes chauffé : chou fleur, ratatouille...

Soufflée

Avec les blancs battus en neige.

Fantaisie

Œufs battus versés sur une préparation complète déjà cuite à la poêle (tomate, champignons, jambon, oignons...).

Aux pommes de terre

Un vrai plat complet (voir à Pomme de terre).

Délicieux, économiques, très appréciés des enfants. Il faut utiliser, un batteur électrique pour « monter » les blancs en neige (afin de ne pas transformer la préparation en épreuve sportive)... La plupart des ménagères ont maintenant un robot qui doit se trouver en permanence sur le plan de travail et non pas au fond d'un placard !

Soufflé au fromage

Pour 4 personnes :
- 40 g de beurre ;
- 40 g de farine ;
- 130 g de lait ;
- 150 g de gruyère rapé ;
- 4 œufs ;
- sel, poivre, noix de muscade.

Dans une casserole, faire fondre et chauffer le beurre.

Ajouter la farine et remuer aussitôt pour former une pâte lisse à laquelle on ajoute le lait (si le lait est froid faire cet ajout la casserole restant sur le feu, si le lait est chaud on doit retirer la casserole du feu durant l'incorporation du lait). Remuer et laisser cuire en remuant quelques minutes. On obtient une béchamel épaisse. Saler, poivrer, muscader. Ajouter les jaunes d'œufs un par un en mélangeant doucement puis successivement la moitié du fromage rapé, les blancs d'œufs battus en neige ferme et le reste du gruyère en mélangeant délicatement à la fourchette.

Verser le tout dans un moule à soufflé beurré. Cuire à four chaud (220°) 25 minutes environ. Le soufflé doit être servi dès qu'il est cuit et sitôt sorti du four.

Soufflé de poisson

Un moyen d'introduire le poisson dans un menu. Facile à préparer (sans béchamel).

Pour 4 personnes :
- 400 grammes de filets de poisson ;
- 3 œufs ;

- 20 grammes de tapioca cuit dans un verre de lait ;
- 30 grammes de gruyère rapé ;
- 20 grammes de beurre ;
- sel, poivre, noix de muscade rapée.

Hacher le poisson cru ou bien l'effilocher à la fourchette.

Le mélanger avec la sauce au tapioca, les jaunes d'œufs, le gruyère, le sel, poivre et muscade. Ajouter enfin les blancs d'œufs battus en neige ferme.

Verser la préparation dans un moule à soufflé beurré. Cuire à four chaud 220° pendant 20 à 25 minutes.

On peut aussi faire cuire ce soufflé dans des moules individuels (bols), la cuisson est plus rapide et la présentation facilitée. Se mange chaud, nature ou accompagné d'une sauce tomate.

Soufflé de courgettes

Pour 4 personnes :
- 800 grammes de courgettes ;
- 3 œufs ;
- 20 grammes de tapioca ;
- 30 grammes de gruyère rapé ;
- 20 grammes de beurre ;
- sel, poivre, muscade.

Éplucher les courgettes, les couper en rondelles et les mettre à cuire dans une casserole à feu doux pendant 15 minutes, sans ajouter d'eau. Au bout de ce temps, les écraser à la fourchette (ou les mixer). On obtient une purée un peu liquide dans laquelle on verse le tapioca et on laisse cuire 5 minutes à feu doux ; le tapioca a gonflé et épaissi la préparation. On ajoute les jaunes d'œufs, le gruyère, le sel, poivre et muscade puis les blancs battus en neige et on verse dans un moule beurré. Cuire à four chaud 200° pendant 20 minutes.

On peut aussi faire cuire ce soufflé dans des moules individuels.

LE POISSON

Un excellent aliment que les enfants doivent manger... Il suffit pour cela d'une bonne sauce ou d'un beau décor.

Il faut varier les sortes de poisson pour proposer tous les goûts, en allant des poissons banaux et peu coûteux : merlan, cabillaud, julienne, limande, aux poissons de luxe : sole, colin, turbot. Il ne faut pas oublier la truite de mer, la daurade, la roussette, que certains enfants peuvent préférer aux poissons blancs à moindre goût. Tous ces poissons peuvent être préparés par le poissonnier, en filets ou en tranches parées sans peau ni arêtes... ce qui facilité grandement la cuisson et la consommation. Aucun enfant ne mangera le poisson avec plaisir s'il rencontre des déchets à chaque bouchée...

Le poisson-lune

Froid en vinaigrette

Pour 4 personnes :

- 400 g de cabillaud en filets sans déchets ;
- 2 œufs cuits durs ;
- 2 cuillerées à soupe d'huile d'arachide ou d'olive ;
- 1 cuillerée à soupe de vinaigre ;
- sel, poivre, cerfeuil.

Faire cuire le poisson dans un court bouillon salé, poivré, 10 minutes maximum. Émietter la chair finement.

Ajouter les œufs durs écrasés puis la sauce vinaigrette, sel, poivre et cerfeuil. Bien mélanger tout l'ensemble.

On obtient une pâte bien homogène que l'on va modeler en forme de lune – toute ronde avec petite tête et petite queue ou au contraire en croissant – Une olive, un grain de poivre ou une rondelle de carotte forme l'œil, quelques tiges de persil forment la queue en éventail...

Le pâté de poisson tricolore

Froid ou chaud

Pour 10 personnes :

• un kilogramme de poisson maigre : cabillaud, julienne ou merlan, sans déchets ;
• 3 œufs ;
• 3 cuillerées à soupe de crème fraîche ;
• 50 g de pain mouillé avec du lait ;
• sel, poivre, herbes variées persil et cerfeuil ;
• une grosse carotte, 2 poireaux.

Hacher le poisson cru et le pain mouillé. Ajouter œufs, crème, sel et poivre. On obtient un mélange blanc que l'on partage en deux parties.

Hacher une bonne poignée de persil et cerfeuil . Ajouter ce hachis à une des parties. On obtient un mélange vert.

Éplucher la carotte et la détailler en fines lamelles en utilisant le couteau économe. Éplucher le poireau et le couper en petits morceaux.

Dans un moule allant au four (moule à cake ou terrine) légèrement huilé, placer le mélange de carotte et poireau puis le mélange blanc puis, par dessus, le mélange vert.

Cuire à four chaud 200° une heure, en couvrant au début de la cuisson puis en découvrant afin que le pâté soit suffisamment asséché.

Servir chaud, nature ou avec une sauce tomate ou froid avec une sauce vinaigrette.

On peut effectuer la cuisson dans des bols de petit format, ce qui diminue le temps de cuisson et permet une présentation fractionnée plus facile.

Le poisson rouge

Par personne :

• un filet de merlan ;
• une cuillerée à soupe de sauce tomate ;
• sel et poivre.

Diluer la sauce tomate avec deux cuillerées d'eau verser dans une poêle et y poser le filet de poisson. Saler, poivrer et laisser cuire à feu très doux, à eau juste frissonnante pendant 20 minutes environ. (L'eau rouge a pratiquement disparu et il reste un poisson... rouge)

Le poisson blanc

Par personne :
- un filet de cabillaud ;
- 2 cuillerées à soupe de lait ;
- sel et poivre.

Placer le poisson dans une poêle avec le lait, sel et poivre ; laisser cuire à feu très doux pendant 20 minutes environ (le lait a pratiquement disparu et il reste un poisson blanc)

Le poisson doré

Par personne :
- un filet (merlan, cabillaud, sole, limande...) ;
- 2 cuillères à soupe d'huile d'arachide ;
- un peu de farine, sel, poivre.

Le filet de poisson, bien séché dans un papier absorbant est roulé dans la farine et mis à cuire dans une poêle anti-adhésive huilée et bien chaude, à feu vif, 4 minutes de chaque côté.

Saler, poivrer et servir avec une rondelle de citron.

On peut aussi « paner » le poisson en trempant le filet d'abord dans de l'œuf battu ensuite dans de la chapelure (au lieu de le rouler simplement dans la farine).

Le poisson d'argent

Par personne : un filet ou une tranche de poisson légèrement huilée avec éventuellement ail, oignons, citrons, enveloppée dans un papier d'aluminium et mis à cuire à four chaud pendant 10 minutes. On ouvre le paquet et on consomme dans le papier, ce qui amuse les enfants.

Le poisson vapeur ou chaleur

Par personne : un filet ou une tranche de poisson cuit « à la vapeur » dans un récipient à deux étages ou plus simplement posé dans une assiette placée au dessus d'une casserole d'eau bouillante (où cuit un légume ou le potage).

Le poisson cuit en quelques minutes. On ajoute en fin de cuisson une noisette de beurre frais (ou une cuillerée à soupe de crème), du persil, du sel et on sert directement dans l'assiette de cuisson.

La croquette

Pour une croquette :

- 120 g de filet de poisson ;
- 20 g de pain mouillé dans du lait ;
- sel, poivre ;
- une cuillerée à soupe d'huile d'arachide.

Hacher le poisson et le pain. Ajouter sel et poivre. Bien mélanger et faire cuire dans une poêle huilée très chaude à feu assez vif, 8 minutes de chaque côté.

Cabillaud béchamel

- un cabillaud entier ou en deux filets (ce qui élimine peau et arêtes et facilite le partage)
- beurre, farine, lait pour la sauce.
- sel, poivre, câpres

Deux cuissons possibles : au court bouillon ou au four

Au court bouillon : Faire bouillir pendant 10 minutes eau, rondelles de carottes, laurier, sel, poivre.

Laisser refroidir un peu et y plonger le poisson qui cuira à eau frémissante pendant 8 minutes s'il s'agit de filets, 12 à 15 minutes s'il s'agit du poisson entier. Sortir de l'eau et conserver au chaud dans un plat.

Au four : Placer le poisson entier ou mieux en filets dans un plat saler légèrement et cuire à four chaud 150° pendant 15 minutes. Le poisson au début rejette de l'eau qui s'évapore ensuite durant la cuisson.

Ce mode de cuisson conserve tous les principes nutritifs du poisson (pas d'eau rejetée) et facilite la préparation puisqu'on ajoute la sauce directement dans le plat : *une sauce Béchamel* (recette page 219) à laquelle on peut ajouter des câpres (ou bien *une sauce blanche* préparée non pas avec du lait mais avec de l'eau du court-bouillon).

Recouvrir le poisson. Servir chaud.

Cabillaud citron pommes de terre

au four

- un cabillaud entier ou en deux filets ou en tranches ;
- beurre, sel, poivre ;
- 150 g de pommes de terre par personne (petites BF).

Placer le poisson dans un plat et cuire à four chaud 150° pendant 20 minutes environ.

En même temps, cuire à l'eau bouillante salée les pommes de terre entières épluchées, pendant 10 minutes seulement.

Les égoutter et les placer à ce moment là autour du poisson où elles finiront de cuire pendant les 10 minutes qui restent. Avant de sortir du four, ajouter quelques noisettes de beurre frais, sel, poivre, persil et jus de citron.

Daurade Méditerranée

au four

- une daurade bien nettoyée et bien écaillée ;
- rondelles d'oignons, de tomates, sel, poivre, ail ;
- 2 cuillerées à soupe d'huile d'olive.

Placer la daurade dans un plat légèrement huilé.

La recouvrir avec oignons, tomates, sel, poivre, ail finement haché si on aime et faire cuire à four chaud (réglé sur 200°) pendant 20 minutes environ (sans retourner).

Ajouter l'huile d'olive sur le poisson, à mi-cuisson.

Servir chaud avec du riz blanc ou des pommes vapeur (le cabillaud peut se préparer de cette manière également mais certains enfants préféreront le goût prononcé de la daurade).

Filets de turbot potagère

au four

Un plat de Roi !!! très rapide et facile à préparer

Par personne :

- 150 g de filets de turbot ou barbue ;
- 50 g de carottes ;
- 50 g de poireaux ;
- une cuillerée à soupe de crème fraîche ;
- sel, poivre.

Éplucher la carotte et la détailler en lamelles avec le couteau économe. Éplucher le poireau et le couper en petits morceaux.

Disposer ces légumes dans le fond d'un plat allant au four et placer les filets de poisson par dessus. Saler, poivrer.

Mettre à four tiède réglé sur 180° pendant 20 minutes. Au début de la cuisson, le poisson donne beaucoup d'eau qui s'évapore ensuite. Si le poisson doit attendre il faut le couvrir avec un plat ou un papier d'aluminium pour éviter un dessèchement trop important. Arroser avec la crème quelques minutes avant de servir.

Poisson rose aux champignons

Par personne :

- 150 g de truite de mer en filet ;
- 2 champignons de Paris coupés en lamelles ;
- sel, poivre ;
- une noisette de beurre.

Placer les champignons dans une poêle avec un demi verre d'eau.

Laisser cuire 3 minutes puis ajouter par dessus le filet de poisson, le sel et le poivre. Laisser cuire à feu très doux, eau frémissante pendant 8 à 10 minutes, sans retourner. Ajouter une noisette de beurre frais avant de servir.

LES VIANDES

Bifteck, escalope, côtelette se cuisent au gril ou à la poêle, rôti de veau, de bœuf et gigot de mouton, au four et nous n'en donnerons pas ici les recettes. Mais si un grand enfant consomme facilement un morceau de viande, il n'en est pas de même pour un petit qui ne sait encore ni la couper... ni la mâcher et risque souvent de la laisser dans l'assiette. Aussi faut il envisager pour lui des préparations qui lui conviennent (croquettes) ou des ajouts qui flattent sa gourmandise (rôti de veau savoyard par exemple). Précisons que parfois, mieux vaut servir à un petit enfant une mini-tranche de filet de bœuf de 50 g qui sera consommée parce que très tendre, plutôt qu'un morceau plus gros mais plus banal qui sera gâché. Nous donnerons de nombreuses recettes et conseils concernant le poulet, une viande peu coûteuse, qui plaît aux enfants et mérite d'être préparée selon des recettes variées n'entraînant ni monotonie ni lassitude. Il y a d'autres possibilités que le poulet « rôti à la broche »... ! !

La cuisson à la poêle doit se faire avec le minimum de matière grasse ; nous conseillons de graisser la poêle « au pinceau » avec une petite quantité d'huile d'arachide qui, bien chauffée permettra de « saisir » la viande. On peut, en fin de cuisson ajouter une noisette de beurre frais qui sera « la sauce » (non brûlée donc non toxique) et plaira aux petits.

La cuisson au four peut, dans la plupart des cas se réaliser aussi sans ajout de matière grasse. Les viandes blanches se mettent à four froid. Les viandes rouges doivent être mises à four chaud pour les « saisir » et éviter la sortie des sucs et du sang.

On peut graisser le plat et la viande avec un peu d'huile d'arachide et ajouter une très petite quantité de beurre ou de margarine en fin de cuisson, juste avant de servir.

Croq'rest

Avec un reste de viande blanche

Pour 4 personnes :

- 300 g de viande cuite hachée (veau ou volaille) ;
- 100 g (2 tranches) de jambon blanc haché ;
- un œuf ;
- sel, poivre, ail, persil.

Mélanger le tout. Former 4 croquettes. Les faire dorer dans une poêle huilée au pinceau 3 minutes de chaque côté. Servir chaud.

Croquettes de bœuf sauce tomate

Avec un reste de pot au feu

Pour 4 personnes :

- 350 g de viande de pot au feu cuite et hachée ;
- 2 œufs ;
- un oignon haché ;
- sel, poivre, persil.

Mélanger le tout. Former 4 croquettes. Les faire dorer dans une poêle huilée au pinceau 3 minutes de chaque côté. Les servir bien chaudes arrosées d'une sauce tomate très chaude également.

Croquettes de volaille

Pour 4 personnes :

- 350 g de chair de poulet ou dinde hachée ;
- un œuf ;
- 50 g de gruyère rapé ;
- sel, poivre, persil.

Mélanger le tout. Former 4 croquettes.

Les faire cuire dans une poêle huilée au pinceau, 8 minutes de chaque côté.

Servir chaud.

Les petits pavés de viande rouge

Pour éviter d'avoir à couper la viande rouge dans l'assiette de l'enfant, on la coupe à l'avance et on la fait cuire en morceaux :

- une tranche de bifteck épais ou une tranche de gigot coupée en dés... mis à cuire dans une poêle huilée au pinceau, à feu vif une minute. On remue à la cuillère de bois, on sale et on sert aussitôt.

Ainsi, chaque petit morceau enrobé du suc de cuisson est très appétissant et cuit de tous côtés... l'enfant délicat ne voit pas si la viande est trop rouge... pas assez cuite... ou trop cuite !!

Les ficelles de viande blanche

Escalopes de veau, de poulet ou de dinde sont coupées en fines lamelles-ficelles et mises à cuire dans la poêle, à feu vif d'abord pour dorer puis à plus petit feu pendant quelques minutes. Saler, servir chaud.

Dind'œuf

Une escalope de dinde coupée en fines lamelles cuites rapidement dans la poêle et sur laquelle on verse un œuf battu. La viande se trouve mélangée à cette omelette légère et est toujours consommée avec plaisir.

Escalope panée

Par personne :

- une petite et fine escalope de veau ou de dinde ;
- une cuillerée à soupe de chapelure ;
- un œuf battu, sel et poivre ;
- une cuillerée à soupe d'huile d'arachide.

Placer dans une assiette l'œuf battu et dans une autre la chapelure. Tremper l'escalope, sur les deux côtés, d'abord dans l'œuf ensuite dans la chapelure. Elle se trouve entourée d'une pâte. La mettre à cuire à feu vif dans une poêle huilée et bien chauffée quatre à six minutes de chaque côté.

Saler, poivrer, servir chaud.

Noix de porc panée

Même préparation avec une noix de côte première de porc sans os ni déchets. Le porc est une viande peu coûteuse et qui n'est pas grasse quand on choisit bien les morceaux (ne pas prendre pour cette préparation une côte dans l'échine, viande très persillée qui donnerait un plat très gras car la graisse de la viande serait enfermée dans la garniture de pâté).

Pour la cuisson des viandes panées et des croquettes, une poêle anti-adhésive est conseillée : elle permet d'obtenir une préparation parfaite sans utiliser trop de matière grasse.

Rôti de veau savoyard

- un rôti de veau dans le quasi ou la noix pâtissière, de forme allongée : 6 cm de diamètre environ, ceci pour avoir une meilleure présentation et une cuisson plus rapide ;
- des fines tranches de gruyère ;
- des petites pommes reinette.

Le rôti graissé légèrement avec de l'huile d'arachide est mis dans un grand plat, à four froid réglé à 180° pendant une heure. Au bout de ce temps, le sortir du four et le couper dans le plat en tranches fines. Intercaler entre chaque tranche de viande, une tranche de gruyère puis resserrer l'ensemble avec une ficelle. Placer les pommes épluchées et évidées tout autour du plat. Remettre au four 45 minutes environ.

Servir une part aux petits (une tranche de viande, une tranche de gruyère et une pomme), deux ou trois parts aux aînés.

Rôti de porc* aux pruneaux

- un rôti de porc dans les côtes premières (désossé et non ficelé) ou dans la pointe ;
- des pruneaux d'Agen (4 à 6 par personne).

Le rôti, placé dans un plat avec un verre d'eau, entouré des pruneaux bien lavés et dénoyautés, est mis à cuire à four froid réglé à 180° pendant une heure et demi environ.

Couper en tranches fines et servir avec les pruneaux.

* Préparez toujours un gros rôti. Vous aurez de la viande froide pour le lendemain...

Le nid à l'œuf ou aux pruneaux

Pour 2 personnes :

- une escalope fine et large (veau ou dinde) de 180 grammes ;
- un œuf cuit dur épluché ou 4 pruneaux cuits dénoyautés ;
- 2 échalotes hachées, du persil coupé, sel et poivre ;
- une cuillerée à soupe d'huile d'arachide ;
- une cuillerée, à soupe de crème fraîche ;
- 400 g d'épinard ou de chou vert cuits et hachés.

Rouler l'œuf ou les pruneaux dans l'escalope. Ficeler ou coudre pour obtenir un paquet.

Faire chauffer l'huile dans une sauteuse, y faire dorer l'escalope à feu vif, ajouter les échalotes, le persil, saler poivrer et terminer la cuisson à feu moyen, sauteuse découverte pendant 10-15 minutes.

Au dernier moment, ajouter la crème.

Ouvrir le paquet en deux dans le sens de la longueur. Servir sur un lit d'épinards ou de choux bien chauds.

Le farci

Pour 2 personnes :

- une escalope fine et large (veau ou dinde) de 180 grammes ;
- 50 g de chair à saucisse ;
- 2 champignons coupés en lamelles et cuits à la poêle avec 2 échalotes hachées, du persil, sel et poivre ;
- une cuillerée à soupe d'huile d'arachide ;
- une cuillerée à soupe de crème fraîche.

Mélanger chair et champignons. Étaler le mélange sur l'escalope.

Rouler, ficeler pour obtenir un paquet.

Faire chauffer l'huile dans une sauteuse, y faire dorer l'escalope à feu vif puis cuire à feu moyen, sauteuse découverte pendant 10-15 minutes.

Ajouter la crème fraîche.

Ouvrir le paquet en deux dans le sens de la longueur.

Servir chaud.

• **À la broche.**

• **Au four au naturel.** Le poulet est mis à four froid ou tiède, programmé à 180-200° pendant une heure pour un poulet moyen une heure et demi pour un gros. On peut mettre une cuillerée à soupe d'eau au fond du plat et arroser le poulet avec une cuillerée d'huile d'arachide... mais cela n'est pas obligatoire car le poulet est enveloppé dans un emballage gras (sa peau) qui va peu à peu libérer la matière grasse et former « du jus ».

• **Au four, à l'estragon.** On ajoute une branche d'estragon frais dans le ventre du poulet.

• **Au four, à l'ail.** On ajoute dans le ventre du poulet un gros croûton de pain blanc largement frotté d'ail ou même une gousse d'ail entière bien épluchée et fendillée au couteau... qui parfume toute la volaille.

• **Au four, farci.** On emplit le ventre du poulet avec 150 grammes de chair à saucisse (ou de jambon blanc haché) mélangé avec un œuf entier, 50 g de pain mouillé dans un verre de lait, une grosse poignée de persil et herbes hachées, du sel, poivre ail et oignon éventuellement. Cette farce agrémente le poulet et allonge le plat. On sert à chacun un morceau de poulet et un peu de farce.

Un poulet = 4 beaux morceaux, les 4 membres. Une aile ou une cuisse représentent 100 g de viande (sans os ni déchets) sur un petit poulet et 150 g sur un gros.
Utilisez la viande qui reste sur la carcasse pour préparer croquettes, pizza et farces.

Poulet rôti cocotte

Faire revenir le poulet entier ficelé ou non dans une cocotte graissée et chauffée, puis cuire pendant une heure environ à feu moyen en plaçant successivement le poulet sur ses deux côtés.

Le poulet cocotte est plus moelleux que le poulet au four mais la sauce qui se trouve au fond de la cocotte est très grasse et n'est pas recommandée... On peut en début de cuisson ajouter ail ou oignons pour parfumer.

Poulet vapeur

Placer le poulet entier dans une marmite qui contient un « fond » d'eau ou de bouillon de légumes (eau, carottes, céleri, poireaux) c'est-à-dire quelques centimètres de liquide afin que le poulet repose sur l'eau mais sans s'y noyer...

Faire cuire à petit feu pendant une heure environ en remettant éventuellement un peu d'eau au fond de la marmite durant la cuisson. Une fois cuit, le poulet est sorti de son bain de pied, coupé en morceaux et servi de diverses façons :

- **nature** : mangé chaud avec un légume ou froid avec une salade ;
- **en sauce** : arrosé de sauce tomate ou béchamel ou avec une ratatouille ;
- **en gelée** : découpé, désossé et bien froid, il est recouvert avec une gelée (maison ou du commerce).

Ce mode de préparation convient pour le poulet entier mais aussi pour une carcasse de poulet sur laquelle on aura déjà enlevé les quatre membres pour une préparation cuisinée. On récupère ainsi une bonne quantité de viande qui se détache facilement après cuisson vapeur et sert à préparer croquettes, pizza, ou toute préparation fantaisie : croustillon... omelette.

Fricassée de poulet*

Faire revenir des morceaux de poulet avec oignons ou échalotes, ail, thym ou laurier.

Saupoudrer d'une cuillerée à soupe de farine. Remuer vivement.

Ajouter un verre d'eau (ou de vin blanc ou de bouillon de légumes léger).

Saler, poivrer et laisser cuire à feu moyen, cocotte découverte 45 minutes environ.

* Dans une optique de « cuisine-santé » qui n'est pas pour autant triste cuisine de régime, nous conseillons toujours, pour les préparations cuisinées d'enlever la peau du poulet avant cuisson. En effet la peau est très grasse et toute cette graisse passe dans la sauce qui devient donc trop grasse elle aussi et tout à fait indigeste. Il est bien préférable de donner de bonnes habitudes et de « bons goûts » dès l'enfance.

Poulet trois sauces*

Faire revenir les morceaux de poulet dans le l'huile d'arachide. Lorsqu'ils sont dorés, les retirer et vider la cocotte de toute la graisse qui s'y trouve (huile ajoutée et graisse écoulée du poulet). Remettre les morceaux de poulet dans la cocotte en ajoutant les ingrédients qui font la sauce :
- **façon chasseur :** avec ajout d'oignons, tomates, champignons lardons ;
- **façon basquaise :** avec ajout d'oignons, tomates, poivrons verts et rouges, courgette ;
- **façon normande :** avec ajout d'échalotes, d'un verre d'eau et avant de servir, d'un petit pot de crème fraîche.

Cuisson 45 minutes environ.

Petit ragoût aux légumes

Par personne :
- 100 à 200 g d'épaule de veau en morceaux* ;
- une grosse tomate, un petit oignon ;
- une demi courgette ;
- 2 pommes de terre ;
- sel, poivre, persil, ail ;
- une demi cuillerée à soupe d'huile d'arachide.

Faire revenir les morceaux de viande dans une cocotte huilée bien chauffée. Lorsqu'ils sont bien dorés, les sortir et vider la graisse qui se trouve dans la cocotte (huile ajoutée et graisse de la viande).

Remettre la cocotte sur le feu avec oignons finement coupés, tomates épluchées et coupées et les courgettes en rondelles. Ajouter les aromates.

Remettre les morceaux de viande et laisser cuire cocotte couverte pendant une heure à feu très doux.

Au bout de ce temps ajouter les pommes de terre coupées en gros morceaux et laisser cuire

* On peut faire le même ragoût avec des morceaux de poulet (cuisse ou aile). Nous conseillons d'enlever la peau afin d'obtenir un plat moins gras. La cuisson est plus rapide : on ajoute les pommes de terre 40 minutes après le début.

encore 30 minutes environ (20 minutes seulement pour des pommes de terre nouvelles). Ajouter une cuillerée à soupe de crème fraîche (pour 4 personnes) avant de servir.

On obtient une viande bien cuite, tendre, entourée de pommes de terre mœlleuses, le tout dans une petite sauce parfumée et colorée.

Pour toutes les préparations cuisinées, couvrez les marmites avec un couvercles creux ou un plat creux empli d'eau froide pour éviter dessèchement... ou carbonisation et retrouver la totalité de la sauce...

Potée paysanne

Pour 4 personnes :

- de 800 à 1 000 g de viande de porc demi-sel : palette, pointe ou travers ;
- un saucisson ;
- 4 grosses carottes, 2 navets, 4 poireaux ;
- un petit chou, 2 tomates, 4 grosses pommes de terre (haricots verts l'été, une poignée).

Laver la viande sous le robinet d'eau froide ou bien la laisser tremper un moment dans l'eau froide pour enlever l'excédent de sel.

La plonger dans une grande marmite d'eau bouillante non salée

A la reprise de l'ébullition écumer puis ajouter les légumes entiers ou coupés en gros morceaux sauf les pommes de terre qui seront ajoutées plus tard.

Durée de la cuisson à petits bouillons une heure et demie, une demi heure seulement pour les pommes de terre.

Pot au feu

Pour 4 personnes :

- de 800 à 1 000 g de bœuf à pot au feu : plate côtes, gîte, macreuse ;
- 8 carottes, 4 navets, 8 poireaux, un petit céleri rave.

Plonger la viande dans une grande marmite d'eau bouillante salée.

Enlever l'écume qui se forme au dessus du bouillon en début de cuisson.

Ajouter les légumes une heure plus tard. Cuisson totale 3 heures à petits bouillons.

Cuisinez grand. La viande de la potée se consomme froide et la viande du pot au feu a de multiples utilisations...

Blanquette de veau

Par personne :

- 100 à 200 g d'épaule, tendron, jarret ou collier de veau, en morceaux.

Mettre cuire la viande à l'eau froide salée et parfumée avec un bouquet garni, quelques rondelles de carottes, des oignons. La cuisson demande une heure et demi environ à petits bouillons.

Lorsque la viande est cuite, préparer la sauce. Pour 4 personnes mettre 2 noix de beurre dans une casserole, chauffer ; lorsque le beurre est fondu ajouter 2 cuillerées à soupe de farine et remuer vivement pour que l'ensemble devienne une pâte épaisse et lisse à laquelle on ajoute aussitôt par petites quantités l'eau de cuisson de la viande.

Attention : cette eau est chaude et doit être ajoutée à la casserole hors du feu sinon il se forme des grumeaux difficiles ensuite à faire disparaître.

L'eau étant ajoutée, on remet sur le feu pendant 10 minutes, en tournant sans cesse la sauce pour bien la faire cuire. On ajoute l'eau en 3 ou 4 fois pour obtenir la consistance voulue.

Pour les proportions données, avec 2 cuillerées à soupe de farine, il faut en général 300 g de bouillon soit 3 verres à moutarde.

Lorsque la sauce est parfaitement cuite et bien lisse, on ajoute les morceaux de viande, des câpres éventuellement et on laisse sur feu doux, sans bouillir, 5 à 10 minutes. Servir bien chaud.

Blanquette de poule

Suivre la recette précédente en utilisant des morceaux de poule dont on aura pris soin d'enlever tout le gras apparent et aussi toute la peau, sinon le bouillon de cuisson serait très gras et la sauce aussi, bien entendu.

Si le bouillon de viande parait gras, faire la sauce des blanquettes avec moitié bouillon et moitié eau.

Riz blanc ou pomme de terre à l'anglaise forment un accompagnement idéal.

On peut aussi faire cuire en même temps que la viande plusieurs carottes coupées en gros morceaux et des champignons de Paris coupés en deux, ce qui multipliera les légumes et plaira beaucoup.

Pintade aux choux

Le chou vert est cuit à l'eau bouillante salée, en feuilles ou en quartiers et bien égoutté. Puis on le remet dans une casserole à petit feu pour bien l'assécher et le tenir chaud.

La pintade est cuite en cocotte (voir recette Poulet rôti cocotte).

Une fois cuite on la découpe en morceaux. On place ces morceaux au dessus du chou et on laisse « mijoter » 15 à 20 minutes afin que tout l'ensemble se parfume.

Pour faire manger le chou, servez « sur canapé »... par personne : une tranche de pain de mie grillée, tartinée légèrement avec le foie de la volaille cuit et écrasé... et placée entre le chou et la part de volaille.
Hum ! un beau succès pour la maman !

Lapin à la moutarde

Un plat de choix, très facile à faire et à consommer... Mais choisissez un beau lapin et un bon boucher qui le désossera. Vous aurez ainsi un morceau de viande entier qui surprendra vos convives et évitera une dégustation compliquée avec des os partout !

Placer le lapin désossé dans un grand plat long avec un demi verre d'eau. Le recouvrir au pinceau d'un demi verre de moutarde forte. Saler peu, poivrer légèrement. Placer autour du lapin des petits oignons blancs ou des oignons coupés en morceaux. Mettre à four froid, le thermostat étant réglé sur 180 – 200° et laisser cuire ainsi pendant 45 à 60 minutes selon grosseur du lapin. Ajouter un petit pot de crème fraîche quelques instants avant de le sortir du four. Servir dans le plat de cuisson.

Les pommes de terre à l'anglaise constituent un bon accompagnement. Choisir des petites BF ou des Roseval. Mais nous conseillons de consommer le lapin seul (c'est si bon) car il y a peu de sauce : les pommes de terre « mangeraient » la sauce, comme disent les enfants... Il est donc préférable de servir seulement ensuite les pommes de terre chaudes avec la salade verte et le fromage. On consommera ensemble ces trois plats.

Canard à l'orange

« à ma façon »

Un plat de fête ! Préparation simplifiée et sauce légère. Avec un canard coupé en morceaux ou des morceaux achetés au détail... l'aile notamment convient bien pour les enfants il n'y a pas d'os et on peut très facilement la couper en 2 ou 3 parts. Il convient d'enlever la peau.

Faire revenir les morceaux dans une sauteuse graissée avec huile d'arachide ou saindoux et bien chauffée. Lorsque les morceaux sont bien dorés, les sortir, les essuyer et vider la sauteuse de toute la graisse qui s'y trouve.

Remettre les morceaux de canard dans la sauteuse, les saupoudrer de 2 cuillerées à soupe de farine (pour 4 beaux morceaux) remuer rapidement et ajouter le jus de 3 oranges, soit 2 verres diluée avec 1 verre d'eau, ainsi que quelques petites lamelles de zeste d'orange (peau extérieure de l'orange facilement découpée avec un couteau Économe).

Saler poivrer, laisser cuire ainsi à petits bouillons, sauteuse mi-couverte pendant 45 à 60 minutes selon grosseur des morceaux et tendreté du canard : il est à point lorsqu'une fourchette le traverse facilement.

Servir dans un plat chaud.

Garnir avec des rondelles d'orange.

On peu ajouter, pour parfumer, juste avant la fin de la cuisson un cuillerée à soupe de liqueur à l'orange (facultatif).

Le riz blanc, nature et bien chaud représente l'accompagnement idéal.

Le pâté se sert froid, se prépare à l'avance et facilite donc beaucoup le travail de la mère de famille. Tous nos pâtés sont peu gras et peuvent remplacer la part de viande d'un repas.

Pâté de lapin

- un kilogramme de chair de lapin (sans os) * ;
- 400 grammes de côtes secondes de porc (sans os) ;
- 200 grammes de lard maigre fumé ;
- sel, poivre, une cuillerée à soupe de cognac.

Hacher les 3 viandes. Les mélanger. Ajouter sel, poivre, cognac et laisser reposer 2 heures au frais.

Mettre dans une grande casserole un litre d'eau, les os du lapin et de porc, la couenne du lard, une carotte coupée en rondelles, un bouquet garni. Faire cuire une heure. Filtrer le bouillon.

Répartir la viande dans des terrines ou bols (ou ramequins qui forment une part individuelle). Arroser avec un peu de bouillon. Couvrir. Mettre cuire à four froid réglé à 200° pendant une heure à une heure et demi selon grandeur des terrines (40 minutes pour les ramequins).

Pâté de volaille ou de veau

(Galantines)

On remplace la chair du lapin par la même quantité de chair de poulet, de dinde ou de veau (épaule) on ajoute les mêmes quantités de porc et on pratique la même préparation.

* Les bons bouchers désossent le lapin beaucoup plus vite et beaucoup mieux que les ménagères !

LES LÉGUMES

Blancs, verts, rouges ou jaunes... ce sont les légumes « verts » dont il faut faire un grand usage, une consommation quotidienne.

On doit toujours avoir sous la main les **légumes de base : carottes, poireaux, courgettes, tomates, choux, salades,** qu'on utilise chaque jour et acheter, chacun leur tour, **épinards, chou-fleur, haricots verts, endives** afin de leur réserver une place dans les menus de la semaine.

Les surgelés et les conserves conviennent aussi pour les mères de familles pressées... mais de grâce n'oublions pas les légumes frais !

Les doses indiquées dans nos recettes constituent un ordre de grandeur et correspondent à l'appétit moyen d'un enfant de 14 ans ou d'un adulte (puisque les besoins de ces deux individus sont les mêmes). Il n'y a aucun inconvénient à en consommer plus... le légume apporte très peu d'énergie donc n'est jamais à limiter. Il représente au contraire un bon moyen de remplir l'estomac sans danger.

Les légumes doivent toujours être bien lavés et souvent épluchés. Seules courgettes, aubergines, tomates peuvent être consommées avec la peau, sauf en cas de troubles intestinaux et chez les petits enfants où il y a souvent intérêt à éliminer au maximum la cellulose, indigeste, celle-ci risquant d'aggraver ces troubles.

ARTICHAUT

Un cœur d'artichaut en vinaigrette plaît souvent aux enfants. Entourez-le de lamelles de betteraves rouges de quelques feuilles de salade et il devient le cœur d'une jolie fleur...

ASPERGE

Très riche en eau (93 %)... elle est un régal souvent coûteux, à consommer en hors d'œuvre.

AVOCAT

Riche en matière grasse (20 % de son poids) il doit, au contraire de l'asperge, être limité en quantité. Quelques rondelles dans un hors d'œuvre pour le bon goût et le décor du plat mais pas un demi-avocat tous les jours.

BETTES

La cote doit être bien épluchée et débarrassée de ses fils, coupée en gros bâtonnets et mise à cuire à l'eau bouillante salée entre 20 et 30 minutes. On peut l'accommoder :
- avec beurre ou crème ;
- avec une sauce Béchamel ou une sauce tomate ;
- dans du jus de rôti.

Le vert de la cote peut être cuit et préparé comme des épinards.

CAROTTES

Pour le potage et de nombreux plats... riche en carotène (vitamine A). Compter environ 60 g par personne pour le potage et 300 g pour un plat.

Carottes à l'eau

Coupées en rondelles fines, mises à cuire à l'eau bouillante salée 20 minutes, bien égouttées et servies bien chaudes avec par personne, soit une noisette de beurre frais, soit une cuillerée à soupe de crème fraîche.

Carottes jardinières

Par personne :
- 300 g de carottes coupées en rondelles ;
- un petit oignon haché ;
- une demi salade (laitue ou scarole) ;
- une cuillerée à café d'huile d'arachide ;
- persil, sel et poivre.

Faire chauffer l'huile dans une casserole. Verser les carottes et l'oignon, faire revenir rapidement en tournant, ajouter sel, poivre, persil, puis la salade (entière ou en feuilles).

Couvrir avec un couvercle creux ou un plat rempli d'eau froide pour assurer une cuisson régulière sans risque de carbonisation...

Cuire 20 à 40 minutes selon tendreté des carottes. Vérifier au cours de la cuisson qu'il y a assez d'eau au fond de la casserole, sinon en ajouter un peu.

Carottes au lait

Par personne :

- 300 g de carottes coupées en rondelles ;
- une échalote, du persil, sel, poivre ;
- une cuillerée à café d'huile d'arachide ;
- un demi verre de lait.

Faire chauffer l'huile, verser les carottes et l'échalotte coupée.

Faire revenir rapidement en tournant puis ajouter sel, poivre, persil et lait. Bien mélanger. Couvrir avec un couvercle ou un plat rempli d'eau froide (pour éviter évaporation et carbonisation) et laisser cuire de 20 à 40 minutes selon tendreté des carottes.

Vérifier au cours de la cuisson qu'il y a suffisamment de « jus » au fond de la casserole sinon ajouter un peu d'eau.

Plat délicieux, original qui accompagne toutes les viandes blanches ou rouges et que l'on peut servir, pour le repas du soir, avec ensuite jambon-salade.

Carottes – pommes de terre

(voir Légumes mélangés, page 128).

Purée de carottes

Cuites à l'eau (ou mieux dans du lait). Égoutter.

Passer au moulin légumes ou au mixer et ajouter pour 4 personnes une noix de beurre ou 2 cuillerées à soupe de crème fraîche.

Peut attendre et se réchauffer au four ou au bain marie.

Purée double carottes-pommes de terre

Purée classique du petit enfant, dès 8 mois... elle peut être servie pour les convives de tout âge. Mouliner ensemble les légumes ajouter beurre et lait, remuer vivement et servir aussitôt.

CÉLERI BRANCHE

un pied pour 2 à 4 personnes

Cru : le cœur bien tendre, coupé en petits morceaux se consomme en vinaigrette.

Cuit : la côte doit être bien épluchée et débarassée de ses fils. La couper en gros bâtonnets et cuire à l'eau bouillante salée de 20 à 30 minutes. Bien égoutter et accommoder avec du beurre ou du jus de viande blanche : poulet ou rôti de veau.

CÉLERI RAVE

une boule pour 4 personnes.

Cru : râpé et assaisonné de sauce Mousse.

Cuit : plusieurs préparations :

En morceaux

Coupé en gros morceaux et mis à cuire à l'eau bouillante salée pendant 20 minutes, bien égoutté, il est servi assaisonné avec du beurre ou avec du jus de poulet ou rôti de veau.

En purée

Une fois cuit comme indiqué ci-dessus et bien égoutté, il est passé au moulin – légumes ou au mixer et assaisonné avec une cuillerée à soupe de crème fraîche (pour 4 personnes). C'est une purée qui peut attendre et qui accompagne très bien les viandes blanches, les volailles.

En purée double céleri-pommes de terre

On cuit en même temps et en même quantité céleri et pomme de terre, on passe au moulin – légumes et on ajoute du beurre et un peu de lait.

CHAMPIGNONS

« Oh des champignons ! » Cri de joie d'un enfant. Sachons les mettre autour d'un plat pour faire accepter un aliment qui plaît moins.

Ils doivent toujours être épluchés et lavés avec soin.

Crus : Champignons de Paris coupés en lamelles et assaisonnés en Sauce Vinaigrette, Sauce au yaourt ou Sauce tomate froide. A préparer à l'avance.

Cuits : La cuisson à l'eau est facile et rapide mais fait perdre leur goût. Préférons l'autre manière : les couper en lamelle et les placer sans aucun ajout dans une poêle chauffée doucement. Le champignon cuit en quelques minutes d'abord dans son eau de constitution puis à sec lorsque cette eau s'est évaporée. Attention aux dernières minutes de cuisson...

Cette cuisson sans aucun ajout de matière grasse convient pour les préparations de croustades, tartelettes, pour mettre autour d'un rôti ou d'un poulet ou encore pour faire en omelette. Si les champignons forment un plat de légumes, on peut terminer la cuisson à feu plus vif en ajoutant un peu d'huile d'arachide ou d'olive, du persil haché, de l'ail éventuellement.

Le champignon de couche (ou de Paris) est le plus courant et le moins coûteux. La réputation des girolles, morilles, cèpes autour d'une volaille ou d'un rôti de veau n'est plus à faire... mais leur prix n'en permet pas un usage fréquent ! Pleurotes lactaires délicieux et bien d'autres conviennent aussi.

Les champignons contiennent un glucide particulier le tréhalose, mal supporté par certaines personnes, entraînant diarrhée plus ou moins intense. Si un enfant réagit à l'absorption d'un champignon même anodin... il faut connaître cette particularité.

CHOU

Blanc, vert ou rouge... pommé ou frisé ou en fleur comme le Brocolis, un légume d'hiver un peu oublié et pourtant très intéressant.

Chou braisé

Blanchir le chou en feuilles ou en quartiers à l'eau bouillante salée pendant 10 minutes.

Égoutter, écraser un peu à la fourchette et mettre à étuver à feu doux dans une casserole légèrement huilée pendant 20 minutes encore.

Servir très chaud.

On peut ajouter au fond de la casserole du lard maigre coupé en dés ou en fines tranches.

Chou Parmentière

Cuire en même temps à l'eau bouillante salée le chou en feuilles ou en quartiers et des pommes de terre BF coupées en morceaux, pendant 20 minutes.

Égoutter le tout, écraser l'ensemble à la fourchette, bien mélanger ajouter une noix de beurre et une petite poignée de gruyère râpé (pour 4 personnes).

Mettre au four pour gratiner.

Chou farci

Pour 4 personnes :

- un gros chou, 3 oignons, persil, sel, poivre ;
- 250 g de champignons de Paris ;
- 200 g de jambon blanc ou de viande de volaille ;
- 2 œufs ;
- une petite poignée de gruyère râpé ;
- 2 cuillerées à soupe d'huile d'arachide.

Cuire le chou à l'eau bouillante salée, en feuilles ou en quartiers.

Bien égoutter, écraser à la fourchette. D'autre part, faire cuire das une poêle huilée le mélange oignons et champignons coupés en morceaux, ajouter jambon ou volaille hachés ou coupés en petits morceaux, les œufs battus, le persil, le sel, le poivre.

Dans un moule haut ou en couronne, disposer une couche de chou, une couche de farce, une couche de chou... ajouter le gruyère râpé sur la dernière couche de chou et mettre à four chaud 30 minutes.

Peut se préparer d'avance et réchauffer avant le repas.

Chou en potée

(voir page 253).

Chou Brocoli

Cuire à l'eau bouillante salée durant 15 minutes.

Égoutter et assaisonner en vinaigrette ou servir très chaud avec une viande rôtie. Des jolis petits choux au goût très délicat.

Chou rouge

Peut être cuit et accommodé comme le chou vert.

Mais on le prépare surtout cru, râpé et en vinaigrette.

CHOU-FLEUR

Légume de toute saison... tout blanc, se consomme au naturel ou nappé de béchamel.

Cuisson à l'eau bouillante salée soit du chou fleur coupé en deux moitiés, soit des têtes de chou fleur, pendant 15 minutes environ. Bien égoutter et accommoder de la façon suivante :

En petit gratin

Placé dans un plat allant au four, recouvert de quelques noisettes de beurre et de quelques pincées de gruyère râpé.

Mis à four moyen 10 minutes.

En Béchamel

Placé dans un plat allant au four et recouvert de sauce Béchamel puis de gruyère râpé par dessus et mis à four moyen 10 minutes.

On peut ajouter au gratin des pommes de terre cuites à l'eau et un œuf dur par personne, ce qui forme un plat complet.

En salade

Chou fleur froid et sauce vinaigrette.

En omelette

Un reste de chou fleur est mis à réchauffer doucement dans une poêle et recouvert d'œuf battu.

Cette préparation est souvent un moyen de faire consommer du chou fleur par les enfants (une petite tête d'abord, davantage ensuite).

COURGETTE

Un légume un peu fade et plein d'eau. Surtout ne pas le cuire dans l'eau mais à l'étouffée ou avec un autre légume qui lui donne goût et couleur : ail, oignon, tomate.

On épluche ou non la courgette, selon le goût de chacun, l'épaisseur de la peau, le plat que l'on prépare et aussi la sensibilité des intestins à la cellulose...

Courgette rose Express

Par personne :
- une courgette, un oignon, une tomate ;
- sel et poivre ;
- un demi-verre d'eau.

Couper la courgette en rondelles et la mettre dans une casserole avec tomate et oignon coupés en morceaux, sel, poivre et eau.

Cuire à feu doux pendant 15 minutes.

L'eau ajoutée s'évapore au cours de la cuisson, on obtient un légume moelleux et coloré.

Gratin de courgettes

À préparer en même temps qu'un poulet ou rôti qui cuit au four.

Par personne
- une grosse courgette ;
- un 1/2 verre de lait ;
- une petite poignée de gruyère râpé
- sel, poivre.

Couper la courgette en rondelles ou en petits morceaux et la mettre dans un plat allant au four recouverte du lait, le tout salé et poivré.

Cuire pendant 30 minutes environ.

À ce moment-là, écraser à la fourchette pour obtenir une purée, ajouter le gruyère et remettre au four 10 à 15 minutes.

Servir très chaud.

Courgettes farcies Pamela

Par personne :
- une courgette moyenne (150 g) ;
- 2 tomates ;
- une cuillerée à soupe d'huile d'arachide ;
- sel, poivre, ail, persil ;
- 2 cuillerées à soupe de farce de viande.

Éplucher ou non les courgettes, les couper en deux dans le sens de la longueur et les évider légèrement de leurs graines.

Les poser dans une poêle huilée chauffée, coté peau et les laisser dorer sur ce coté 3 minutes. Cette opération a pour but de leur assurer une cuisson meilleure et plus rapide.

Les poser ensuite, côte à côte dans un plat allant au four.

Les recouvrir avec la farce de viande faite avec :

Pour 4 personnes :
- 200 g de viande blanche crue ou cuite (veau, poulet, dinde..) ;
- 100 g de jambon blanc ;
- 30 g de pain mouillé dans du lait et émiétté ;
- 2 œufs entiers ;
- sel, poivre.

Hacher viande et jambon. Mélanger le tout. Saler, poivrer.

Puis recouvrir encore avec les tomates coupées en rondelles et cuites quelques minutes dans la poêle avec huile, persil, ail, sel et poivre.

Mettre le plat à four chaud 220° pendant 40 minutes environ.

On peut bien entendu remplacer viande et jambon par de la chair à saucisse mais le plat obtenu est plus gras et moins digeste.

Courgettes provençales

Par personne :
- une grosse courgette ;
- ail, sel, poivre ;
- une cuillerée à soupe d'huile d'arachide

Couper la courgette en rondelles, les mettre à cuire dans la poêle huilée bien chaude, remuer, ajouter ail, sel, poivre, persil éventuellement et laisser cuire à feu moyen pendant 15 minutes environ.

Courgettes partout

Légume présent presque toute l'année et vite cuit, la courgette accompagne très bien un reste

de riz, pâtes ou viande froide un peu secs et difficiles à consommer seuls...
Elle est aussi, nous l'avons vu, très utile à ajouter dans les viandes en sauce, apportant texture et goût. Son ajout en petite quantité dans un potage (une demi courgette pour 4 personnes) lui donne un velouté très agréable.

On peut aussi la transformer en purée. Un légume à avoir toujours sous la main.

N'oubliez pas les purées de légumes : carottes, courgettes, chou rouge, céleri rave...

Toutes les purées doivent être servies bien chaudes. Le mieux est d'utiliser pour les cuire et les préparer une casserole à queue amovible qui passe du feu... à table.

ENDIVES

Par personne 400 g environ. Les endives ne sont plus amères comme autrefois et même de jeunes enfants les consomment volontiers surtout préparées avec sauce béchamel et jambon.

Braisées

Bien lavées, entières ou coupées en deux dans le sens de la longueur, elles sont placées dans une marmite avec sel et poivre et mises à cuire à feu très doux sans aucun ajout d'eau ni de matière grasse. Au début de la cuisson, l'eau de l'endive assure une cuisson en atmosphère humide puis elle s'évapore ; en fin de cuisson, il faut couvrir la marmite avec un couvercle ou plat creux empli d'eau froide pour éviter la carbonisation. La cuisson demande 40 minutes environ, elle conserve tout son goût à l'endive.

Gratinées

Cuire les endives entières à l'eau bouillante salée pendant 10 minutes. Bien les égoutter et les placer dans un plat allant au four avec 4 possibilités pour les accomoder :

au gruyère : on ajoute du gruyère râpé par dessus ;

au jambon et au gruyère : on entoure l'endive dans une fine tranche de jambon, on ajoute du gruyère râpé par dessus ;

en Béchamel : on ajoute une sauce béchamel et du gruyère râpé ;

au jambon et en béchamel : on entoure l'endive dans une fine tranche de jambon, on ajoute la sauce béchamel et du gruyère râpé (réalisant ainsi un plat complet).

Le plat est mis à four chaud pendant 10 minutes environ.

Crues en salade
(voir Salades)

ÉPINARD

Riche en fer (peut être mal absorbé...) l'épinard est un légume d'hiver intéressant, peu coûteux et apprécié.

On compte 500 grammes d'épinards par personne.

Ils s'altèrent vite, il faut les cuire rapidement après l'achat encore très verts et très frais, par immersion dans l'eau bouillante salée 5 minutes environ.

Égoutter soigneusement et remettre dans une casserole avec crème ou lait.

Servir bien chaud.

Fantaisie d'épinards

Les épinards bien réchauffés avec le verre de lait sont servis sur un plat avec, par personne :

- deux demi-œufs durs encore chauds ;
- une tranche de jambon ;
- quelques croûtons de pain grillé.

Épinards – Purée

Les épinards assaisonnés avec lait ou crème et une purée de pommes de terre, sont présentés sur le même plat.

Ce mélange de légumes accompagne très bien le poisson vapeur le poisson doré ou toutes les viandes rôties ou grillées.

FENOUIL

Se consomme cru, râpé en hors d'œuvre ou cuit : couper le bulbe en deux ou quatre morceaux.

Les plonger dans l'eau bouillante salée vingt

minutes et accomoder ensuite avec beurre et fromage râpé ou du jus de rôti.

HARICOTS VERTS

200 g par personne environ.

Cuisson à l'eau bouillante salée de 10 à 20 minutes selon grosseur et tendreté des haricots et selon le goût de chacun...

Ne pas trop laisser cuire sinon le haricot se gorge d'eau et devient fade.

On égoutte rapidement et on sert :

- avec une noisette de beurre frais ou une petite cuillerée à soupe de crème fraîche ;
- étuvé avec un oignon et un peu d'huile ;
- assaisonné avec du jus de poulet ou de rôti de veau ;
- étuvé avec du lard maigre ;
- assaisonné avec une sauce Béchamel (ou une sauce tomate) ;
- froid en vinaigrette.

Choisissez selon la saison et le prix le haricot vert fin ou le haricot mange tout plus gros mais tendre et moelleux... et l'hiver le haricot dit Coco d'Espagne large et plat.

Toutes ces préparations peuvent aussi se faire avec des haricots surgelés ou de conserve.

HARICOTS ÉCOSSÉS

Haricots blancs de l'automne.

Cuisson à l'eau bouillante salée pendant 30 minutes environ. Peuvent être servis mélangés aux haricots verts.

HARICOTS SECS

(voir légumes secs)

La crème fraîche est un excellent assaisonnement de tous les légumes. Elle se mélange très intimement à l'ensemble, même en petite quantité et « se voit ».
Ajoutez-en dans les haricots verts... le plat sera toujours fini !

JARDINIÈRE DE PRINTEMPS

Avec les légumes primeurs.

Préparation à l'étuvée des légumes frais : petits

pois, carottes nouvelles, oignons blancs, pommes de terre nouvelles, salade.

Pour 4 personnes :
- un kg de petits pois ;
- 500 g de carottes ;
- 500 g de pommes de terre ;
- 150 g d'oignons blancs ;
- 2 salades (laitue ou batavia) ;
- sel, poivre ;
- une cuillerée à soupe d'huile d'arachide.

Dans une casserole huilée, faire revenir rapidement en quelques minutes les carottes (entières ou coupées en deux), les oignons, ajouter les petits pois, les feuilles de salade, saler, poivrer et couvrir avec un couvercle ou un plat creux rempli d'eau froide pour que les légumes cuisent dans leur eau de constitution sans évaporation.

La cuisson totale dure 45 minutes environ ; ajouter les pommes de terre à mi-cuisson.

LÉGUMES MÉLANGÉS

(cuits à l'eau bouillante salée)

Le duo de toute l'année

Pommes de terre – carottes coupées en gros morceaux. Mettre d'abord les carottes qui sont plus longues à cuire puis 20 minutes plus tard ajouter les pommes de terre et laisser cuire 10 minutes encore.

Égoutter et ajouter pour quatre personnes une noix de beurre ou une cuillerée à soupe de crème fraîche.

Le trio d'hiver

Pommes de terre – carottes coupées en gros morceaux, poireaux entiers. Mettre cuire en même temps carottes et poireaux puis 20 minutes plus tard ajouter les pommes de terre. Dix minutes plus tard, égoutter et ajouter une noix de beurre.

Pour mieux faire accepter cette préparation, un conseil : mettre cuire en même temps une tranche de lard demi-sel nature ou fumé qui parfumera l'ensemble : le petit carré de lard ajouté dans chaque assiette fera consommer les légumes avec plus de plaisir. (Il est préférable de mettre le lard à l'eau froide).

Le quatuor d'été ou Petits légumes

Pommes de terre – carottes – haricots verts coupés en petits dés et petits pois. Les pommes de terre sont mises, là aussi 20 minutes après les autres légumes. On assaisonne avec une noix de beurre et on ajoute du persil finement coupé.

Cette présentation en petits morceaux ne permet pas le choix du légume et entraîne peu à peu l'enfant à manger l'ensemble.

Ce mélange froid assaisonné de mayonnaise devient macédoine.

Peut être préparé l'hiver avec haricots « coco d'Espagne ». On ajoute en fin de cuisson une demi boîte de petits pois.

POIREAUX

Un légume à redécouvrir.

Pour le potage, le poireau est coupé en morceaux. Pour toutes les autres préparations, il est partagé en deux dans le sens de la longueur, à partir de la moitié du blanc afin que les feuilles ne se dispersent pas dans l'eau de cuisson. Cuisson à l'eau bouillante salée 10 minutes environ. Par personne un gros poireau ou 4 petits...

Gratinée de poireaux

Cuire les poireaux à l'eau bouillante salée pendant 10 minutes. Bien les égoutter et les placer dans un plat allant au four avec, comme pour les endives 4 possibilités de préparation :

au gruyère : on les parsème de gruyère râpé.

au jambon et au gruyère : on entoure le poireau dans une fine tranche de jambon, on ajoute du gruyère râpé par dessus

en béchamel : on recouvre les poireaux de sauce béchamel et de gruyère râpé

au jambon et en béchamel : on entoure le poireau dans une fine tranche de jambon, on ajoute la béchamel et du gruyère râpé (réalisant ainsi un plat complet).

Le plat est mis à four chaud pendant 10 minutes environ.

Poireaux Parmentière

Par personne :

- 4 poireaux cuits à l'eau, bien égouttés ;
- une grosse pomme de terre cuite à l'eau ou à la vapeur ;

• une petite poignée de gruyère râpé.

Dans un plat allant au four placer en couche la moitié des poireaux puis la pomme de terre écrasée à la fourchette puis le reste des poireaux.

Saupoudrer avec le fromage. Mettre à four chaud 15 minutes.

On peut répartir inégalement les deux légumes en mettant beaucoup de pommes de terre et peu de poireaux d'un côté, pour les enfants.

Poireaux confits

Par personne :

• 4 petits poireaux ;
• une petite cuillerée à soupe d'huile d'arachide ;
• une petite cuillerée à soupe de sucre en poudre.

Couper les poireaux en morceaux de 4 à 5 cm de longueur. Les placer dans une poêle huilée et chauffée et les faire cuire à feu assez vif (mais sans brûler) pendant 5 à 8 minutes. Puis les saupoudrer de sucre et achever la cuisson en remuant une ou deux fois pendant 5 minutes encore.

On obtient un poireau tendre et sucré qui constitue une garniture originale pour une viande blanche.

Poireaux en salade

...ne pas les oublier.

Cuits à l'eau et bien égouttés, ils sont servis encore tièdes ou froids avec une sauce vinaigrette.

POTIRON

Une si belle couleur pour un plat joyeux.

Gratin de potiron

Couper le potiron en gros morceaux. Les mettre cuire sans ajout d'eau dans une casserole, à feu très doux pendant 20 minutes. Le potiron rejette d'abord beaucoup d'eau qui s'évapore en fin de cuisson.

Égoutter s'il y a encore de l'eau.

Mouliner ou mixer. Saler.

Ajouter une béchamel épaisse, un peu de fromage de gruyère râpé et mettre à four chaud (il faut à peu près autant de béchamel que de purée de potiron).

PURÉES

La purée de pomme de terre-carottes est le premier plat de l'alimentation diversifiée de l'enfant. On ajoute peu à peu épinards, haricots verts... et tous les légumes pour lui apporter variété et lui en donner le goût.

Mais la purée de pomme de terre, pour être savoureuse et très digeste ne doit pas être réchauffée, ce qui oblige à la préparer au dernier moment. Les purées de légumes ont l'avantage de pouvoir être préparées à l'avance et de simplifier le travail de la mère de famille.

Les 3 purées :

de céleri rave blanche ;
de carotte rouge ou de **potiron** orange ;
d'épinards ou chou **brocolis** verte.

Accompagnent toutes les viandes rouges ou blanches (rosbif, rôti de veau ou de porc) toutes les volailles (pintade ou poulet) et le gibier (faisan, chevreuil rôti).

Cuire chaque légume à l'eau bouillante salée. L'égoutter. Le passer au moulin-légumes ou au mixer et mettre immédiatement chaque purée dans un petit saladier ou moule allant au four (les moules à soufflés conviennent très bien).

Ajouter une cuillerée à soupe de crème fraîche (pour 4 parts) quelques minutes avant de servir, c'est-à-dire lorsque la purée est bien chaude. On peut réchauffer soit au bain marie soit au four, solution la plus facile lorsqu'un plat de viande cuit au four.

Servir chaud en même temps que viande ou volaille.

RATATOUILLE

Un mélange coloré, savoureux, qui plait et se réchauffe sans dommage : aubergines, courgettes, poivrons, tomates, oignons, ail, sel et poivre.

Éplucher les courgettes et les aubergines. Enlever la peau des tomates.

Couper en gros morceaux tous ces légumes et les poivrons, ajouter les oignons coupés en tranches et l'ail hâché.

Mettre à cuire à feu très doux dans une marmite, ajouter sel et poivre. Laisser cuire une heure environ.

Tous les légumes rejettent leur eau au début et il n'y a aucun risque de carbonisation. Il faut à la fin couvrir avec un couvercle creux rempli d'eau froide. On peut, au moment de servir, ajouter une cuillerée à soupe d'huile d'olive pour le bon goût.

La ratatouille peut aussi cuire en cocotte couverte au four, le même temps environ.

Les quantités de chaque légume sont variables selon le goût de chacun. De même on ajoute ou non de l'ail. Cette préparation peut se faire en grande quantité : elle se réchauffe et se congèle très bien, se consomme chaude ou froide ou encore en garniture d'omelette. Le riz se marie très bien avec elle, beaucoup de riz, peu de ratatouille pour les petits puis, progressivement, on inverse les proportions.

TOMATE

Un légume-fruit de toute l'année à consommer cru ou cuit.

Utile par son bon goût et sa couleur gaie, la tomate cuite en morceaux ou en sauce agrémente et améliore de nombreux plats. Bien à l'abri dans sa peau solide (cellulose) parfois difficile à avaler par les petits et jamais digérée (on la retrouve telle quelle à la sortie) on a donc intérêt à éplucher la tomate en la plongeant quelques instants dans l'eau bouillante (moins d'une minute, sinon elle commence à cuire) ; elle s'épluche alors très facilement et le plat obtenu est de grande qualité.

Crue :

– croquée comme un fruit, pour commencer le repas ;

– coupée en morceaux, avec une sauce vinaigrette ;
– en mélange avec salade verte et tous légumes en vinaigrette ;
– coupée en deux, légèrement évidée et garnie de poisson froid pour un hors d'œuvre copieux.

Cuite :
– à la poêle avec de l'ail et des herbes ;
– en casserole avec courgettes et tous les légumes de la ratatouille ;
– en sauce pour napper viande ou poisson ou un légume blanc un peu fade et triste : bettes ;
– dans le potage.

Tomates provençales

Dans une poêle légèrement huilée, faire cuire des tomates coupées en deux, ajouter ail et persil finement coupés.

Tomates farcies

Les tomates coupées en deux et légèrement évidées en leur milieu sont emplies d'une farce à la viande et placées l'une près de l'autre dans une marmite légèrement huilée. On fait cuire à feu moyen 40 minutes environ. On peut effectuer la cuisson au four, il faut alors compter une heure

Farce ; pour 8 tomates (soit 4 personnes) ;

- 200 g de viande crue ou cuite de veau ou poulet ;
- 100 g de jambon blanc ;
- 30 g de pain mouillé ;
- un œuf entier, sel, poivre.

LES POMMES DE TERRE

À cuisiner... en urgence

La pomme de terre ce n'est pas seulement des chips ou des pommes de terre soufflées vendues en petits paquets. C'est un tubercule qu'il faut éplucher (mais le couteau Économe est là pour çà) et qui permet la préparation de très bons plats que tous les enfants apprécient.

Savoir choisir la pomme de terre

« Solides » pour cuire sans s'écraser :

- la Belle de Fontenay (dite B F) : blanche ;
- la Roseval : rose.

« Tendres » pour potages, pommes de terre dauphinoises

- la Bintje : blanche ;
- la Rouge du Loiret : peau rouge et chair jaune.

Savoir la cuire

Dans l'eau. Afin que la pomme de terre ne disparaisse pas dans l'eau de cuisson si elle est épluchée ou n'éclate pas si elle a encore sa peau, on ne doit pas la cuire à gros bouillons mais au contraire réduire le feu afin d'obtenir une cuisson à petits bouillons : eau frémissante.

Dans la sauteuse. Il faut remuer les pommes de terre avec une cuiller de bois ou bien secouer la poêle à plusieurs reprises au cours de la cuisson.

Sel. Doit toujours être ajouté (sans excès) soit dans l'eau de cuisson, soit sur les pommes de terre.

NATURE

En robe des champs (avec la peau)

Choisir des petites B F ou Roseval.

Les brosser dans l'eau pour enlever toute la terre.

Les mettre dans l'eau froide salée et faire cuire à petits bouillons pendant 10 à 15 minutes selon grosseur.

Les sortir de l'eau au moment de consommer. Éplucher à table et manger :

- à côté de viande, poisson ou salade ;
- avec du beurre frais et du sel.

« **En armure** » **(avec la peau)**

Choisir des Bintje de bonne taille.

Les brosser dans l'eau pour enlever toute la terre.

Les essuyer et les envelopper avec leur peau dans un papier d'aluminium.

Les placer au four chaud (200°) pendant une heure et demie au moins.

Sortir du four et servir aussitôt, avec le papier. On coupe en deux et on mange la chair à la petite cuillère, nature ou avec un peu de crème fraîche.

À l'anglaise (épluchées)

Choisir des petites B F ou Roseval. Les éplucher.

Les mettre à l'eau froide salée et cuire 10 à 15 minutes.

Égoutter avec précaution et verser dans un plat chaud contenant soit une noix de beurre frais soit une cuillerée de crème fraîche. Servir aussitôt.

RISSOLÉES

(Sautées !)

Dans une sauteuse, la cuisson des petites pommes de terre nouvelles entières ou des autres coupées en morceaux est classique... pas toujours facile à réussir car il arrive que la pomme de terre soit brûlée et pas cuite...

Pomme Délice avec la pomme de terre Primeur.

Éplucher ou gratter. Plonger-les à l'eau bouillante salée et laisser cuire à tout petits bouillons pendant 5 minutes : elles ne doivent pas être complètement cuites.

Les égoutter avec précaution sur un linge ou papier absorbant pour bien les sécher. Les verser dans une sauteuse légèrement huilée. La pomme de terre va finir de cuire en dorant et gonflant en 5 à 10 minutes. Saupoudrer ou non de persil haché.

Rissolées au fromage

Pour 4 personnes :

- 600 g de Bintje ;
- 40 g de fromage râpé ;
- 2 cuillerée à soupe d'huile d'arachide.

Éplucher et couper les pommes de terre en rondelles. Les verser dans une sauteuse huilée.

Laisser cuire quelques instants puis remuer doucement à la cuillère de bois ou mieux en secouant la sauteuse.

Ajouter le fromage râpé. Remuer.

Saler, poivrer.

Laisser cuire 20 à 30 minutes en remuant à plusieus reprises.

Rissolées aux oignons

Remplacer le fromage râpé par deux oignons finement coupés... et continuez la cuisson comme dans la recette précédente.

Rissolées aux champignons de Paris

Remplacer les oignons par des champignons (déjà cuits au naturel dans une poêle afin qu'ils ne rejettent pas leur eau dans les pommes de terre ce qui donnerait un plat tout différent). Compter 250 g de champignons pour 4 personnes.

Le « bain-marie » des cuisinières de nos grands-mères n'existe plus. Recréons le bain-marie, tellement utile pour tout maintenir au chaud : une casserole ou marmite large à moitié remplie d'eau chaude et posée sur le feu constitue un bain-marie dans lequel on placera une casserole plus petite contenant la purée ou la sauce (Béchamel ou tomate) ou tout aliment à conserver chaud. De cette façon aucun risque de laisser brûler ni l'aliment – ce qui est dommage pour les convives – ni la casserole – ce qui est dommage pour celle qui la nettoie.

Pommes de terre dauphinoises

Au four

Faciles à préparer. Cuisent dans un plat à côté du poulet qui cuit dans un autre plat.

Pour 4 personnes :

- 800 g de pommes de terre Bintje coupées en rondelles ;
- 15 g d'huile d'arachide (une cuillerée) pour le plat ;

• 40 g de gruyère râpé ;
• 400 g de lait demi-écrémé ;
• sel, poivre, noix de muscade râpé.

Huiler un plat allant au four.

Disposer la moitié des rondelles de pommes de terre, puis la moitié du fromage râpé, puis le reste de pommes de terre, puis le reste du fromage.

Verser par-dessus le lait chaud. Saler, poivrer, muscader.

Mettre à four moyen (180-200°) pendant une heure et demie environ. On peut couvrir le plat pendant la première heure puis découvrir ensuite pour faire dorer.

Accompagne très bien poulet rôti ou rôti de veau et cuit en même temps (économie d'énergie). Mais grâce au lait et au fromage, forme aussi un plat complet (apportant pour chaque part 300 Calories équilibrées).

Purée

Doit être préparée au dernier moment et servie aussitôt... surtout ne pas réchauffer dans la casserole. Si la purée doit attendre, il faut la faire attendre au four saupoudrée de fromage râpée ou bien la placer au « bain-marie ».

Pour 4 personnes :

• 800 g de pommes de terre Bintje ou Urgenta coupées en gros morceaux ;
• 25 g de beurre ;
• 300 g de lait demi-écrémé ;
• sel, poivre
+ 30 g de gruyère râpé si on met au four.

Mettre les pommes de terre à l'eau froide salée et dès l'ébullition réduire le feu pour que la cuisson se fasse à moyens bouillons pendant 20 minutes.

Égoutter. Passer aussitôt au moulin à légumes. (Les batteurs mixeurs ne conviennent pas toujours car ils peuvent former une pâte qui file...)

Ajouter le beurre frais. Battre vigoureusement à la cuillère de bois, puis ajouter le lait chaud en tournant vivement.

Servir bien chaud aussitôt dans la casserole ou dans un plat chaud.

Accompagne toutes les viandes. Avec le gruyère râpé, forme un plat complet apportant pour chaque part 300 Calories équilibrées. À servir, économiquement avec une saucisse grillée et un fruit.

Croquettes de pommes de terre

Pour 4 personnes :

- 600 g de pommes de terre Bintje de bonne taille ;
- 25 g de beurre ;
- 2 jaunes d'œufs. (les 2 blancs en neige éventuellement) ;
- persil ou cerfeuil haché (ou non) ;
- sel, poivre ;
- 2 cuillerées à soupe d'huile pour faire dorer.

Ne pas éplucher les pommes de terre mais bien les brosser.

Les mettre à cuire à l'eau froide salée, à petits bouillons pour qu'elles n'éclatent pas.

Les éplucher aussitôt cuites. Les passer au moulin.

Ajouter le beurre, les jaunes d'œufs. Remuer vigoureusement (sans ajouter ni eau, ni lait) afin d'obtenir une pâte bien lisse et sèche. Ajouter les herbes, le sel, le poivre. On peut ajouter les blancs d'œufs battus en neige ferme... ce qui rend plus délicat le temps suivant de préparation et cuisson des croquettes.

Façonner cette pâte en croquettes plates de 5 cm de diamètre environ et les mettre aussitôt à dorer dans une poêle contenant l'huile chaude.

Retourner au bout de quelques minutes et servir dès que les croquettes sont dorées de chaque côté.

Accompagnent toutes les viandes ou se consomment seules avec une salade (+ fromage et fruit).

Pommes de terre farcies

- une grosse pomme de terre Bintje par personne ;
- 2 cuillerées de farce par personne ;
- 2 cuillerées à soupe d'huile d'arachide (pour la cocotte).

La farce

Pour 4 personnes :

• 200 g de restes de viande cuite (poulet, veau, bœuf) ;
• 100 g de jambon blanc ;
• 2 œufs entiers ;
• 30 grammes de pain mouillé dans un verre de lait et émietté ;
• sel, poivre, persil.

Hâcher les viandes.
Ajouter œufs et pain, sel et poivre.
Bien mélanger le tout.

La préparation

Éplucher les pommes de terre. Les couper en deux.

Creuser légèrement chaque demi pomme de terre et la remplir avec une cuillerée de farce. La poser délicatement dans une cocotte huilée. Les installer ainsi toutes sur le fond de la cocotte. Les petits morceaux de pommes de terre enlevés pour creuser seront placés dans les intervalles.

Cuire à feu moyen, cocotte couverte pendant une heure à une heure et demie.

Plat complet qui utilise les restes.

Pom'eau'Four

Jeu de mots pour une préparation rapide, facile.

Choisir des B.F. : 200 g par personne. Les couper en deux dans le sens de la longueur. Les mettre à l'eau froide salée, porter à ébullition et faire cuire 10 minutes à eau juste frémissante pour ne pas les écraser. Egoutter. Mettre dans un plat allant au four.

Arroser avec un peu d'huile d'arachide (une demi-cuillerée à soupe par personne) et finir la cuisson au four 30 minutes environ. Elles gonflent et dorent et vont du four à table... bien chaudes. Ces pommes de terre qui cuisent sans surveillance de dernier moment accompagnent fort bien le poulet ou le roti de veau qui cuisent en même temps au four, dans un autre plat. On peut éventuellement disposer les pommes de terre dans le plat de viande, il convient alors de ne pas ajouter d'huile le jus du roti suffit.

Omelette aux pommes de terre

Un plat complet à ne pas oublier !

Par personne :
- 200 g de Bintje coupées en demi rondelles fines et bien séchées dans un papier ou un linge ;
- une cuillerée à soupe d'huile d'arachide ;
- deux œufs (un pour les 2 à 10 ans).

Faire chauffer l'huile dans une poêle anti-adhésive de préférence.

Y verser les pommes de terre et les remuer à la cuillère de bois ou les secouer pour qu'elles soient toutes imprégnées de matière grasse. Saler, poivrer.

Laisser cuire à feu moyen pendant 15 minutes environ (vérifier la cuisson à la fourchette ou à la dent).

Chauffer un peu plus fortement la poêle et verser les œufs battus qui cuisent en quelques minutes.

Avec salade verte, yaourt et fruit... un repas économique et qui plaît.

Crêpes de pommes de terre

Pour 4 personnes :
- 600 g de pomme de terre crue rapée ;
- 2 œufs ;
- un verre de lait ;
- sel, poivre ;
- 2 cuillerées à soupe huile d'arachide.

Mélanger la pomme de terre rapée, les œufs, le lait, sel et poivre.

Chauffer l'huile dans une poêle assez grande. Y verser la préparation et cuire à feu assez vif pendant 5 minutes. Réduire un peu le feu et continuer à cuire 5 minutes encore.

Retourner la crêpe en la faisant glisser sur un plat puis en retournant le plat sur la poêle et cuire comme précédemment 5 minutes de chaque côté.

Le temps de cuisson dépend de l'épaisseur de la crêpe ; on a intérêt à utiliser une grande poêle de façon que la crêpe ne soit pas trop épaisse et cuise rapidement sans brûler.

Pommes de terre petit ragout

Pour 4 personnes :
- 800 g de pommes de terre ;
- un oignon ;
- 3 grosses tomates ;
- quelques petits lardons (facultatif) ;
- une cuillerée à soupe d'huile d'arachide ;
- sel, poivre

Couper les pommes de terre en gros morceaux, l'oignon finement et les tomates en rondelles.

Chauffer l'huile dans une casserole. Y faire revenir rapidement les pommes de terre, ajouter oignon, tomates lardons, sel et poivre et laisser cuire à petit feu 40 minutes environ en ajoutant un peu d'eau éventuellement pour que l'ensemble forme une petite sauce au fond de la casserole.

Les frites

Le bifteck-frites-salade, menu très fréquent des adultes... est également apprécié par les enfants.

Prendre des Bintje de bonne taille, les éplucher et les tailler en bâtonnets ; ne pas les laver mais au contraire bien les sécher dans un linge ou un papier. Les plonger dans un bain de friture bien chaud (la graisse végétale de coprah est recommandée). On effectue la cuisson en une ou deux fois, cette dernière façon les rend plus croustillantes et plus dorées : on retire donc les frites à moitié cuites du premier bain de friture, on fait chauffer de nouveau le bain très fort et on les plonge une seconde fois deux ou trois minutes. Les frites doivent être sorties sitôt cuites et aussitôt consommées. Si elles attendent dans le bain de friture elles s'imprègnent de graisse et deviennent moins digestes.

Dans le bain de friture il se forme des produits de surchauffe pouvant être dangereux : aussi est-il recommandé de changer fréquemment (tous les 4 ou 5 bains) et complètement le bain de friture. Il faut bien nettoyer la friteuse avant de remettre de la graisse nouvelle.

Les frites doivent être légèrement salées avant consommation.

Les frites sont une préparation de dernière minute, pas toujours facile pour la mère de famille ; certaines préfèrent préparer des pom'eau'four ou des pommes de terre dauphinoises qui, elles, savent attendre.

Salade parmentière Mamy

Printemps, été, pommes nouvelles.

Pour 4 personnes :

- 800 g de pommes de terre B. F. ou Roseval ;
- 4 œufs durs ;
- 2 cuillerées à soupe d'huile ;
- un verre de bière ;
- vinaigre, sel, poivre ;
- une petite poignée de cerfeuil.

Faire cuire les pommes de terre avec leur peau dans l'eau salée. Les éplucher encore chaudes et les couper en rondelles.

Les mettre dans un saladier et les arroser aussitôt avec la bière, puis ajouter vinaigre, huile, sel, poivre. Mélanger le tout (la bière en mouillant l'ensemble évite l'ajout d'une trop grande quantité d'huile).

Ajouter les œufs durs coupés en rondelles et le cerfeuil coupé au ciseau.

Servir aussitôt les pommes de terre encore tièdes.

Hiver avec un reste de pot au feu.

Ajouter 200 g de viande cuite de pot au feu coupée en dés.

Hachis parmentier

Un plat complet avec un reste de pot au feu...

« Un mélange de purée de pomme de terre épaisse (peu de lait) et de farce à la viande (telle celle du Pavé farci) ».

Placer une couche de purée au fond du plat, la couche de farce, une autre couche de purée ; saupoudrer de fromage râpé et mettre au four dix minutes.

Pâtes, riz, légumes secs

LES PÂTES

Une seule façon de les faire cuire : à **l'eau bouillante salée** et **juste le temps nécessaire** (il existe maintenant des pâtes Express, il est utile de regarder sur l'emballage le temps de cuisson conseillé). Dès que les pâtes sont cuites, on les égoutte et on les accommode pour les servir très chaudes. Si elles doivent attendre, il faut alors ajouter un peu d'eau froide (pour arrêter la cuisson) et les faire ensuite réchauffer vivement avant de les égoutter et de les accommoder (compter 40 à 50 g de pâtes crues par personne).

De nombreuses façons de les préparer : au beurre, au fromage râpé, avec beurre et fromage réunis, avec ajout de sauce tomate maison ou en boîte et en plats fantaisie : timbale, pavé.

Pâtes au beurre et au fromage

Par personne :
- 50 g de pâtes ;
- 5 g de beurre ;
- 20 g de gruyère râpé.

Les pâtes cuites sont accommodées bien chaudes avec beurre et fromage râpé. On obtient un plat complet apportant 300 Calories équilibrées.

Pat'express

Mettre à l'eau bouillante, en même temps et dans la même casserole les pâtes et 2 tomates coupées en morceaux. Cuire.

Égoutter. Ajouter une noix de beurre et une pincée de fromage râpé. On obtient des pâtes roses et on a utilisé une seule casserole...

Pat'à l'œuf

Les pâtes cuites, égouttées sont remises dans la casserole. On ajoute le beurre, le fromage râpé et on casse par dessus un œuf entier que l'on mélange vivement à la cuillère de bois.

On sert aussitôt.

Timbale du terroir

Pour 4 personnes :

Aux pâtes cuites et bien égouttées on ajoute à la fois beurre, fromage râpé (50 g), un bol de sauce tomate ou béchamel légère et des petits morceaux de jambon ou poulet cuit (300 g), voire des champignons déjà cuits. Tout cela bien mélangé est versé dans un plat creux ou un moule haut et mis au four 15 minutes.

Timbale océane

Jambon ou poulet de la recette précédente sont remplacés par la même quantité de morceaux de poisson ou calmars ou moules déjà cuits ou mieux, les trois réunis selon son goût et sa fantaisie.

Le pavé farci

(préparation plus longue)

Les pâtes : on utilise soit la bande de pâte (pour lasagnes ou cannelonis) pré-cuite ou à cuire (bien respecter le mode et le temps de cuisson mentionnés sur l'emballage) soit des pâtes habituelles de gros format : macaronis courts, grosses coquillettes ou avionnettes... Dans les deux cas faire cuire à point et bien égoutter.

La farce : pour 4 personnes, mettre dans une casserole :

- une cuillerée à soupe d'huile d'arachide ;
- 300 g de viande maigre coupée en morceaux (bœuf, veau, poulet ou dinde) ;
- 500 g de tomates épluchées coupées en morceaux ;
- un gros oignons, une carotte finement coupés ;
- du persil, sel et poivre.

Faire cuire à feu moyen 30 minutes environ. Hâcher le tout.

Préparation du plat : dans un plat allant au four placer alternativement une couche de pâtes une couche de farce. Terminer par une couche de pâtes. Saupoudrer de fromage de gruyère ou parmesan râpé. Mettre à four moyen 20 minutes environ. Servir chaud et découper en forme de pavé.

LE RIZ

Deux façons de le faire cuire (40 g à 50 g de riz cru par personne).
A l'eau comme les pâtes. On égoutte et on accommode :
simplement avec beurre ou fromage, ou les deux, ou sauce tomate ;
en timbale avec jambon, viande ou poisson comme pour les pâtes.

Riz au beurre et au fromage

Par personne :
- 50 g de riz ;
- 5 g de beurre ;
- 20 g de gruyère râpé.

Le riz cuit est accommodé bien chaud avec beurre et fromage râpé. On obtient un plat complet apportant 300 Calories équilibrées.

En risotto

À la française
Pour 4 personnes :
- 150 g de riz ;
- une grosse tomate, un oignon, (un poivron, des champignons éventuellement) ;
- 2 cuillerées à soupe d'huile d'arachide ;
- 4 verres d'eau ;
- sel, poivre ;
- 50 g de fromage râpé.

Dans une casserole faire chauffer l'huile. Verser le riz sec en pluie et le remuer rapidement à la cuillère de bois pour qu'il s'entoure d'huile, ceci pendant quelques secondes.
Ajouter alors les légumes coupés en petits

morceaux, le sel, le poivre, remuer et ajouter l'eau qui doit couvrir complètement le riz.

Laisser cuire à feu doux 20 minutes environ, temps pendant lequel toute l'eau s'évapore, laissant un riz gonflé et assez sec.

Ajouter le fromage râpé en fin de cuisson, juste avant de servir.

À l'espagnole

On ajoute une pincée de safran en même temps que l'eau. On remplace le fromage par des crevettes.

À l'asiatique (plat complet)

À la recette française, pour 4 personnes on ajoute 300 g de viande de porc (côte première ou côte échine plus grasse.) ou 200 g de viande de porc et 4 petites saucisses, le tout coupé en morceaux. On verse en même temps dans l'huile riz et viande et on continue la préparation comme indiqué. Ne pas ajouter de fromage mais beaucoup de champignons.

Pâtes et riz au gratin

Pâtes ou riz cuits à point, assaisonnés avec beurre et gruyère râpé sont mis dans un plat au four, à gratiner. Cette préparation a deux avantages : elle peut attendre et elle se conserve très chaude une fois servie. Elle constitue un plat idéal pour collectivités d'enfants.

LÉGUMES SECS

Haricots blancs, lentilles, pois et fèves sont des aliments apportant beaucoup d'énergie puisqu'ils sont à la fois riches en glucides (comme pâtes, riz, pomme de terre) et riches en protides ce qui n'est pas le cas des aliments précédents. Ils doivent être soigneusement triés, lavés et mis à tremper durant plusieurs heures avant cuisson afin de reprendre une partie de l'eau qu'ils ont perdu. Le temps de cuisson est variable : une heure pour les lentilles et pois cassés, deux à trois heures pour les haricots et les fèves de l'année précédente, davantage s'ils datent de plusieurs années.

Les légumes secs se mettent toujours à cuire à l'eau froide salée. On porte à ébullition et on

réduit le feu pour que la cuisson se fasse à petits bouillons le temps nécessaire.

Ils accompagnent classiquement le gigot de mouton et rôti de porc frais mais souvent aussi on cuit en même temps que haricots et lentilles, du porc salé et des cochonailles.

La digestion de ces légumes est parfois un peu difficile du fait de leur teneur élevée en glucides et de leur peau cellulosique.

Il peut y avoir intérêt à les réduire en purées, surtout pour les petits enfants.

Lentilles-cochonailles

Mettre cuire à l'eau froide les lentilles et des tranches épaisses de lard de poitrine fumé. Au bout d'une heure de cuisson ajouter des saucisses chipolatas préalablement piquées avec une fourchette pour qu'elles n'éclatent pas et laisser cuire encore une dizaine de minutes.

Haricots blancs-petit salé

Mettre cuire à l'eau froide les haricots blancs et un morceau de travers de porc demi-sel bien rincé au préalable sous le robinet d'eau froide. Ne pas saler. Laisser cuire deux heures environ.

LES FROMAGES

Le fromage c'est du lait en conserve. Le lait est nécessaire tout au long de la vie, voilà pourquoi tous nos plans d'alimentation comprennent du lait au petit déjeuner, au goûter des petits, et du fromage aux deux repas. Si l'on utilise lait ou fromage pour préparer un plat (béchamel, entremets), on peut évidemment ne pas ajouter au menu le fromage habituel.

Il faut en distinguer les différentes sortes :

- les fromages frais : yaourt et fromage blanc, sont les premiers à donner au bébé. Nous conseillons les produits nature auxquels on ajoute une cuillerée à café de sucre, plutôt que les produits aux fruits qui apportent une importante quantité de sucre caché. On peut ajouter soi même quelques morceaux de fruits frais, pour colorer. Les petits suisses et fromages frais à tartiner sont intéressants pour apprendre l'enfant à manger du pain.
- les fromages à pâte cuite : gruyère, port salut, tome de Savoie coupés en lamelles fines, peuvent être donnés dès le dixième mois.
- les fromages à pâte molle sont souvent appréciés des tout-petits : camembert, roquefort, bleu, chèvre peuvent être mélangés à du fromage blanc et donnés sur une petite tartine.

L'avantage pratique des fromages est d'être un aliment tout prêt... C'est aussi un inconvénient, dans le sens où l'on risque d'en manger trop. Si l'enfant, petit amateur de viande se venge sur le fromage, aucune importance, mais il faut alors veiller à lui donner à la fois des fromages normaux et des fromages allégés à 20 % de matière grasse, afin qu'il ne fasse pas d'excès nutritionnel. Voir page 31 les différents fromages.

Fromage frais aux fruits frais

Par personne :

- 150 g de fromage blanc mélangé avec une cuillerée à café de sucre en poudre. Verser dans une petite coupe et disposer par dessus :

• 4 fraises coupées en morceaux, ou une dizaine de framboises, ou 2 kiwis coupés en morceaux, ou une dizaine de petits dés d'ananas frais.

Roquefort à la groseille

Un petit morceau de roquefort bien écrasé, mélangé avec une cuillerée à soupe de gelée de groseille. Le tout étalé sur une tranche de pain de mie grillée.

« Crottin chaud »

Par personne

• une rondelle de Crottin de Chavignol (le quart du fromage) ;

• une demi tranche de pain de mie ou un fond de petite tartelette déjà cuit.

Disposer le fromage sur le pain ou sur le fond de tarte.

Placer sous le gril du four, pour que le fromage fonde et dore et que l'ensemble se réchauffe, ceci pendant quelques minutes... Bien surveiller.

Servir avec de la salade frisée.

LES FRUITS

Pommes et oranges, de toutes les saisons, doivent se trouver en permanence dans la coupe de fruits et pourraient suffire à satisfaire notre appétit, nos besoins, notre santé :

• La **pomme** par ses nombreuses variétés, offre un grand éventail de goûts. La pectine qu'elle contient régularise le transit intestinal dans les deux sens : donnée crue râpée, elle est bénéfique dans les cas de diarrhées et cuite avec la peau, conseillée pour les constipations ;

• **L'orange** riche en vitamine C, apporte de façon très agréable cette vitamine à l'organisme.

Profitons aussi des fruits de saison. Il faut savoir que :

• les **fraises,** fruits rouges et kiwis apportent peu de sucre et beaucoup de vitamine C ;

• les **abricots** et **prunes,** consommés en grande quantité peuvent entraîner des troubles intestinaux ;

• le **raisin** est riche en sucre (18 %). Il faut se méfier de ses peaux qui risquent d'entraîner des troubles intestinaux, voire des diarrhées importantes chez les petits enfants ;

• la **banane** est riche en sucre (20 %). Fruit idéal pour le goûter ou pour le sport, il faut la limiter chez les enfants en surpoids.

Nos plans d'alimentation quantifient les fruits selon les âges. Sans avoir la petite balance en bandoulière, on doit savoir qu'une pomme moyenne pèse 150 grammes : la quantité à donner par repas va donc d'un quartier de pomme à deux ans, à une grosse pomme à 14 ans.

Il est facile d'évaluer la quantité à donner et de faire les équivalences entre les fruits. De toutes façons un excès de fruits n'a pas d'inconvénients, sauf pour les enfants en surpoids ou les enfants diabétiques, en raison du sucre apporté. Il faut d'autre part éviter que les fruits mangés par gourmandise avant un repas empêchent de consommer à ce repas les aliments nécessaires à l'organisme.

Le fruit pris en fin de repas constitue le meilleur des desserts apportant fraîcheur et bon goût, mais rien n'empêche de le prendre au début du repas ou dans le courant de la journée.

Les fruits se mangent crus, en l'état, ou en « salade » et parfumés ; ils apportent ainsi la totalité de leurs vitamines. On peut aussi faire cuire pommes et poires durant l'hiver, ce qui multiplie les présentations.

Fraises au citron

Pour 500 grammes de fraises :
- 2 cuillerées à soupe de sucre en poudre ;
- le jus de 2 citrons.

Éplucher, laver, couper les fraises en deux. Saupoudrer de sucre et arroser du jus de citron. Laisser reposer une heure pour que les parfums se dégagent.

Un fruit frais : le meilleur des desserts quotidiens.

Fruits rouges à la menthe

En plein été !

Pour 500 g de fraises, framboises, groseilles, cassis mélangés :
- un verre de thé léger ;
- 2 cuillerées à soupe de sucre ;
- 6 feuilles de menthe.

Couper les fraises en deux ou en quatre morceaux. Les ajouter aux autres fruits égrenés dans un saladier.

Recouvrir avec le thé sucré et répartir les feuilles de menthe coupées en gros morceaux au ciseau. Laisser reposer deux ou trois heures au frais.

Salade de fruits frais

- été : fraises, pêches, abricots, melons, raisins ;
- hiver : pomme, banane, orange ou clémentine, ananas, kiwi.

Les fruits coupés en morceaux à peu près de même grosseur sont légèrement saupoudrés de sucre et mis au frais.

Pêches pochées

Plongez une pêche 8 minutes dans l'eau bouillante.

Épluchez la et servez la :

- nature, écrasée, pour un petit enfant ;
- recouverte d'une cuillerée de gelée de groseilles et entourée de quelques fruits rouges ;
- avec un peu de Glac'colait (voir page 304) et de gelée de groseilles ;
- nappée de crème anglaise à la vanille ;
- nappée d'un coulis de fruits rouges.

Poires à la nage

Des poires Conférence épluchées, cuites au four au naturel et refroidies, sont plongées dans un saladier empli de crème anglaise à la vanille.

Coulis de fruits frais

(voir page 305).

Pommes et poires au four

Choisir des pommes Canada et des poires Conférences.

Les placer dans un plat ou une cocotte.

Cuire au four à 200°.

Si on ne les épluche pas, la cuisson est assez rapide mais la consommation un peu délicate.

Si on les épluche, ce qui donne un plat plus joli et plus facile à manger, il faut alors couvrir le plat en début de cuisson pour que les fruits cuisent plus rapidement et soient plus moelleux. Le temps de cuisson varie selon la qualité et la maturité de la pomme ou de la poire ; il faut surveiller car le fruit se transforme rapidement en compote. Nous conseillons d'utiliser une cocotte poulet (haute et avec couvercle) transparente, ce qui permet de surveiller facilement la cuisson et de présenter un dessert parfait.

Poires roses

Choisir des poires Conférences.

Les éplucher et les mettre entières ou coupées en deux (ce qui permet d'enlever les graines) dans une cocotte poulet. Verser par dessus un verre de vin rouge (pour 6 à 8 poires), un verre d'eau et 2 cuillerées à soupe de sucre.

Laisser cuire cocotte couverte, au four, à 200° pendant 45 minutes environ.

Les poires se colorent à moitié en rose et forment un dessert léger et amusant.

Compote de pommes

Les pommes lavées, épluchées (ou non) sont coupées en morceaux et mises à cuire dans la casserole, avec un verre d'eau, à petit feu pendant 20 minutes environ. On passe au moulin à légumes et on ajoute ou non du sucre, selon la qualité et la maturité de la pomme.

Voilà un bon dessert, facile à faire et facile à manger par les petits. Il se mange bien et vite et entraîne souvent une consommation équivalente à celle de 3 ou 4 pommes.

Pommes ou poires à la casserole

Les fruits lavés, épluchés et coupés en morceaux sont mis à cuire à la casserole à petit feu durant 30 minutes.

Ajouter un peu d'eau en début de cuisson si nécessaire et un peu de sucre à la fin...

Cerises noires cuites

Des cerises anglaises, montmorency un peu acides, ou des cerises noires très sucrées mais petites, cuites à la casserole au naturel sans ajout d'eau ni sucre, constituent un dessert succulent et très frais.

Fruits au sirop

Un bon dessert d'hiver tout prêt. **Pêches, poires, ananas** sont peu coûteux. Le sirop qui les conserve est sucré, attention là aussi aux excès si ce dessert est souvent servi.

Fruits secs

Pruneaux et **abricots** cuits constituent un dessert apprécié durant l'hiver. Ces fruits, naturellement sucrés, ne demandent pas l'ajout de sucre.

Les **dattes, figues, raisins secs** sont des fruits séchés donc riches en sucre ; ils doivent être consommés en petite quantité par exemple lors d'activité sportive (marche en montagne, notamment ou il ne faut pas alourdir le sac à dos...).

Noix, noisettes, amandes sont des fruits oléagineux à manger par gourmandise en petite quantité... mais la gourmandise entraîne souvent une consommation importante parfois responsable d'excès nutritionnel. Le « mendiant » dessert des diners de jadis, composé d'une figue ouverte en deux et fourrée d'une amande, d'une noisette et de 3 raisins secs est toujours autorisé... amusant et délicieux. Mais il faut éviter de consommer le paquet de figues sans s'en apercevoir et sans faim...

LES DESSERTS

Les **pâtisseries** et **entremets** ne sont pas seulement des aliments de gourmandise, dont on peut se passer mais des plats utiles puisqu'en apportant farine et sucre (glucides) lait et œufs (protides) et beurre ou huile (lipides) ils deviennent un plat complet. L'**entremets au lait** notamment, épaissi avec semoule ou tapioca et légèrement sucré, peut remplacer viande ou poisson au repas du soir. Cet entremets constitue souvent un plat idéal pour les petits enfants.

Il suffit de choisir des recettes simples, rapides à préparer et faciles à cuire, tout en restant équilibrées, c'est là le rôle du nutritionniste et de sa « cuisinière ».

Signalons tout de suite l'énorme différence qu'il peut y avoir entre un entremets « maison » tel que nous venons de le définir et le dessert laitier du commerce, crème au chocolat, crème à glacer, crème liégeoise riche en sucre et en matière grasse et pauvre en protides. Le coût des principes nutritifs qui s'y trouvent est en outre, tout à fait exorbitant...

Riz au lait

Pour 4 personnes :
- 100 g de riz ;
- un litre de lait ;
- un litre d'eau ;
- 80 g de sucre ;
- un bâton de vanille.

Dans un premier temps, pour que le riz soit plus moelleux, le verser dans un litre d'eau bouillante et laisser cuire durant 10 minutes puis égoutter complètement.

Faire bouillir le lait avec le bâton de vanille. Y verser le riz déjà à moitié cuit et le laisser cuire à tout petits bouillons durant 20 à 30 minutes. Ajouter le sucre quelques minutes avant la fin de la cuisson.

Bien veiller à ce deuxième temps de cuisson car le lait peut « se sauver » et le riz brûler... Il faut le laisser sur le feu jusqu'à ce que la presque totalité du lait soit absorbée par le riz. Le riz doit être moelleux, non sec, mais ne pas nager dans le lait.

Se mange tiède ou froid.

Vit'fait aux pruneaux

Pour 6 personnes :

- 500 g de lait ;
- 50 g de sucre ;
- 30 g de Maïzena ;
- 3 œufs ;
- une dizaine de pruneaux cuits.

Délayer la Maïzena dans le lait. Ajouter le sucre, les œufs battus. Chauffer ce mélange dans une casserole sur feu moyen jusqu'à épaississement.

Ajouter les pruneaux coupés en morceaux. Verser dans un saladier ou des coupes individuelles.

Servir tiède ou froid.

Crème velours

Pour 4 parts :

- 400 grammes de lait ;
- 40 g de tapioca ou de semoule fine de blé ;
- 2 œufs ;
- 40 g de sucre.

Facultatif :

- 40 g de raisins secs : une petite poignée, ou quelques pruneaux coupés en morceaux, ou 2 pommes coupées en morceaux.

Faire bouillir le lait, y verser le tapioca et faire cuire en remuant le tout pendant 3 minutes.

Ajouter à l'ensemble les œufs battus avec le sucre, puis les raisins préalablement mis à tremper dans l'eau fraîche.

Verser dans un moule. Mettre à four moyen (200°) 15 minutes environ ou faire cuire au bain-marie, au-dessus d'une casserole d'eau bouillante, pendant 30 minutes.

Se prépare en 5 minutes. Cuit au four en même temps qu'une viande ou des pommes de terre dauphinoises, ou au-dessus d'une casserole de potage. Se conserve plusieurs jours au réfrigérateur. De multiples usages pour ce « dessert laitier maison » : dessert à la fin du repas, goûter ou petit déjeuner.

Crem'o'lait

Vanille ou café

Pour 4 personnes :

- 400 g de lait ;
- 80 g de sucre ;
- 2 gros œufs.

Faire chauffer le lait. Le parfumer avec de l'extrait de vanille ou de café. Ajouter le sucre et mélanger en fouettant sur les œufs battus.

Verser dans un plat rond et creux et choisir entre deux modes de cuisson :

à four doux 130° pendant 30 minutes ;

au-dessus d'une casserole où cuit un potage ou un légume, effectuant ainsi une cuisson au bain-marie qui dure 30 minutes environ.

Dans les deux cas la cuisson doit se faire sans bouillir afin de laisser toute la finesse à la crème.

Crem'mousse

Préparation rapide.

Pour 6 personnes :

- 400 g de lait ;
- 60 g de sucre ;
- 30 g de Maïzena ;
- 2 œufs.

Au café un peu de poudre de café soluble.
Au citron le jus d'un citron.

Mélanger lait, sucre, Maïzena, jaunes d'œuf, le café ou le jus du citron.

Faire cuire dans une casserole sur le feu en tournant jusqu'à épaississement.

Ajouter les blancs d'œuf battus en neige. Faire cuire encore quelques instants en tournant. Verser dans des coupes ou petits bols.

Servir froid.

Crème anglaise

Pour 4 à 6 personnes :
- un demi-litre de lait ;
- 120 g de sucre ;
- 4 jaunes d'œufs ;

et au choix pour parfumer : extrait de café, vanille ou chocolat.

Mélanger le sucre et les jaunes d'œufs.
Ajouter le lait chaud parfumé.
Verser dans une casserole et cuire sur feu très doux en tournant constamment jusqu'à ce que le mélange, liquide au début, épaississe, ce qui demande 6 à 8 minutes. Laisser refroidir.

Attention... : cette cuisson est délicate. Si elle se fait sur feu trop chaud, le mélange « tourne » : le jaune d'œuf coagule et rien ne va plus. Heureusement grâce au mixeur-batteur, tout s'arrange en quelques instants. La « cuisinière » de ce livre ne perd plus de temps à tourner lentement et longtemps le mélange (elle est toujours pressée), quand le mélange tourne, vite un coup de fouet (au mélange et non pas à la cuisinière) la crème devient lisse et fine.

Accompagne gâteau de riz, gâteau de grand-mère, des poires ou pêches cuites ; sert à préparer la crème glacée et « l'Ile flottante ».

Glac'olait

Crème glacée

Préparer une crème anglaise. Laisser refroidir. Placer en sorbetière et mettre en marche.
Lorsque la sorbetière s'arrête, il faut aussitôt démouler la crème qui n'est pas encore trop dure et la remettre dans le moule qui la conservera.
Pour une belle présentation, nous conseillons de faire successivement une crème à la vanille et une au café ; le moule sera rempli avec les deux crèmes à la suite et on aura une crème glacée à deux couleurs : jaune et marron. On peut aussi faire alterner, dans le moule, crème à la vanille et glace aux fruits rouge...

Glac'o'fruit

(sorbet)

Avec des fraises, framboises, cassis ou tout fruit rouge de l'été ; avec des poires en hiver.

Pour 4 à 6 personnes :

- 500 g de fruits ;
- 100 g de sucre ;
- le jus d'un citron.

Réduire les fruits en purée, avec le moulin légumes ou le mixer. Ajouter le jus de citron et le sucre (surtout ne pas ajouter d'eau). Bien mélanger. Placer en sorbetière.

Coulis de fruits frais

La préparation précédente, mixée donne une purée liquide et fine de fruits : coulis pour napper brioche, génoise, glace à la vanille...

Œufs à la neige

Préparer une crème anglaise (recette page avant). Monter les 4 blancs d'œufs restants en neige ferme en ajoutant, au cours de l'opération, deux cuillerées à soupe de sucre en poudre.

Mettre à chauffer un litre d'eau dans une casserole. Juste avant l'ébullition y plonger des cuillerées de « neige » en ayant soin qu'elles ne se touchent pas.

Laisser cuire trois minutes.

Retourner les morceaux avec une écumoire pour qu'ils cuisent des deux côtés. Puis égoutter soigneusement ces petits tas de neige avant de les disposer à la surface de la crème anglaise, refroidie et versée dans un plat.

La pat'a'tout

De la pâte toujours prête pour tartes, quiches, pizza... à faire en grande quantité et à conserver au congélateur :

- un kilogramme de farine ;
- 4 œufs entiers ;
- 150 g de beurre amolli (mais non fondu) ;
- 150 g d'huile d'arachide.

Mélanger le tout en ajoutant éventuellement un peu d'eau pour que toute la farine soit bien absorbée mais surtout ne pas pétrir longtemps, ce qui durcirait la pâte. Rouler en boule.

Partager en 5 morceaux (quantité nécessaire à la préparation d'une tarte pour 6 personnes) et les emballer séparément dans du papier alu. Conserver au congélateur.

On peut décongeler rapidement en plaçant le morceau de pâte dans le four qui chauffe et où cuira la tarte, pendant que l'on prépare la garniture de cette tarte.

Tarte dorée

(aux pommes... aux poires)

La tarte de toute l'année, légère, faite avec un morceau de Pat'a'tout étalée finement sur la tourtière et recouverte de pommes ou de poires coupées en lamelles fines.

Mise à four chaud 250° pendant 15 minutes, elle cuit et dore. On peut au dernier moment la placer tout en haut du four et sous le gril... ce qui, en quelques instants, donne aux pommes ou aux poires moelleux et coloration. Quelques instants seulement... pour qu'elle ne devienne pas très rapidement tarte brûlée.

Tarte fermière

6 parts

Pâte* (300 g) soit :

- 200 g de farine ;
- 30 g de beurre amolli ;
- 30 g d'huile d'arachide ;
- un œuf.

Mélanger rapidement farine, huile, beurre ramolli et œuf, avec éventuellement un peu d'eau. Rouler en boule, laisser reposer un moment.

Crème :

- 150 g de lait ;

* On peut aussi employer la pâte surgelée du commerce ou bien la Pat'a'tout que l'on a préparée soi-même (voir page précédente).

• 20 g de sucre ;
• un œuf.

Faire chauffer le lait. Ajouter le sucre, puis l'œuf battu. Mélanger le tout.

Fruits : pomme ou poire épluchées et coupées en tranches.

Étaler la pâte dans une tourtière à bord haut, de 26 cm de diamètre (la pâte doit être assez épaisse pour que la crème ne passe pas au travers et les bords assez hauts pour que la crème ne passe pas par-dessus...).

Recouvrir avec les pommes coupées finement en quartiers.

Mettre à four chaud (250-300°) pendant 15 minutes (afin que la pâte cuise et durcisse).

Puis verser la crème par dessus et laisser cuire encore 15 minutes. (Si l'on versait la crème en début de cuisson, la pâte serait mouillée, cuirait moins bien et serait moins croustillante).

Tarte aux fraises

Pour 6 personnes :
• 200 g de farine ;
• 80 g de beurre amolli ;
• 30 g de sucre en poudre ;
• un œuf.

Mélanger rapidement le tout, sans pétrir. Étaler et garnir une tourtière de 26 cm de diamètre pour que la pâte ne soit pas trop mince. Piqueter toute la surface de la pâte avec une fourchette, tous les deux centimètres environ pour éviter qu'elle se boursoufle et se casse ensuite.

Mettre à four moyen chaud 220° cette pâte, nue, pendant 20 minutes. La pâte doit être bien cuite mais non pas trop sèche.

Sortir du four. Recouvrir avec des moitiés de fraises.

Verser pas dessus de la gelée de groseilles chauffée (3 cuillerées à soupe environ).

Tarte à cuire une heure avant consommation...

Tarte aux fruits juteux

Cerises, pêches et prunes

Pour 6 personnes :

- 250 g de farine
- 100 g de beurre fondu au bain marie
- 30 g de sucre en poudre
- 2 œufs
- 2 pincées de levure chimique

Mélanger le tout. Étaler aussitôt sur une tourtière. Recouvrir avec les fruits (cerises avec ou sans noyaux, prunes sans noyaux).

Enfourner aussitôt à four chaud 220° pendant 30 minutes environ. Le jus qui sort des fruits est bien absorbé par la pâte un peu levée de cette tarte.

Le pain c'est de la farine déjà cuite. Ne perdons pas le pain, transformons-le en desserts.

Pain perdu

Couper le pain en tranches ou en morceaux. Les faire tremper dans du lait, puis dans de l'œuf battu afin qu'ils soient bien ramollis.

Faire chauffer un mélange d'huile d'arachide et beurre dans la poêle et faire dorer le pain à feu vif 3 minutes de chaque côté. Saupoudrer d'un peu de sucre ou recouvrir de confiture.

Servir chaud.

Peu coûteux et facile à préparer pour un goûter d'hiver.

Tart'pain

Préparer du pain perdu. Lorsqu'il est bien doré, disposer les tranches sur une tourtière. Les recouvrir de quartiers de pommes déjà cuites à la casserole.

Saupoudrer de sucre.

Mettre à four chaud dix minutes environ.

Le gâteau de grand-mère

Pour 6 personnes :
- 25 à 30 biscuits à la cuillère ;
- un grand bol de thé léger parfumé avec une cuillerée à soupe de rhum ;
- un demi-pot de confitures de groseilles ;
- un demi-pot de confitures d'abricots ;
- une crème anglaise (voir recette) ;
- un moule rond assez haut ou une casserole.

Tremper rapidement les biscuits dans le thé et en tapisser les parois et le fond du moule.

Verser sur les biscuits du fond la confiture d'abricots.

Recouvrir avec une nouvelle couche de biscuits.

Verser la confiture de groseilles.

Recouvrir avec une dernière couche de biscuits.

Poser sur celle-ci une assiette plate un peu plus petite que l'ouverture du moule afin que cette assiette repose sur les biscuits et puisse les tasser. Pour cela on pose sur elle un poids ou une petite casserole pleine d'eau.

Mettre au frais plusieurs heures.

Au moment de servir, démouler le gâteau en le renversant sur un plat, et arroser avec la crème anglaise.

Cak'o'fruit

- 200 g de farine ;
- 100 g de sucre en poudre ;
- 60 g de beurre ;
- 60 g d'huile d'arachide ;
- 3 œufs ;
- une grosse pomme en petits morceaux ;
- un demi paquet de levure chimique.

Mélanger farine, sucre, beurre amolli, huile et œufs.

Ajouter au dernier moment la levure et les morceaux de pomme.

Verser dans un moule à cake ou une tourtière haute.

Cuire à four chaud 200° pendant 30 minutes.

Clafoutis

4 grosses parts :
- 130 grammes de farine ;
- 40 grammes de sucre ;
- 100 grammes de lait ;
- 100 grammes d'eau ;
- 3 œufs ;
- 400 grammes de poires (ou de petites cerises noires*). ou 3 poignées de raisins secs.

Mélanger dans un saladier ou au mixeur farine, sucre, lait, eau et œufs. Ajouter les poires coupées en tranches ou les cerises ou les raisins secs préalablement trempés dans l'eau fraiche.

Verser dans une tourtière assez haute et légèrement beurrée.

Cuire à four chaud 250° pendant 30 minutes.

Le Sept fois six

Pour 12 belles parts (deux fois six) :
- 6 œufs dont les blancs battus en neige ;
- 6 cuillerées à soupe de sucre ;
- 6 cuillerées à soupe de farine ;
- 12 cuillerées à soupe de gelée de groseilles (deux fois six).

Mélanger à la main ou au batteur le sucre et les jaunes d'œufs pendant plusieurs minutes.

Ajouter la farine rapidement pour ne pas durcir la pâte. Puis ajouter les blancs en neige, très délicatement, avec une fourchette.

Verser immédiatement la préparation :

soit sur une plaque rectangulaire anti-adhésive de préférence de 30 cm × 40 cm pour faire un gâteau roulé ;

soit dans un moule rond et haut pour faire un gâteau fourré.

Cuire aussitôt à four chaud 200° pendant 12 à 15 minutes.

* Il est préférable de ne pas dénoyauter les cerises afin qu'elles ne répandent pas leur jus dans la pâte, ce qui nuit au gâteau.

Gâteau roulé

Renverser le gâteau chaud sur un torchon propre humide (trempé dans l'eau puis pressé à la main). Le rouler immédiatement avec le torchon puis le dérouler et le recouvrir avec la gelée de groseilles. Le rouler de nouveau (sans le torchon, bien entendu). Il sera présenté ainsi et découpé en tranches.

Gâteau fourré*

Le démouler et le laisser refroidir. Le couper horizontalement en deux. Recouvrir l'un des morceaux avec la confiture et replacer l'autre morceau par dessus.

LES DESSERTS FLAMBÉS

Dessert joyeux d'un jour de fête ou bien... déssert récompense pour avoir « bien mangé les légumes ». Même pour les enfants une goutte de rhum que l'on fait flamber n'a pas d'inconvénient.

Banane flambée

Par personne :
- une grosse banane coupée en deux ;
- une cuillerée à dessert de sucre en poudre ;
- une cuillerée à café de rhum.

Faire cuire les deux demi-bananes dans une poële légèrement huilée 3 minutes de chaque côté. Saupoudrer de sucre. Arroser de rhum. Flamber.

Servir aussitôt.

Omelette flambée

Par personne :
- 2 œufs (un pour enfant de 2 à 10 ans) ;
- une cuillerée à dessert de sucre en poudre ;
- une cuillerée à café de rhum.

Battre les œufs en omelette. Verser dans une poële légèrement huilée. Cuire 4 minutes, glisser l'omelette sur un plat en la roulant. Saupoudrer de sucre en poudre.

Arroser de rhum. Flamber. Servir chaud.

* Refroidi et garni de crème moka, on le transforme en bûche de Noël.

On peut aussi réaliser un dessert plus important en recouvrant l'omelette cuite, avant de la rouler, avec une compote de pommes bien sèche et légèrement sucrée. On ajoute sucre, rhum et on flambe comme précédemment.

LES CRÊPES

La pâte doit se préparer à l'avance. Les crêpes se font cuire au dernier moment, travail un peu fastidieux... mais c'est une telle joie pour les enfants de voir Maman faire des crêpes qu'il faut s'imposer quelques repas crêpes chaque année... Pour mardi gras bien sûr mais aussi pour le dîner du dimanche soir ou pour un goûter d'enfants...

Pour 10 crêpes :
- 180 g de farine (6 cuillerées à soupe) ;
- 3 œufs ;
- 80 g de lait (un verre) ;
- 80 g d'eau (un verre) ;
- 15 g d'huile (pour la poêle).

Tout cela mélangé au fouet batteur (ou à la main) dans un saladier. Laisser reposer un moment si possible.

Dans une poêle huilée au pinceau et bien chauffée, verser une louche de pâte. Faire tourner la poêle pour que la pâte s'étale régulièrement. Cuire une minute. Retourner la crêpe en la faisant sauter ou en s'aidant d'une pelle de bois. Cuire une minute encore.

Servir aussitot ou mettre au chaud.

Crêpe sucrée

On ajoute une pincée de sucre ou une cuillerée de confitures ou un peu de compote.

Crêpe flambée

Les crêpes préparées à l'avance, roulées, alignées dans un plat et tenues au chaud sont au moment de servir, légèrement sucrées et arrosées d'une petite quantité de rhum (une cuillerée à soupe pour 10 crêpes) et flambées. Dessert joyeux et parfumé.

CONCLUSION

Nous avons tout au long de cet ouvrage parlé d'alimentation équilibrée, l'alimentation idéale pour permettre à vos enfants un développement harmonieux et une bonne santé, en abordant légèrement le côté scientifique et technique, en expliquant et commentant largement la pratique quotidienne car nourrir c'est préparer de bons plats, de bons repas.

Nous avons insisté sur les excès et les erreurs couramment faites aussi bien dans le choix des aliments de base du repas que dans la « cuisine » : en éliminant les matières grasses et le sucre superflus nous prônons la « bonne » cuisine familiale d'aujourd'hui qui n'est pas la cuisine bourgeoise de jadis mais qui devrait rester la bonne cuisine de toujours... ni trop ni trop peu et assurant le plaisir de manger. Nous voulons répéter encore une fois les erreurs toujours notées par le nutritionniste :

- *trop de sucre avec la consommation quotidienne de bonbons, chocolateries, confiseries, pâtisseries, crèmes glacées, boissons sucrées ;*
- *trop de matières grasses avec les si fréquentes charcuteries et hors d'œuvre à la mayonnaise achetés tout prêts, avec les fromages consommés en excès, les pâtisseries et viennoiseries si nombreuses ;*
- *pas assez de légumes verts que l'enfant n'apprend pas à manger et dont il n'aura pas envie plus tard. Pâtes, riz et chips ne doivent pas être l'unique « légume » de tous les repas. Les conserves et surgelés sont tout à fait valables. Il existe aussi et en toute saison de si bons légumes frais ;*
- *pas assez de fruits parfois, l'enfant préfèrant la crème glacée en réserve dans beaucoup de congélateurs ou le paquet de gâteaux à la pomme qu'il faut éplucher.*

Tous les enfants ne sont pas des obèses mais il y en a trop. Il y a surtout de nombreux adolescents, filles ou gàrçons, qui sont au dessus du poids moyen de leur âge et de leur taille ; ce surpoids très net ne peut que s'aggraver si le mode alimentaire ne change pas. Or les vieilles habitudes sont difficiles à déloger. A 15 ans on a déjà 15 années de repas derrière soi. Donnons à nos enfants de bonnes habitudes dès l'enfance. Limitons le sucre et la matière grasse. Varions les menus, pensons aux légumes. Sans être à calculer ou à peser sans cesse, pensons simplement avec bon sens pour faire au mieux.

Nourrissons bien nos enfants. Apprenons-leur le sport et l'activité physique. Apprenons-leur l'art de manger et l'art de vivre.

TABLE DES MATIÈRES

Achevé d'imprimer en juillet 1986
sur les presses de Maury-Imprimeur S.A.
45330 Malesherbes
N° imprimeur : E86/18697C
ISBN : 201012152X
Dépôt légal : 1322 – août 1986
Code volume : 23/4187/3
Collection : 28 – Édition : 01